Forum Beratungswissenschaft

Band 2

Herausgegeben von
Prof. Dr. Heidi Möller und Prof. Dr. Karin Lackner, Universität Kassel

Rabea Christiane Haag

Derailment bei Führungskräften

kassel
university
press

Die vorliegende Arbeit wurde vom Fachbereich Humanwissenschaften der Universität Kassel als Dissertation zur Erlangung des akademischen Grades eines Doktors der Philosophie (Dr. phil.) angenommen.

Erster Gutachter: Prof. Dr. Heidi Möller
Zweiter Gutachter: Prof. Dr. Karin Lackner

Tag der mündlichen Prüfung: 10. November 2015

Bibliografische Information der Deutschen Nationalbibliothek
Die Deutsche Nationalbibliothek verzeichnet diese Publikation in der Deutschen Nationalbibliografie; detaillierte bibliografische Daten sind im Internet über http://dnb.dnb.de abrufbar.

Zugl.: Kassel, Univ., Diss. 2015
ISBN 978-3-7376-0062-0 (print)
ISBN 978-3-7376-0063-7 (e-book)
URN: http://nbn-resolving.de/urn:nbn:de:0002-400637

© 2016, kassel university press GmbH, Kassel
www.upress.uni-kassel.de

Printed in Germany

Zusammenfassung

In dieser Arbeit wird das Phänomen des Derailments von Führungskräften, welches als das anscheinend plötzliche Scheitern, einhergehend mit dem Verlust des Arbeitsplatzes oder der Führungsverantwortung, definiert ist, untersucht. In bisherigen Studien zeigte sich, dass es eine Vielzahl potenzieller Risikofaktoren für das Derailment, also die Entgleisung, einer Führungskraft geben kann. Diese Risiken können intrapersoneller Natur sein, wie Persönlichkeitsstörungen, kognitive Fähigkeiten oder Motivstruktur, interpersonell bedingt sein, wie Führungsstil oder soziale Fertigkeiten, aber auch situativ begründet sein, wie beispielsweise die Unternehmenskultur. Bislang gibt es kein eindeutig definiertes ‚Risikoprofil'. Es zeigte sich jedoch, dass insbesondere extreme Ausprägungen einzelner Merkmale dysfunktional zu sein scheinen. Besonders häufig scheinen eine mangelnde Anpassungsfähigkeit an Veränderungen, ein ungenügender Führungsstil sowie Persönlichkeitszüge Ursache für das Scheitern von Führungskräften zu sein.

In dieser Arbeit wurden episodische Interviews mit fünf engleisten Führungskräften geführt, um die Innenperspektive eines Derailments beleuchten zu können. Es zeigte sich, dass alle interviewten Manager in einem Umfeld tätig waren, welches von Veränderungen geprägt war. Darüber hinaus haben alle eine oder mehrere Kränkungen erlebt und hatten den Eindruck, dass ihr Verhalten durch ihren Arbeitgeber nicht ausreichend gewürdigt würde. Man kann davon ausgehen, dass neben zwei Personen, bei denen Hinweise auf eine Persönlichkeitsstörung vorliegen, die mangelnde Anpassungsfähigkeit an Veränderungen sowie ein wenig transformationaler Führungsstil die Hauptursachen für das Scheitern der Interviewpartner dieser Studie waren.

Es wird ein Verlaufsmodell von Derailment vorgeschlagen, welches zwischen einem internalen sowie einem externalen Derailment differenziert. Bei einem internalen Derailment ‚implodieren' die Betroffenen und zeigen beispielsweise depressive oder Burnout-Symptome. Bei einem externalen Derailment ‚explodieren' die jeweiligen Führungskräfte, was sich in Auseinandersetzungen mit dem Arbeitgeber oder der Schikane von Mitarbeitern äußern kann.

Abstract

This study is focused on the phenomenon of managerial derailment which is defined as the apparently sudden failure of managers resulting in their dismissal or demotion. Previous studies show that there is a multitude of possible risk factors for a leader's derailment. These hazards can be intrapersonal aspects as personality disorders, cognitive abilities or motive structure, interpersonal factors as leadership style or social skills or caused by situational aspects as corporate culture. So far there is no known distinct risk profile; however, research shows that especially extreme scores seem to be dysfunctional. Particularly frequent risks are a too little adaptability to change, an inadequate leadership style as well as personality traits.

In this study five episodic interviews with derailed managers have been conducted to gain insight on the internal perspective of managerial failure. It was revealed that every interviewed leader was working in an organization which was subject to change. Furthermore each manager experienced one or more insults and gained the impression that their behavior was not valued sufficiently by their employer. It can be assumed, that the main aspects for the derailment in this study were a limited adaptability to change and an insufficient transformational leadership style. For two interview partners a personality disorder might also be an important factor.

A process model of derailment is proposed which distinguishes between an internal and an external derailment process. During in internal derailment affected managers 'implode' and suffer for example from burnout or depression. Furthermore they leave the organization voluntarily or renounce from their leadership position. During an external derailment managers 'explode', what is reflected by conflicts with the employer or the bullying of employees.

Danksagung

Eine solche Arbeit ist nie das Werk nur einer Person, sondern durch eine Vielzahl von Menschen geprägt und unterstützt worden. An dieser Stelle möchte ich mich bei allen herzlich Bedanken, welche mich in den letzten Jahren auf diesem Weg begleitet haben.

An erster Stelle stehen für mich dabei die Teilnehmer und Interviewpartner dieser Studie. Ohne sie wäre diese Arbeit überhaupt nicht möglich gewesen. Ich bin sehr dankbar für ihre Zeit und Bereitschaft, mit mir, einer bis dato völlig Fremden, über ihre sehr persönlichen Erfahrungen zu sprechen und sich so zu öffnen.

Zu größtem Dank verpflichtet bin ich auch Frau Prof. Dr. Heidi Möller, welche trotz zahlreicher anderer Themen und einer Vielzahl von Doktoranden dennoch bereit war, eine weitere externe Dissertation zu betreuen. Ich bin sehr dankbar für ihr wertvolles und hilfreiches Feedback sowie ihre konstante Diskussionsbereitschaft. Darüber hinaus möchte ich mich auch bei meiner Zweitgutachterin Frau Prof. Dr. Karin Lackner für ihre Einsatz- und Gesprächsbereitschaft bedanken sowie den Mitgliedern der Prüfungskommission Prof. Dr. Stefan Klaussner und Dr. Silja Kotte.

Meinem Arbeitgeber, der ifp | Personalberatung Managementdiagnostik bin ich sehr dankbar für die Möglichkeit, ein solches Unterfangen berufsbegleitend angehen zu können. Ohne die Möglichkeit der Nutzung der Räumlichkeiten sowie eine gewisse flexible Gestaltung meiner Arbeitszeit wäre es kaum möglich gewesen, diese Arbeit fertig zu stellen. Ganz besonders möchte ich mich bei Rainer Bäcker für seine Unterstützung, seine hilfreichen Ratschläge sowie seine Ermutigung bedanken.

Nicht zuletzt bin ich meinem privaten Umfeld für die konstante Unterstützung in den letzten Jahren unendlich dankbar. Ohne Freunde, die großzügig tolerieren, wenn schon wieder eine Verabredung abgesagt wird, die mich aber dennoch unermüdlich zum Weitermachen ermutigten, wäre diese Arbeit vermutlich niemals fertig gestellt worden. Im Besonderen möchte ich mich bei Andreas Jöris, Tatjana Tiesing und Marcel Hermel sowie dem gesamten Bonner Mädels-Stammtisch für ihre unermüdliche Aufmunterung und den Glauben an den Erfolg dieses Projektes bedanken.

Inhaltsverzeichnis

Abbildungsverzeichnis

Tabellenverzeichnis

1 Einleitung

„Es gibt mehr Menschen,

die kapitulieren, als solche,

die scheitern."

(Henry Ford)

Die Trias aus Persönlichkeitsfaktoren, Motivation sowie beruflicher Leistung ist sowohl in der wissenschaftlichen psychologischen Forschung, aber auch in der Populärliteratur ein viel beschriebenes Feld. So liefert eine Internetrecherche mehr als 500 wissenschaftliche Publikationen zu ‚Führungserfolg', die in den letzten drei Jahren erschienen sind. Auch populäre Ratgeber, wie beispielsweise „Entdecken Sie Ihre Stärken jetzt" (Buckingham & Clifton, 2007) sind in aller Munde.

Was dabei sowohl in der Literatur (Hogan & Kaiser, 2005; Kellermann, 2004), aber entscheidender noch, in der organisationalen Realität in Vergessenheit geraten zu sein scheint, ist, dass es nicht nur Stärken, sondern auch Risikofaktoren für den Erfolg von Managern gibt. In mannigfaltigen Trainings und Workshops wird Führungskräften vermittelt, sich auf ihre Stärken zu besinnen und diese kontinuierlich auszubauen. Da sich jedoch gezeigt hat, dass negativen Ereignissen in sozialen Interaktionen eine höhere Bedeutung zukommt als positiven (Baumeister, Bratslavsky, Finkenauer, & Vohs, 2001), erscheint es lohnenswert, ebenfalls die kritischen Aspekte von Führungsverhalten differenziert zu beleuchten.

Wenn ‚Schattenseiten' der Persönlichkeit oder Lernfelder von Führungskräften konsequent ausgeblendet werden, ignoriert man die Tatsache, dass es bestimmte Mindestanforderungen, beispielsweise hinsichtlich sozialer Kompetenz gibt, denen ein Manager gerecht werden sollte, um erfolgreich sein zu können. Zudem ist es mittlerweile häufig üblich, dass erfolgreiche Führungskräfte, so genannte ‚High Potentials', sehr schnell hierarchisch aufsteigen. Dadurch erhöht sich die Gefahr blinder Flecken, da Managern die Chance genommen wird, die Konsequenzen ihres Handelns und etwaige Misserfolge zu erleben und daraus zu lernen. Somit wird das Risiko unvorhergesehener sowie dramatischer Entwicklungen einerseits für die Manager selbst, aber mittelbar auch für die jeweilige Organisation immer größer.

In der Tagespresse finden sich immer häufiger Meldungen über hochrangige Manager, die Suizid begehen, oder wegen absurd anmutender Handlungen entlassen werden. Diese Arbeit beschäftigt sich mit ebendieser Personengruppe: zunächst erfolgreiche Führungskräfte, die anscheinend plötzlich ‚entgleisen'. Dieses aktuelle aber bislang erst wenig untersuchte Phänomen soll in der vorliegenden Arbeit wissenschaftlich beleuchtet werden.

2 Theoretischer Hintergrund

Dieses Kapitel widmet sich zunächst einem Definitionsversuch des Begriffs Derailment sowie einer Abgrenzung zu weiteren etablierten psychologischen Konzepten. Anschließend werden die Ergebnisse bisheriger wissenschaftliche Untersuchungen dargestellt und Konzepte skizziert, die nach dem aktuellen Stand der Forschung einen Erklärungswert für Entgleisungen von Führungskräften haben könnten.

2.1 Definition und Begriffsklärung ‚Derailment'

Wenn Führungskräfte oder Manager im Berufsleben scheitern, so geht dem meist ein längerer Prozess voraus. Die Betroffenen und ihr Umfeld haben diese Anzeichen aber nicht wahrgenommen oder nicht wahrnehmen wollen. Von einer Entgleisung spricht man, „wenn Führungskräfte mit ihren persönlichen Handlungsweisen in ihrer beruflichen Aufgabe nicht nur kurzfristig scheitern und über keine persönlichen Handlungsstrategien verfügen, mit diesem Zustand adäquat, das heißt lösungsorientiert, umzugehen" (Bäcker, 2010, S. 389). Ein Derailment ist damit mehr als das kurzfristige, situative Scheitern einer Führungskraft, wie beispielsweise ein nicht erfolgreich abgeschlossenes Projekt oder trotz einer Vakanz nicht befördert zu werden.

McCall und Lombardo definieren Derailment folgendermaßen: "People who were very successful in their careers ([…] reaching very high levels) but who, in the eye of the organization, did not live up to their full potential" (1983, S. 3). Lombardo und Eichinger (1989) präzisieren dies weiter: „Derailment is neither topping out nor opting out nor not winning a promotion each time one is available. It is reserved for that group of fast-track managers who want to go on, who are slated to go on, but who are knocked off the track. Such managers are demoted, plateaued early, or fired. Somewhere within the organization a group decides that they have failed to meet expectations and their careers go into eclipse" (S. 7).

Indikatoren für eine erfolgte Entgleisung sind demnach die Entlassung, Zurückstufung auf eine niedrigere hierarchische Position oder ein unfreiwilliges

Karriereende von Managern (Lombardo & McCauley, 1988). Jedoch kann man im Umkehrschluss nicht davon ausgehen, dass jeder entlassene Manager entgleist ist. Durch diese zunächst eingängig erscheinenden Definitionsversuche mag zwar eine erste Vorstellung einer entgleisten Führungskraft entstehen, es werden jedoch keine eindeutigen Kriterien beschrieben, mit denen entgleiste und damit grundlegend gescheiterte Führungskräfte von anderen abgegrenzt werden können, welche einen temporären Misserfolg erleben.

Übergreifende zentrale Aspekte in allen Sichtweisen sind, dass es sich zum einen um bislang erfolgreiche Führungskräfte handelt, die unerwartet scheitern, und zum anderen, die Organisation, in der sie tätig sind, zu der Überzeugung gelangt, dass ihre Leistungen ab einem bestimmten Punkt nicht mehr ausreichend sind. Ursächlich für dieses wahrgenommene Leistungsdefizit können einerseits objektiv schlechtere Leistungen der Führungskraft sein, andererseits ist es auch möglich, dass sich die Anforderungen dahingehend verändert haben, dass vormals akzeptiertes Verhalten nicht mehr ausreichend ist. Letztlich kommt es zu einer Diskrepanz zwischen erwartetem und tatsächlichem Verhalten, was ein Kriterium für die Entlassung einer Führungskraft darstellen kann. Leslie und Van Velsor (1996) beschreiben dies als "a misfit between job requirements and personal skills" (S. 62).

Eine Möglichkeit, das Derailment-Konzept in existierende theoretische Überlegungen einzuordnen, ist die Betrachtung als eine Sonderform destruktiven Führungsverhaltens (Einarsen, Aasland, & Skogstad, 2007). Destruktives Führungsverhalten wird dort definiert als wiederholtes und systematisches Verhalten eines Managers, welches den legitimen Interessen einer Organisation schadet. Destruktives Führungsverhalten kann sich dabei sowohl gegen die Organisation an sich richten, indem beispielsweise Diebstähle begangen werden, als auch gegen die Mitarbeiter, etwa wenn Führungskräfte autoritäres oder ‚tyrannisches' Verhalten zeigen. Auch ein Laissez-Faire Führungsstil und damit das Vernachlässigen der Führungsaufgaben kann als destruktives Führungsverhalten angesehen werden.

Charakteristisch an der Einstufung als Derailment ist, dass entgleiste Führungskräfte in diesem Modell unproduktives Verhalten gegenüber ihren

Mitarbeitern (z. B. Manipulation, Mobbing etc.) und der Organisation (z.b. Betrug, hohe Fehlzeiten, etc.) zeigen.

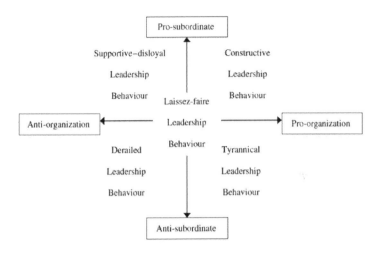

Abbildung 1: Modell destruktiven Führungsverhaltens (Einarsen, Aasland, & Skogstad, 2007, S. 211).

In dieser Arbeit wird Derailment als das anscheinend plötzlich auftretende Scheitern von Führungskräften definiert, welches Auswirkungen auf das Unternehmen, die zugeordneten Mitarbeiter, aber auch die Führungskräfte selbst hat. Das heißt, dass ursprünglich einmal erfolgreiche Manager die Organisation verlassen (durch Entlassung oder einvernehmliche Einigung) oder degradiert werden, sodass sie keine disziplinarische Führungsverantwortung mehr inne haben. Die Entgleisung hat einerseits Auswirkungen auf die betroffenen Führungskräfte selbst; sie müssen sich beruflich neu orientieren und leiden beispielsweise an depressiven Erkrankungen oder Angststörungen. Andererseits können mögliche Konsequenzen des Derailments negative Effekte auf die unterstellten Mitarbeiter (beispielsweise Orientierungslosigkeit oder Mobbing) sein, beziehungsweise mittelbar für ein schlechteres Unternehmensergebnis verantwortlich sein, z. B. durch falsche strategische Entscheidungen, welche negative Auswirkungen auf die wirtschaftliche Situation der Organisation haben können.

Die Häufigkeit von Führungskräften, die ein destruktives Verhalten zeigen, wurde lange unterschätzt. Umfragen zeigen, dass amerikanische Arbeitnehmer durchschnittlich nur für 38% ihrer bisherigen Vorgesetzten erneut arbeiten würden (Curphy, 2008). Nach neuesten Erkenntnissen zeigen bis zu 60% einer repräsentativen Stichprobe aller norwegischen Führungskräfte ein destruktives Verhalten, wovon 8,8% als Derailment-Symptome klassifiziert werden können (Aasland, Skogstad, Notelaers, Nielsen, & Einarsen, 2010). In der seit 2001 jährlich durchgeführten Gallup-Studie wurde deutlich, dass nur 16% der deutschen Arbeitnehmer sich ihrem Arbeitsplatz emotional verbunden fühlen. Als Grund wird meistens das Management, insbesondere der direkte Vorgesetzte, angegeben, welcher Erwartungen und Bedürfnisse teilweise oder völlig ignoriere. Dies hat mittelbare Kosten durch Krankheit, Fehltage und mangelnde Produktivität von 110 Mrd. € zur Folge (Nink, 2014).

In der Literatur wird der Begriff ‚Managerversagen' inzwischen häufig mit Derailment gleichgesetzt und synonym verwendet (Westermann & Birkhan, 2012), sodass in dieser Arbeit ebenso verfahren wird.

2.2 Risikofaktoren für Derailment

In bisherigen Studien wurden bereits erste Versuche unternommen, zu eruieren, welche psychologischen Konzepte einen Erklärungswert für Derailment haben. Es zeigte sich, dass es nicht nur eine bestimmte Kombination aus Management- und Führungsfertigkeiten gibt, die Manager erfolgreich macht (Kramer, 2008; McCartney & Campbell, 2006), sondern Führungserfolg von einer Vielzahl von Faktoren abhängig ist. Gleiches ist auch für Derailment, den Misserfolg von Führungskräften, zu erwarten. Von einer Gefährdung einer Führungskraft für Derailment sollte daher immer nur mit Bezug auf eine bestimmte Aufgabe und ihre spezifischen Anforderungen gesprochen werden (Bäcker, 2010), da die Herausforderungen, vor die Leitungsfunktionen ihre Inhaber stellen, sehr unterschiedlich sind (Finkelstein, 2003).

Durchschnittlich verfügen Manager über zwei bis drei Eigenschaften, die Risikofaktoren für eine Entgleisung darstellen können (Dotlitch & Cairo, 2003). Bisherige Untersuchungen zeigen hinsichtlich der Ursachen für Derailment wenig

Hinweise auf Unterschiede zwischen Männern und Frauen. Jedoch scheint einen schlechten Ruf zu haben, nur für das Derailment weiblicher Führungskräfte eine Rolle zu spielen (McCall & Lombardo, 1983; Morrison, White, & Van Velsor, 1987).

2.2.1 Intrapersonelle Faktoren

In diesem Kapitel werden Risikofaktoren beschrieben, die in der Person selbst liegen bzw. sich auf die Führungskraft selbst beziehen.

2.2.1.1 Persönlichkeitsfaktoren und –störungen

Persönlichkeitseigenschaften werden definiert als überdauernde, verhaltensrelevante, nicht krankhafte und individuelle Eigenschaften (Asendorpf & Neyer, 2007). Als Persönlichkeitsstörung hingegen bezeichnet man ein psychiatrisches Krankheitsbild, bei dem der Patient Charaktereigenschaften bzw. -ausprägungen hat, die in ihrer Intensität, Dauer und Inhalt deutlich von der Norm abweichen (World Health Organization, 1994).

Das wohl am weitesten verbreitete Modell zur Beschreibung der Persönlichkeit sind die Big Five (Costa & McCrae, 1992). Je nachdem, wie diese Persönlichkeitsfaktoren ausgeprägt sind, kann dies auf den Erfolg einer Führungskraft negative Effekte haben. In einer der ersten Studien zum Thema Derailment identifizierte Bentz (1985) unter anderem ‚Persönlichkeitsdefekte' als einen Auslöser von Managerversagen, ohne diese jedoch genauer zu klassifizieren oder einer klinischen Diagnose zuzuordnen.

Nachfolgende Studien beschrieben jedoch potenzielle Risikofaktoren für Führungserfolg anhand der gängigen Taxonomie der Big Five, welche im Folgenden dargestellt werden.

Führungskräfte mit einer stark ausgeprägten Gewissenhaftigkeit können übertrieben perfektionistisch sein und zu rigide an altbekannten Strukturen festhalten. So sind sie sinnvollen Neuerungen gegenüber zu wenig aufgeschlossen und können dazu neigen, wichtige Entscheidungen aufzuschieben, um zunächst weitere Informationen zu sammeln und Sachverhalte möglichst detailliert zu analysieren (Hogan & Hogan, 2001). Darüber hinaus können sie Gefahr laufen, aufgrund übertriebener Absicherungstendenzen unternehmerische Chancen zu verpassen und werden selten als charismatisch wahrgenommen (Bono & Judge, 2004).

Sehr extravertierte Personen mögen es, im Mittelpunkt zu stehen. Sie verfügen allerdings häufig über eine geringere Ausdauer und tendieren zu übereilten, wenig durchdachten Entscheidungen, die sie revidieren, wenn nicht innerhalb kurzer Zeit die erhofften Effekte eintreten (Beauducel, Brocke, & Leue, 2006). Darüber hinaus geben sie ihren Mitarbeitern selten eine klare Richtung vor und sind schwierig zufriedenzustellen, da sich ihre Anforderungen schnell ändern können. Zudem sind sie meist wenig an Input von anderen interessiert und neigen dazu, ihre eigenen Fähigkeiten zu überschätzen (Hogan & Hogan, 2001).

Führungskräfte, die hohe Werte auf der Verträglichkeitsskala aufweisen, gehen Konflikten eher aus dem Weg. Sie berücksichtigen in ihrem Bestreben, gemocht zu werden und akzeptiert zu sein, die Gefühle und Belange anderer zu sehr. Dies kann zum einen dazu führen, dass sie ihren Mitarbeitern nicht ausreichend kritisches Feedback geben, aber zum anderen sachlich falsche Entscheidungen treffen, um Auseinandersetzungen mit Vorgesetzten, Kollegen oder Mitarbeitern zu vermeiden (Judge, Piccolo, & Kosalka, 2009).

Wenn Manager eine geringe emotionale Stabilität, also neurotische Züge aufweisen, können sie dazu neigen, ihre Meinung häufig zu ändern und wenig belastbar sowie emotional labil wirken. Studien zeigen, dass entgleiste Führungskräfte in Stresssituationen schneller die Fassung verlieren, als andere Manager (McCall & Lombardo, 1983). Bei einer sehr hoch ausgeprägten emotionalen Stabilität hingegen, wirken Führungskräfte auf ihre Mitarbeiter mitunter distanziert bis teilnahmslos. Insbesondere unter Druck ziehen sie sich zurück, kommunizieren nicht mehr mit ihrem Team und erledigen vermeintlich wichtige Aufgaben selbst (Hogan & Hogan, 2001).

Personen, die über eine hohe Offenheit für neue Erfahrungen verfügen, können sich durch neue Methoden und Trends ablenken lassen, da sie gerne bereit sind, neues auszuprobieren, um ihr Unternehmen erfolgreich zu machen. So können sie Gefahr laufen, keine konsequente langfristige Strategie zu verfolgen, sondern sich zu stark von ihrer Neugier leiten zu lassen (Judge & LePine, 2007).

Unerwünschte oder riskante Persönlichkeitszüge bei Managern titulieren Hogan und Hogan (2001) auch als ‚dunkle Seite' der Persönlichkeit. Insbesondere Personen mit antisozialen, narzisstischen oder histrionischen Persönlichkeitszügen besitzen ein höheres Risiko für Derailment (Furnham, 2007). Diese Eigenschaften entsprechen nicht den Kriterien einer klinischen Störung, sind aber beispielsweise mit emotionalen Ausbrüchen, Einschüchterungen oder Arroganz assoziiert (Furnham & Taylor, 2004). Solche subklinischen Störungsbilder haben eine deutlich höhere Prävalenz als klinisch relevante Erkrankungen (Perrez & Baumann, 2011).

Die Idee, dass Menschen über eine ‚dunkle' und eine ‚helle' Seite der Persönlichkeit verfügen, stammt ursprünglich von Alfred Adler (1927). Die Existenz der dunklen, unerwünschten Seite verursacht ein Gefühl der Minderwertigkeit, das kompensiert werden muss (Doppler, 2011). Dies kann den Antrieb für besondere Leistungen liefern, wenn bei hochrangingen Managern die notwendigen externen Kontrollinstanzen fehlen, jedoch auch zu einer Entgleisung führen (Kaiser & Hogan, 2007; Kets de Vries & Miller, 1984). Diese ‚Makel' werden häufig erst sichtbar, wenn Führungskräfte einen Mentor verlieren, der bisher Schwächen kompensierte oder wenn sie eine neue Aufgabe übertragen bekommen, für die sie nicht ausreichend vorbereitet sind, meist in Verbindung mit einem neuen Vorgesetzten. Weitere Hinweise sind eine Spur kleiner ‚Verwüstungen' und ‚Ärgernisse', die Manager im Unternehmen hinterlassen, welche oft erst in Rezessionsphasen sichtbar werden (McCall & Lombardo, 1983; Wallston, 2001).

Die Eigenschaften, die jemandem am Anfang seiner Karriere zu einem schnellen Aufstieg verhelfen, wie Durchsetzungsfähigkeit und Initiative, stehen einer guten Zusammenarbeit mit Blick auf das Gesamtunternehmen im höheren Management manchmal im Weg (Kovach, 1986; Lomardo & Eichinger, 1989; Wallston, 2001). Lombardo und Eichinger (1989) bieten eine anschauliche Übersicht, welche Persönlichkeitsfaktoren Managern später Schwierigkeiten bereiten und letztendlich zu einer Engleisung beitragen können:

Early Strengths	Latent Problems	Changing Demands	Result
Brilliant, driver, ambitious, high standards, tough on laggards.	a) overambitious, bruises others b) needs no one else c) abrasive d) lacks composure e) handles others' mistakes poorly f) doesn't know how to get the most out of people – appreciates what they can do	Interpersonal effectiveness, building and mending relationships, stability required for trust to develop	Poor treatment of others.
Independent, likes to do it alone; OR the opposite – over manages, sits on subordinates extremely loyal to organization.	a) doesn't develop subordinates b) doesn't resolve conflict among subordinates c) poor delegator d) selects in own image e) has never chosen or built a staff	Team-building, staffing, developing others increase in importance	Can't mold a staff.
Controlling, results-oriented, single-minded, really nails down technical detail; OR extremely personable, relies in relationships to get things done.	a) has trouble with new jobs, situations, people (too ambitious) b) gets irritated easily when things don't go right c) not developing a strategic perspective d) doesn't adapt to new cultures or changes well e) hasn't made a transition to an unknown area	Giving up old ways of doing things essential to succeed at more complex assignments	Can't make transition to more strategic, complex roles.

Creative, conceptually strong, ball of fire, finger in many pies.	a) lack of attention to essential detail b) disorganization c) speedboats alone; leaves people dangling d) hasn't really completed an assignment in depth	Depth, nitty-gritty required as well as awareness of how one is perceived if one doesn't follow through in commitments/details	Lacks follow-through (can't be trusted to perform).
Has a single notable characteristic, such as tons of energy, raw talent or a long-term mentor.	a) too many eggs in one basket b) staying with same person too long c) hasn't stood alone	Increasing complexity requires broader skills repertoire, standing on one's own without a shield (talent, supportive boss)	Over-dependence on a single strength.
Contentious, loves to argue, takes strong stands, usually right.	a) doesn't know how to sell a position, cajole b) has to win c) trouble adapting to those with different styles	Cajoling, persuasion, understanding of group processes required.	Strategic differences with upper management ; can't influence across dotted lines.

Tabelle 1. *Eigenschaften, die ein Risikofaktor für Derailment sein können* (Lombardo & Eichinger, 1989, S. 8f).

In der Literatur wird eine häufige Kombination aus riskanten Persönlichkeitszüge auch als ‚dunkle Triade' (Paulhus & Williams, 2002) oder ‚mad management' (Hogan & Hogan, 2001; Hogan & Kaiser, 2005) bezeichnet. Die sogenannte dunkle Triade besteht aus Machiavellismus, Narzissmus sowie einer subklinischen Form der Psychopathie. Machiavellismus ist durch Gerissenheit,

Manipulation und Skrupellosigkeit bei der Zielerreichung gekennzeichnet. Er zeigt sich im Bestreben, andere zu beeinflussen sowie zu manipulieren, um sie als Mittel zur Erreichung der persönlichen Ziele einzusetzen. Narzissmus wird durch Arroganz, Selbstbezogenheit, Anspruchsdenken und Feindseligkeit charakterisiert (Rosenthal & Pittinsky, 2006) und oft mit ‚Selbstverliebtheit' oder ‚Selbstliebe' gleichgesetzt (Röhr, 2009). Narzissten wollen in erster Linie bewundert und angehimmelt werden und weisen einen hohen Grad an Selbstverliebtheit auf. Laut Kernberg (1996) beschäftigen sie sich ausgiebig mit sich selbst, suchen nach Anerkennung und verfügen über einen ausgeprägten Ehrgeiz, wodurch Führungspositionen für sie häufig besonders reizvoll sind. Es mangelt ihnen allerdings häufig an Mitgefühl und der Fähigkeit, sich in andere hineinzuversetzen, sodass sie arrogant und kalt wirken. Psychopathische Züge zeigen sich in Einschüchterungsversuchen und rücksichtslosem, egoistischem Verhalten (Babiak, 1995; Kets de Vries, 2009). Darüber hinaus sind Impulsivität, geringe Empathie und kaum vorhandene Ängstlichkeit weitere kennzeichnende Merkmale, welche sich ebenfalls im Führungsalltag auswirken können (Paulhus & Williams, 2002).

Ähnliches Verhalten wird unter ‚mad management' subsummiert. Hogan und Kaiser (2005) verstehen darunter drei Formen destruktiven Managerverhaltens: Distanzierungs- und Einschüchterungsformen, Vereinnahmungs- und Manipulationstendenzen sowie anbiederndes Verhalten.

Andererseits finden sich ebenfalls Belege, dass insbesondere Führungskräfte, die depressive Persönlichkeitszüge aufweisen, zu einer verstärkten abusiven Supervision neigen (Tepper, 2007). Darunter versteht man ein nicht physisches feindseliges Verhalten gegenüber Mitarbeitern. Das Konzept wird in Abschnitt 2.2.2.2 detaillierter beschrieben und in den theoretischen Kontext eingeordnet.

Kritische Persönlichkeitsdispositionen können durch Belastungsfaktoren verstärkt werden, sodass abweichende Verhaltensmuster entstehen, die die Form einer psychischen Störung annehmen können (Rutter, 1987). Das bedeutet, dass Vulnerabilitätsfaktoren insbesondere in Stresssituationen zum Ausdruck kommen können.

Zusammenfassend lässt sich konstatieren, dass insbesondere die extremen Ausprägungen von Persönlichkeitsfaktoren ein Risiko für Derailment darstellen.

2.2.1.2 Kognitive Fähigkeiten & Problemlösefähigkeit

Die kognitiven Fähigkeiten, also die Intelligenz einer Person, haben gravierende Auswirkungen auf ihre berufliche Leistung (Schmidt & Hunter, 2000). Intelligenz ermöglicht es, komplexe Situationen und Gedanken nachzuvollziehen und sie zu durchdringen, zu abstrahieren und somit Probleme zu lösen. Darüber hinaus beinhaltet sie die Fähigkeit, in hoher Geschwindigkeit Neues zu lernen (Cavazotte, Moreno, & Hickmann, 2012). Für Manager ist dies in besonderem Maße wichtig, da sie häufig mit mehr Stimuli konfrontiert werden, als sie verarbeiten können (Kotter, 1982; Mintzberg, 1973). Intelligente Führungskräfte sind in der Lage, vielfältige Problemstellungen konstruktiv und innovativ zu lösen. Darüber hinaus setzen sie mit höherer Wahrscheinlichkeit die richtigen Prioritäten und berücksichtigen beim Treffen von Entscheidungen die wirklich relevanten Informationen (Judge, Piccolo & Ilies, 2004). In einer Metaanalyse fand sich eine Korrelation zwischen kognitiver Intelligenz und Führungserfolg, welche beide durch objektive Kriterien erfasst wurden, von 0.33 (Judge, Colbert, & Ilies, 2004).

Eine zu hohe Intelligenz einer Führungskraft, insbesondere im Vergleich zur durchschnittlichen Intelligenz ihrer Mitarbeiter, kann allerdings dazu führen, dass der Manager eher als Außenseiter betrachtet wird und sich nicht erfolgreich in das Team integrieren kann (Judge, Colbert, & Ilies, 2004). Zudem neigen intelligente Menschen dazu, Situationen in der Tiefe zu durchdenken sowie zu analysieren und vielfältige Aspekte zu berücksichtigen. Dies kann dazu führen, dass eine Führungskraft sich nicht deutlich genug positioniert und keine klare Richtung vorgibt, sondern zu sehr in Alternativen und Möglichkeiten denkt (Gough, 1956).

Das gravierendere und häufiger auftretende Problem ist jedoch eine zu gering ausgeprägte Intelligenz von Führungskräften. In komplexen Systemen wie Wirtschaftsunternehmen ist es erforderlich, wechselnde Bedingungen kontinuierlich zu analysieren und kognitiv zu durchdringen, um in der Lage zu sein, korrekte Entscheidungen zu treffen und proaktiv auf potenziell kritische Situationen reagieren zu können (Dörner, 2011). Wenn Manager über zu geringe kognitive Kapazitäten verfügen, gelingt es ihnen nicht ausreichend, die Menge und Komplexität an Informationen zu erfassen, die zu einer adäquaten Beurteilung von Sachverhalten erforderlich wären (Bentz, 1985), sodass beispielsweise Abhängigkeiten und Interdependenzen nicht mehr angemessen erfasst werden (Bäcker, 2010). Manager mit einer geringeren Intelligenz lernen langsamer und verfügen daher insbesondere in dynamischen Umfeldern über ein schlechteres Urteilsvermögen und sind so nicht fähig, Probleme nachhaltig zu lösen (McCall & Lombardo, 1983). Wenn es zudem an der Flexibilität fehlt, zwischen Abstraktion und Konkretisierung zu wechseln, sind Führungskräfte nicht mehr ausreichend fähig, situativ angemessene Entscheidungen zu treffen (Westermann & Birkhan, 2012).

2.2.1.3 Zentrale Selbstbewertungen

Unter dem Begriff zentrale Selbstbewertungen (core self evaluations) werden vier Eigenschaften zusammengefasst: Selbstwertgefühl, Kontrollüberzeugung, Selbstwirksamkeit und emotionale Stabilität. Das Konzept wurde erstmals von Judge, Locke und Durham (1997) untersucht und kann vereinfach als ‚Selbstkonzept‘ bezeichnet werden, denn dies ist die Quintessenz der zusammengefassten Konstrukte (Judge, Bono, Erez, Locke, & Thoresen, 2002).

Studien zeigen, dass Manager, die über eine positive zentrale Selbstbewertung verfügen, zufriedener mit ihrer Arbeit sind, bessere Leistungen zeigen, schneller strategische Entscheidungen treffen, mehr Initiative zeigen sowie eine höhere Beständigkeit in der Umsetzung ihrer Ideen aufweisen (Erez & Judge, 2001; Judge, Erez, & Bono, 1998; Judge, Locke, Durham, & Kluger, 1998; Hiller & Hambrick, 2005). Zudem belegen metaanalytische Studien, dass ein hoher Selbstwert positiv mit Führungserfolg (Judge, Bono, Ilies, & Gerhardt, 2002) sowie beruflicher Leistung (Judge & Bono, 2001) einhergeht. Darüber hinaus zeigt sich, dass es einen positiven Zusammenhang zwischen core self evaluations und transformationaler Führung gibt (Resick, Whitman, Weingarden, & Hiller, 2009).

Ein extrem hoher Selbstwert kann allerdings ähnlich negative Auswirkungen haben, wie die Selbstverliebtheit von Narzissten (Hiller & Hambrick, 2005). Er kann zu strategischen Entscheidungen führen, die mehr die eigenen Interessen und Neigungen bedienen und nicht auf sachlichen Analysen beruhen. Manager mit geringer

Selbstachtung neigen hingegen dazu, ihren Willen als Kompensation eher mit Zwang durchzusetzen (Kipnis, 1976)

Das Konstrukt der Kontrollüberzeugung (locus of control) entstammt der sozialen Lerntheorie und beschreibt die Überzeugung von Personen, inwieweit sie das Geschehen in ihrer Umwelt beeinflussen können (Rotter, 1966). Man unterscheidet zwischen einem internalen sowie einem externalen locus of control (Antonovsky, 1993). Personen mit einem internalen locus of control bzw. einem hohen Kohärenzerleben (Antonovsky, 1997) haben das Gefühl, die Welt um sich herum beeinflussen zu können, während Menschen mit einer externalen Kontrollüberzeugung sich Umweltfaktoren eher ausgeliefert fühlen (McCall & Lombardo, 1983). Bei Personen mit einem externalen locus of control kann man davon ausgehen, dass sie seltener in exponierten Führungspositionen vertreten sind (Judge & Bono, 2001). Führungskräften mit einem hohen Kohärenzerleben fällt es hingegen leichter, äußeren Anforderungen einen Sinn zu verleihen und in eigene Ziele zu integrieren, das Geschehen zu verstehen und somit die Anforderungen einer Führungsposition erfolgreich zu bewältigen, da sie den stärker den Eindruck haben, dass ihr Handeln ein Ergebnis liefert (Landmann, Kloock, König & Berg, 2007).

Die Gefahr für Derailment liegt in der Überzeugung, dass alle Vorgänge in der Umwelt persönlich beeinflusst werden können, was eine übersteigerte Selbstwirksamkeitserwartung darstellt. Unter Selbstwirksamkeit versteht man nach Bandura (1997) die subjektive Gewissheit, Anforderungen aufgrund der vorhandenen eigenen Kompetenzen bewältigen zu können. Bei einer sehr hohen Ausprägung können Führungskräfte zu Selbstverherrlichung und Allmachtfantasien neigen.

Auf die Auswirkungen, die eine geringe emotionale Stabilität bzw. Neurotizismus von Führungskräften auf ihren beruflichen Erfolg haben kann, wurde unter 2.2.1.1 schon eingegangen.

2.2.1.4 Selbstreflexionsfähigkeit und Selbsterkenntnis

Menschen verfügen über das Potenzial, über sich selbst als Person, über eine Gruppe oder ein soziales System nachzudenken, zu sprechen und zu reflektieren. Durch diese gezielte Beschäftigung mit sich selbst, eröffnet sich die Möglichkeit zur zielgerichteten Selbstveränderung. Individuen unterscheiden sich jedoch sowohl in ihrer Bereitschaft, als auch in ihrer Fähigkeit zur Selbstreflexion. Durch eine bewusste Beschäftigung mit der eigenen Person, den eigenen Empfindungen und ein „in sich hinein lauschen" (Greif, 2008, S. 22) im Sinne einer Selbstexploration, kann es gelingen, ein bewusstes Selbstkonzept zu entwickeln. Eine zu intensive Beschäftigung mit sich selbst und permanentes Grübeln sind allerdings nicht förderlich (Berg, 2007). Es ist erforderlich, dass der Reflexionsprozess so abläuft, dass er zu verwertbaren Ergebnissen führt. Greif (2008) bezeichnet dies als ergebnisorientierte Selbstreflexion.

Eine wichtige Kompetenz von Führungskräften ist es, ihre Wirkung auf andere adäquat einzuschätzen sowie das eigene Verhalten gegebenenfalls kritisch zu hinterfragen. Die dadurch gewonnene Selbsterkenntnis ist ein zentraler Aspekt für die kontinuierliche Weiterentwicklung eines Managers. Dies ist insbesondere in der heutigen Zeit, in der sich Anforderungen schnell verändern, ein zentraler Erfolgsfaktor nicht nur für Führungskräfte geworden (Hogan & Warrenfeltz, 2003).

Wenn Führungskräfte über keine ausreichende Fähigkeit zur Selbstreflexion verfügen, neigen sie dazu, kritisches Feedback von anderen nicht ernst zu nehmen und somit ihre eigenen Limitationen und Lernfelder zu ignorieren. Letztendlich entwickeln sich so über einen längeren Zeitraum die Selbst- und die Fremdwahrnehmung auseinander, sodass es den Managern schlussendlich nicht mehr gelingt, sich adäquat auf Personen und Situationen einzustellen (Bäcker, 2010).

2.2.1.5 Anpassungsfähigkeit an Veränderungen

Organisationale Veränderungen, also Fusionen, Mitarbeiterabbau, die Implementierung neuer Technologien etc. können für Beschäftigte eines Unternehmens belastend sein, da damit häufig Unsicherheit hinsichtlich der weiteren Beschäftigung und der Sicherheit des Arbeitsplatzes, Überstunden, Ambiguität und (Rollen-)Konflikte einhergehen, welche den Druck auf die Angestellten erhöhen (Sonnentag & Frese, 2003). Zahlreiche Studien fanden Zusammenhänge zwischen organisationalen Veränderungen und Depressionen oder Angststörungen (Hu & Schaufeli, 2011; Greenglass, Burke, & Fiksenbaum, 2001). Ein positiver Führungsstil hat jedoch einen moderierenden Einfluss und kann die negativen Effekte von Veränderungsprozessen auf Mitarbeiter in Teilen kompensieren (Michel & Gonzalez-Morales, 2013).

Shakleton (1995) postuliert die Unfähigkeit von Führungskräften, sich an Veränderungen anzupassen als häufigste Ursache für Derailment. Diese Feststellung wurde in weiteren Untersuchungen bestätigt (Leslie & Van Velsor, 1996), sodass eine mangelnde Adaptabilität inzwischen als ein zentraler Risikofaktor für Derailment gilt (Westermann & Birkhan, 2012).

In Untersuchungen zum Thema ‚resistance to change‘ wurden die Faktoren Risiko-Toleranz (Ambiguitätstoleranz, Risikoaversion und Offenheit für neue Erfahrungen) sowie ein positives Selbstkonzept, wie unter 2.2.1.3 beschrieben, identifiziert (Oreg, 2003), die determinieren, wie gut Menschen in der Lage sind, sich an Veränderungen anzupassen. In den letzten Jahrzehnten ist es für Manager immer wichtiger geworden, sich beispielsweise in Restrukturierungs- oder Fusionsprozessen an neue Unternehmensstrukturen oder Aufgabengebiete anzupassen. Entgleiste Führungskräfte schätzen die Wichtigkeit und die Dringlichkeit von Veränderungsprozessen häufig nicht richtig ein und berücksichtigen diese daher nicht ausreichend in ihrer strategischen Planung (McCall & Lombardo, 1983).

Darüber hinaus zeigte sich, dass gescheiterte Führungskräften in ihrer beruflichen Laufbahn ein geringeres Aufgabenspektrum bewältigt haben, als erfolgreiche (McCall & Lombardo, 1983). Um sich neue Inhalte zu erschließen, ist es erforderlich, aus positiven sowie negativen Erfahrungen zu lernen und sich dadurch kontinuierlich weiterzuentwickeln. Entgleisten Führungskräften gelingt dies häufig nicht ausreichend (Heifetz & Laurie, 1997). Argyris (1991) stellte in Fallstudien fest, dass auch Manager, die an renommierten Universitäten studiert haben und über eine augenscheinlich ‚gute Ausbildung‘ verfügen, häufig nicht wussten, wie sie lernen, da sie zwar Probleme lösen, diesen Prozess jedoch nicht systematisch reflektieren, weil sie sich vor Misserfolgen fürchten.

Jedoch können auch ‚Nicht-Ereignisse‘, wie das Ausbleiben einer erhofften Beförderung zu existenziellen Krisen und somit letztlich zu einem Derailment führen (Auth, Preiser, & Buttkewitz, 2003), wenn es Führungskräften nicht gelingt, sich an die gegebenen Rahmenbedingungen anzupassen oder proaktiv nach Alternativen zu suchen, um ihrer Berufstätigkeit neuen Sinn zu geben (Möller & Volkmer, 2005). Auch wenn Unternehmen heute in der Regel mehrere Karrierepfade abseits der rein hierarchischen

Entwicklung anbieten, ist die gesellschaftliche Anerkennung von Führungspositionen immer noch weitaus höher, als beispielsweise für Fach- oder Projektkarrieren (Popitz, 1992).

2.2.1.6 Motivstruktur

In der Motivationspsychologie werden nach McClelland (1961) drei grundlegende Motive unterschieden: das Leistungsmotiv, das Machtmotiv sowie das Bindungsmotiv.

Ein ausgeprägtes Leistungsmotiv liefert den Antrieb, sich Herausforderungen zu stellen und diese besonders gut bewältigen zu wollen. Wenn ein Ziel erreicht ist, wenden sich Personen mit einem hohen Leistungsmotiv häufig direkt dem nächsten erstrebenswert erscheinenden Zielzustand zu (Reinberg & Vollmeyer, 2011). In der Derailmentforschung zeigte sich, dass Führungskräfte mit einem sehr hoch ausgeprägten Leistungsmotiv nicht zwangsläufig erfolgreich sein müssen. Sie können als zu ehrgeizig erscheinen (Leslie & Van Velsor, 1996) und die eigenen Fähigkeiten überschätzen (Peter-Prinzip). Dabei überschreiten sie im Streben nach Erfolg häufig ihre persönlichen Belastungsgrenzen, sodass sie Gefahr laufen, beispielsweise an Burnout zu erkranken und nicht langfristig leistungsfähig zu bleiben (Spreier, Fontaine, & Malloy, 2010).

Das Machtmotiv spielt auch in der unter 2.2.1.1 beschriebenen ‚dunklen Triade' (insbesondere im Bereich des Machiavellismus) eine entscheidende Rolle. Einerseits ist ein ausgeprägtes Machtmotiv ein guter Prädiktor für die Vorhersage von Karrieren, da es die Freude an der Einflussnahme auf andere beschreibt (McClelland, 1961). Andererseits können sowohl eine zu hohe als auch eine zu niedrige Ausprägung den Erfolg von Managern gefährden. Bei einem zu niedrigen Machtmotiv haben Führungskräfte Skrupel, ihre Handlungsspielräume auszunutzen und die ihnen zur Verfügung stehenden Ressourcen möglichst gewinnbringend einzusetzen. Ein zu hoch ausgeprägtes Machtmotiv kann hingegen zu unangemessen dominantem oder tyrannischen Verhalten führen (Kets de Vries & Engellau, 2010).

Das Bindungsmotiv beschreibt das Bestreben, vertrauensvolle soziale Beziehungen aufzubauen sowie zu erhalten. Zwar ist dies einerseits für Führungskräfte eine wichtige Kompetenz, andererseits zeigte sich allerdings die Gefahr, dass sie bei einer zu hohen Ausprägung des Bindungsmotives von ihren Mitarbeitern nicht ernstgenommen werden, da diese Manager dazu neigen, zu jovial und ‚kumpelhaft' zu agieren (McClelland & Burnham, 1976), sodass ein höheres Risiko des Scheiterns besteht.

2.2.2 Interpersonelle Faktoren

Neben den intrapersonellen Faktoren, also in der Person selbst liegenden Aspekten, sind darüber hinaus interpersonelle Faktoren, die Risikofaktoren für das Versagen von Managern sein können, zu beleuchten. Dies sind zum einen die sozialen Fertigkeiten im Umgang mit anderen, aber auch der Führungsstil sowie die Art und Weise der Konfliktbearbeitung.

2.2.2.1 Soziale Fertigkeiten

Soziale Fertigkeiten sind für Führungskräfte enorm bedeutsam, da die soziale Interaktion einen großen Teil ihrer Rolle und täglichen Arbeit ausmacht. Es gibt Hinweise, dass sich emotionale Intelligenz auf alle Facetten der beruflichen Leistung von Führungskräften auswirken kann (Brief & Motowidlo, 1986; Côté & Miners, 2006; Mayer, Roberts, & Barsade, 2008). Besonders hohe Korrelationen finden sich zudem zwischen emotionaler Intelligenz und einem transformationalen Führungsstil (Barbuto & Burbach, 2006).

Den größten Einfluss hat emotionale Intelligenz jedoch auf die sozialen Beziehungen am Arbeitsplatz. Die sozialen Interaktionen von Individuen mit einer hohen emotionalen Intelligenz werden generell positiver bewertet (Lopes, Brackett, Nezlek, Schutz, Sellin, & Salovey, 2004). Soziale Fertigkeiten sind insbesondere bei geringer wahrgenommener organisationaler Unterstützung von Bedeutung (Hochwarter, Witt, Treadway, & Ferris, 2006). Personen mit einer hohen emotionalen Intelligenz schaffen es beispielsweise, bei ihren Verhandlungspartnern positive Gefühle hervorzurufen und so einerseits positive Beziehungen zu etablieren und andererseits bessere Ergebnisse zu erzielen (Mayer, Roberts, & Barsade, 2008).

Gerade um in einem größeren Unternehmen erfolgreich zu sein, sind politische Fertigkeiten von enormer Bedeutung (Ferris, Witt, & Hochwarter, 2001; Ferris, et al., 2005). Bisherige Untersuchungen zu den Ursachen von Managerversagen zeigen, dass entgleiste Führungskräfte anderen zu wenig Respekt und Wertschätzung entgegenbringen sowie ihren Bedürfnissen zu wenig Aufmerksamkeit schenken (Hogan, Hogan, & Kaiser, 2010). Es stellte sich heraus, dass gescheiterte Führungskräfte über eine geringere sozio-politische Intelligenz verfügen (Burke, 2006). Daraus ergibt sich, dass entgleiste Führungskräfte Schwierigkeiten haben, sich ein berufliches Netzwerk aufzubauen (Leslie & Van Velsor, 1996) und häufig unfähig sind, eventuell entstandene Beziehungen längerfristig aufrecht zu erhalten (Bentz, 1985).

Diese eingeschränkten sozialen Fertigkeiten äußern sich darüber hinaus in Schwierigkeiten mit unterschiedlichen Persönlichkeiten zusammen zu arbeiten. Entgleiste Führungskräfte sind häufig nicht empfindsam genug für die Emotionen anderer und verfügen über zu schlechte kommunikative Fähigkeiten, um tragfähige Beziehungen zu anderen aufbauen zu können (McCall & Lombardo, 1983).

2.2.2.2 Führungsstil

Insbesondere, wenn man Derailment als eine Form des destruktiven Managerverhaltens definiert, ist es erforderlich, sich mit dem Führungsstil gescheiterter Manager zu beschäftigen. Führungserfolg wird in der Literatur üblicherweise zum einen über die Leistung der Mitarbeiter, aber auch über ihre Zufriedenheit erfasst (Nerdinger, 2008), sodass man in der Forschung zwischen Mitarbeiterorientierung und Aufgabenorientierung unterscheidet (Fleishman & Harris, 1962).

In älteren Führungstheorien finden sich vier Fähigkeitscluster, die zum Erfolg von Managern beitragen sollen. Dies sind zum einen intrapersonelle Fähigkeiten wie Selbstbewusstsein, Selbstkontrolle oder emotionale Reife, aber auch interpersonelle Fähigkeiten wie soziale Kompetenz, Empathie sowie die Fähigkeit, Beziehungen aufzubauen. Desweiteren haben die beruflichen Fertigkeiten und Führungsfähigkeit, beispielsweise der Aufbau eines Teams, Erklärungswert für den Erfolg von Führungskräften (Hogan & Warrenfeltz, 2003). Es zeigte sich darüber hinaus, dass es nicht das ‚ideale Führungsverhalten' gibt (McCartney & Campbell, 2006), sondern es entscheidend ist, welche Persönlichkeit welches Verhalten in welcher Situation zeigt (von Rosenstiel & Wegge, 2004), das sogenannte ‚situative Führen‘.

Das in der Führungsforschung derzeit aktuelle Konzept der transformationalen Führung wurde erstmals 1985 in Abgrenzung zu dem bis dato favorisierten transaktionalen Führungsstil, welcher auf lerntheoretischen Mechanismen beruht, beschrieben (Bass). Inhaltlicher Kern des transformationalen Führungskonzeptes ist es, der Arbeitstätigkeit in den Augen der Mitarbeiter einen höheren Sinn zu verleihen, um so ihre Einstellung bezüglich der Arbeit zu ‚transformieren‘ und sie zu einer Extra-Anstrengung zu motivieren. Zwar wird auch bei einem transaktionalen Führungsstil gute Leistung belohnt, jedoch gelingt es beim transformationalen Führen den Managern, die Bedürfnisse und Motive ihrer Mitarbeiter so einzuschätzen, dass sie langfristig aus einer intrinsischen Motivation heraus bessere Leistungen erbringen.

Eine aktuelle Metaanalyse belegt, dass ein transformationaler Führungsstil sowohl zu einer besseren individuellen Leistung der Mitarbeiter, aber auch zu einer höheren Team-Performance führt, wobei sich stärkere Auswirkungen auf die personenbezogene, als auf die aufgabenbezogene Leistung finden (Wang, Oh, Courtright, & Colbert, 2011). Der Erfolg einer Führungskraft, gemessen an ihrem Beitrag zu den Zielen der Organisation, ist direkt vom Ausmaß ihres transformationalen Führungsstils abhängig und indirekt von den Faktoren Intelligenz, Erfahrung und Gewissenhaftigkeit, welche sich in transformationalen Verhaltensweisen als besonders relevant erweisen (Cavazotte, Moreno, & Hickmann, 2012).

In aktuellen Untersuchungen zeigte sich, dass es Managern mit einem transformationalen Führungsstil insbesondere gut gelingt, Stressoren im Berufsalltag für ihre Mitarbeiter neu zu bewerten und für die Bewältigung von Herausforderungen positiv zu verstärken, sodass die Motivation der Mitarbeiter und das Gerechtigkeitsempfinden höher ausgeprägt sind (Zhang, LePine, Buckman, & Wei, 2013). Darüber hinaus erhöht ein transformationaler Führungsstil das Wohlbefinden der Mitarbeiter, da sie ihrem Vorgesetzten mehr Vertrauen entgegenbringen (Kelloway, Turner, Barling, & Loughlin, 2012).

Es zeigte sich zudem, dass Intelligenz sowie Gewissenhaftigkeit positiv mit einem transformationalen Führungsstil korrelieren (Yahaya, et al., 2011), welcher sich, wie oben beschrieben, wiederum signifikant auf die Leistung des Managers auswirkt (Cavazotte, Moreno, & Hickmann, 2012; Harms & Credé, 2010), sodass man vermuten könnte, dass gewisse Persönlichkeitseigenschaften erforderlich sind, um transformational führen zu können. Mit Blick auf Derailment bedeutet dies, dass Führungskräfte, die nicht in der Lage sind, sich einen transformationalen Führungsstil anzueignen und zu leben, einem höheren Risiko ausgesetzt sind, zu scheitern. Zum einen, weil es ihnen nicht gut gelingt, die Bedürfnisse und Motive ihrer Mitarbeiter wahrzunehmen und diese im Sinne der Personalentwicklung zu motivieren, zum anderen aber auch, weil ihre Führungsmethoden von außen betrachtet veraltet und nicht mehr zeitgemäß wirken können.

Im Sinne des destruktiven Managerverhaltens handeln entgleiste Führungskräfte sowohl entgegen der legitimen Interessen der Organisation, schaden aber gleichzeitig auch ihren Mitarbeitern (Einarsen, Aasland, & Skogstad, 2007). Dieses Führungsverhalten bezeichnet man in der Literatur auch als ‚bad management‘ (Westermann, 2012). Darunter lassen sich einige theoretische Konzepte wie beispielsweise ‚abusive Supervision‘ (Schreyögg, 2009) oder ‚petty tyranny‘ (Ashforth, 1994) subsummieren.

‚Petty tyranny‘ ist ein bislang empirisch relativ wenig erforschtes Konstrukt, in welchem zahlreiche intuitiv kritisch erscheinende Führungsformen zusammengefasst werden. Ashforth (1994) subsummiert unter diesem Oberbegriff folgende Merkmale von Führungskräften: Willkür und Selbst-Erhöhung, Erniedrigen von Mitarbeitern, Mangel an Rücksichtnahme, Erzwingen von Konfliktlösungen, Mitarbeiter abschrecken, Initiative zu zeigen sowie zufällige Bestrafung. Ein Grund dafür, dass dieses Konstrukt bislang wenig wissenschaftliche Aufmerksamkeit erhalten hat, mag an seiner mangelnden Trennschärfe und der etwas beliebig erscheinenden Auswahl an Konstrukten liegen. Im Kontext der Derailmentforschung sind die aufgeführten Verhaltensweisen eher als Auswirkungen einer Entgleisung auf die Mitarbeiter der gescheiterten Führungskraft zu verstehen.

Das Konzept der abusiven Supervision umfasst ein nicht-physisches destruktives Verhalten von Führungskräften, welches von ihren Mitarbeitern als feindlich und aggressiv wahrgenommenen wird (Klaussner, 2011; Schreyögg, 2009).

Darunter fallen alle verbalen und nonverbalen Verhaltensweisen ihres Vorgesetzten. Ausgenommen sind lediglich physische Angriffe (Tepper, 2000). Robinson und Bennett definieren abusive Supervision als „deviant workplace behavior", genauer gesagt als "voluntary behavior that violates significant organizational norms and in so doing threatens the well-being of an organization, its members, or both" (1995, S. 62). Weiterhin differenzieren sie zwischen organisationalem vs. interpersonalem und geringfügigem vs. schwerwiegendem abusiven Verhalten. Aus Sicht der Derailmentforschung bezieht sich auch dieses Konstrukt auf die Konsequenzen bzw. Auswirkungen einer scheitenden Führungskraft. Insbesondere ein häufiger Wechsel zwischen betont freundlichem und abusivem Verhalten löst bei Mitarbeitern Widerstände aus (Tepper, Duffy, Henley, & Lambert, 2006).

Schon in den ersten Untersuchungen zum Derailment von Managern zeigte sich, dass Betroffene Schwierigkeiten haben, ein Team aufzubauen und zusammenzuhalten (Bentz, 1985; Leslie & Van Velsor, 1996). Dies kann sowohl in der Auswahl der falschen Mitarbeiter begründet sein, aber auch darin, keinen situativ passenden Führungsstil entwickelt zu haben. So gelingt es diesen Managern nicht, ihre Mitarbeiter im Sinne der transformationalen Führung zu einer Extra-Anstrengung zu motivieren (Nerdinger, 2003) und sie langfristig an das Unternehmen zu binden.

2.2.2.3 Konfliktbewältigung

Der Term ‚Konflikt' ist bislang über unterschiedliche Forschungsdisziplinen hinweg nicht eindeutig und einheitlich definiert worden. Im Führungsalltag sind es zumeist interpersonale oder nach Glasl (2010) ‚soziale Konflikte', welche als Beteiligter oder Moderator von Führungskräften zu bewältigen sind. Um von einem interpersonalen Konflikt sprechen zu können, müssen drei Bedingungen gegeben sein: eine wechselseitige Abhängigkeit der Beteiligten, die Akteure verfolgen unterschiedliche Ziele und es ist keine attraktive Alternative vorhanden.

Konflikte innerhalb einer Organisation führen nicht nur zu Unbehagen, sondern haben auch einen immensen Einfluss auf die Qualität der sozialen Systeme, wie z.B. den Grad der Arbeitszufriedenheit, den wahrgenommenen Gestaltungsraum, das emotionales Klima sowie den Umfang und die Qualität befriedigter Bedürfnisse (Tries & Reinhardt, 2008).

In bisherigen Studien zeigte sich, dass gescheiterte Führungskräfte, häufiger als erfolgreiche, Schwierigkeiten bei der konstruktiven Bewältigung von Konflikten haben. Es fällt ihnen schwer, Fehler zuzugeben und die Konsequenzen eventueller Fehlentscheidungen zu tragen (McCall & Lombardo, 1983). Sie neigen auch dazu, je nach Persönlichkeitsausprägung, Konflikten aus dem Weg zu gehen oder diese um jeden Preis ausfechten zu wollen. Ein konfliktvermeidendes Verhalten zeigt sich insbesondere bei einer hoch ausgeprägten Verträglichkeit und birgt das Risiko, dass Konflikte nicht geklärt werden können und somit eventuell notwendige Entscheidungen nicht getroffen oder vertagt werden (Berkel, 2009). Auf der anderen Seite können gescheiterte Führungskräfte aber auch dazu neigen, sich unbedingt durchsetzen zu wollen. Insbesondere bei einer gering ausgeprägten sozialen Sensitivität und einem hohen Machtmotiv kann dies dazu führen, dass der andere sein ‚Gesicht verliert‘ und eine weitere Zusammenarbeit unter Umständen nur schwierig möglich ist (Glasl, 2010).

2.2.3 Situative Faktoren

Neben den intra- sowie den interpersonellen Faktoren können auch situative Aspekte Ursachen für ein Derailment sein.

2.2.3.1 Komplexität und Dynamik der Arbeitswelt

Zu hohe berufliche Anforderungen können Anspannung und Stress erzeugen (Van Yperen & Snijders, 2005). Steigende Anforderungen erhöhen zunächst die Leistung, aber auch die Zufriedenheit von Personen. Ab einem gewissen Punkt allerdings, beginnt die Leistung nachzulassen (Gardner & Cummings, 1988; Janssen, 2000; Scott, 1996). Dieser umgekehrt U-förmige Zusammenhang wird von der Passung zwischen Anforderungen und Fähigkeiten (Xie & Johns, 1995) sowie der Wahrnehmung angemessener Belohnung moderiert (Janssen, 2001).

Die Arbeitswelt hat sich in den letzten Jahrzehnten massiv verändert und an Dynamik sowie Komplexität hinzugewonnen (Schütte & Köper, 2013). Dies ist ein Risikofaktor für ein häufigeres Entgleisen von Managern, da sie immer mehr Stimuli in immer kürzerer Zeit verarbeiten sowie sich immer schneller an Veränderungen anpassen müssen (Hogan, Hogan, & Kaiser, 2010). Die dazu erforderlichen kognitiven

Fähigkeiten sowie die notwendige Anpassungsfähigkeit wurden bereits unter 2.2.1 beschrieben.

Die Grenzen zwischen Arbeitswelt und Privatleben verschwimmen immer mehr, sodass Voß (1998) von einer ‚Entgrenzung der Arbeit' spricht. Dies bedeutet, dass berufliche Themen auf immer mehr Lebensbereiche übergreifen und es beispielsweise fast selbstverständlich ist, dass Führungskräfte auch im Urlaub erreichbar sind. Aufgrund dieser zunehmenden Belastung und den immer geringer werdenden Ruhepausen erhöht sich das Risiko für psychische Störungen und auch für das Versagen von Managern. Langfristige Beanspruchungsfolgen wie Depressionen oder Burnout sind mittlerweise die häufigsten Ursachen für Erwerbsminderungsrenten (Schütte & Köper, 2013).

2.2.3.2 Unternehmenskultur

Eine dysfunktionale Unternehmenskultur kann das Risiko für Managerversagen deutlich erhöhen. Kets de Vries und Miller (1986) unterscheiden fünf Varianten einer destruktiven Organisationskultur, welche insbesondere in zentralistischen Unternehmen vorkommen, die durch einen mächtigen Topmanager maßgeblich beeinflusst werden können. Bei diesen fünf unterschiedlichen destruktiven Kulturen handelt es sich um paranoide, vermeidende, charismatische, bürokratische und politisierte Organisationen.

In einer paranoiden Kultur herrscht großes Misstrauen zwischen den Mitgliedern der Organisation untereinander; der Arbeitsalltag ist geprägt von einem ständigen ‚auf der Hut sein' vor der nächsten Attacke eines Kollegen. Neid und eine gewisse Feindseligkeit sind ständig präsent. In einer paranoiden Kultur wird großer Wert auf Einheitlichkeit und Uniformität gelegt. Arbeitnehmern mit individuellen Ansichten wird misstraut, sie werden ignoriert und nicht befördert. Unter dieser angespannten Atmosphäre, in der man sich gegenseitig verdächtig und genauestens überwacht, leiden in aller Regel die Zusammenarbeit zwischen Abteilungen sowie der Informationsaustausch (Kets de Vries & Miller, 1984).

In einer depressiven-vermeidenden Kultur herrscht eine gewisse Hoffnungslosigkeit und Hilflosigkeit, Einfluss auf den Lauf der Dinge zu haben. Die Organisation ist geprägt von Lethargie und Routine; Führungskräfte beschränken ihre

Beteiligung auf das geforderte Minimum und scheuen sich, Entscheidungen zu treffen. Viele solcher Unternehmen sind gut etabliert. Durch eine depressiv-vermeidende Kultur stagnieren sie jedoch in ihrer Entwicklung und verpassen ggf. relevante Veränderungen an Markt (Kets de Vries & Miller, 1984).

Ein dramatischer Führungsstil, mit der Neigung, Aufmerksamkeit auf die eigene Person zu ziehen, geht häufig mit instabilen Beziehungen, aber auch einer charismatischen Unternehmenskultur einher. Solche Führungskräfte werden von ihren Mitarbeitern häufig idealisiert und übertrieben positiv dargestellt. Mitarbeiter sind in hohem Maße abhängig von der Führungskraft, sodass kritische Fragen nicht adressiert werden und sich das Risiko von Fehlentscheidungen deutlich erhöht. Solche Kulturen sind durch hyperaktive, impulsive und spontane Entscheidungen gekennzeichnet, was sich beispielsweise durch eine ständige Einführung neuer Produkte ausdrücken kann (Kets de Vries & Miller, 1984).

Zwanghafte Führungskräfte sind darauf ausgerichtet, Ambiguität durch eine genaue Kontrolle und Planung entgegenzuwirken. In solchen bürokratischen Organisationskulturen stehen Ordnung, Effizienz und das Einhalten von Regeln im Vordergrund, wodurch Flexibilität und Innovation verhindert werden. Es besteht die Gefahr, dass sich das Unternehmen zu sehr mit internen Prozessen und potenziellen Optimierungsmöglichkeiten beschäftigt und dabei den Blick auf äußere Faktoren oder Markterfordernisse vernachlässigt (Kets de Vries & Miller, 1984).

In einer hoch politischen Organisation ziehen sich die obersten Führungskräfte häufig zurück und wirken distanziert. Daraus folgt wenig Einbindung anderer in Entscheidungen, zu wenig Kommunikation und das Fehlen emotionaler Bindungen. Da die oberste Führungsebene zurückgezogen und wenig präsent ist, kommt es zu politischen Ränkespielen auf der zweiten Führungsebene, mit dem Ziel, den persönlichen Einfluss zu vergrößern. Das Unternehmen ist auf sich selbst konzentriert und läuft so ebenfalls Gefahr, wichtige äußere Faktoren und Entwicklungen zu übersehen (Kets de Vries & Miller, 1984).

Ein Derailment hängt also nicht nur von den persönlichen Eigenschaften und Fähigkeiten eines Managers ab, sondern kann auch durch das Unternehmensumfeld beeinflusst und forciert werden. Es gibt einen signifikanten Zusammenhang zwischen der Passung der Mitarbeiter und der vorherrschenden Organisationskultur auf eine Reihe von Faktoren wie beispielsweise Commitment und Umsatz (Kotter & Heskett, 1992; O'Reilly, Chatmann, & Caldwell, 1991).

In der Literatur wird der situative Aspekt von Derailment auch als ‚sad management' bezeichnet (Westermann, 2012). Darunter versteht man, dass es in Folge von innerhalb einer Organisation überdurchschnittlich häufig vertretenen inkompetenten Führungskräften zur Insolvenz des Unternehmens kommt. Studien zeigen, dass bei 70% der Unternehmen, die durch Führungsinkompetenz Insolvenz anmelden mussten, ein unternehmensweit verbreitetes Burnout-Syndrom existierte (Probst & Raisch, 2004), autokratische Manager des Unternehmen führten oder eine überzogene Erfolgskultur herrschte (Doppler, 2011). Aspekte, die zu einer solchen dysfunktionalen Unternehmenskultur führen, können vielfältig sein. Zum einen kann diese durch ein exponentielles Wachstum verursacht werden, welches ständige Veränderungen mit sich bringt, und Prozesse sowie Strukturen, die Orientierung bieten, darüber vernachlässigt werden. Weiterhin werden erfolgreiche Mitarbeiter oft so schnell befördert, dass sie nie die Gelegenheit bekommen, die mittelfristigen Erfolge und auch die möglichen Probleme ihrer Arbeit einzuschätzen (Gabarro, 1987). Wenn Führungskräfte innerhalb der operativen Tätigkeit, die sie befriedigend ausführen, immer weiter befördert werden, erhöht dies das Risiko für Derailment, da sie nie einen Überblick über die strategischen Gesamtzusammenhänge des Unternehmens erhalten (Lomardo & Eichinger, 1989). Es wird beispielsweise in Unternehmen erwartet, dass eine persönliche Weiterentwicklung von Führungskräften durch Erfahrung und Einblicke in verschiedene Aufgaben erfolgt. Dies sehen allerdings nur 8% der Manager als hilfreich an (Lindsey, Holmes, & McCall, 1987). Weitergehende Unterstützung und Ausbildung von Führungskräften, insbesondere im Hinblick auf Persönlichkeitsentwicklung, erfolgen häufig nicht.

Das Risiko für häufigere Entgleisungen von Führungskräften innerhalb eines Unternehmens erhöht sich weiterhin, wenn besonders Personen mit aggressiven oder arroganten Persönlichkeitszügen gefördert werden, da diese Eigenschaften in höheren Funktionen häufig zum Nachteil werden, wie unter 2.2.1.1 beschrieben (McCall & Lombardo, 1983).

Das instabile und angespannte Umfeld, in denen Organisationen heute bestehen müssen, schürt jedoch auch die Übertragungen auf Führungskräfte und erhöht die Erwartungen stellenweise unrealistisch. Sie sollen die Garanten für Sicherheit und Kontinuität sein und den Organisationsmitgliedern Orientierung geben. Nur zu oft werden sie zur Projektionsfläche als „Retter, Helden und Erlöser" (Doppler & Voigt, 2012, S. 65), sodass eigene Unsicherheiten nicht thematisiert werden können.

2.3 Verlauf einer Engleisung

Bislang gibt es nur sehr wenig Forschung bezüglich des Verlaufs von Derailments. Man geht davon aus, dass es Warnsignale gibt, die aber sowohl von den Betroffenen als auch von ihrem Umfeld nicht wahrgenommen werden können oder wollen (Bäcker, 2010; Kets de Vries, 2009).

Nach Kets de Vries (2009) lauten wichtige Fragen zur Überprüfung, ob ein Manager Derailment gefährdet ist:

- Hat die Vision einen Realitätsbezug?

- Sieht die Führungskraft die Ursache von Fehlern auch bei sich selbst und ist sie bereit dafür die Verantwortung zu übernehmen?

- Kommen in der Organisation nur Ja-Sager voran oder werden auch konträre Meinungen anerkannt?

- Muss der Manager permanent im Rampenlicht stehen und will er alle Entscheidungen selbst treffen?

- Hat sich die Führungskraft vom Tagesgeschäft zurück gezogen und wirkt wenig zugänglich?

Definitionsgemäß endet der Prozess einer Entgleisung in der Entlassung, Degradierung oder dem Ausscheiden des Managers. Voraus geht in der Regel eine existenzielle Krise, welche Caplan (1964) als eine akute Überforderung des Verhaltensrepertoires durch innere oder äußere Einflüsse definiert. Sie tritt meist plötzlich auf (Ciompi, 1993) und kann unterschiedliche Symptome wie Anspannung, Unsicherheit, Irritation, Aggressivität oder psychosomatische Beschwerden auslösen

(Möller & Prantl, 2006). Eine Krise kann allerdings auch positiver als Chance zur Neuorientierung und Wendepunkt bewertet werden (Wüllenweber, 2001).

In den sozialwissenschaftlichen Theorien wird eine Krise als ein Prozess verstanden: durch eine Noxe wird eine Destabilisierung eines Systems ausgelöst, die mit den vorhandenen Bewältigungsstrategien nicht reguliert werden kann und so zu einer Bedrohung des personalen oder organisationalen Systems führt (Petzold, 1993). Problematisch sind vor allem Konstellationen, in denen die Überforderung verleugnet, oder auf andere projiziert wird (Bäcker, 2010). Häufig sind in solchen Situationen geringfügige Auslöser ausreichend, dass es letztendlich zur akuten Krise und somit zu einem Derailment kommt.

2.4 Auswirkungen und Konsequenzen

Die möglichen Auswirkungen des Versagens eines Managers sind vielfältig. Im folgenden Abschnitt sollen die unmittelbaren Konsequenzen auf die Organisation, die zugeordneten Mitarbeiter sowie auf die Führungskraft selbst beschrieben werden.

2.4.1 Auf die Organisation

Die geschätzten Kosten für das Derailment einer Führungskraft lagen bereits in den 1980er Jahren bei durchschnittlich 500.000 $ (Lombardo, Rudermann, & McCauley, 1988). Diese setzen sich zusammen aus den mittelbaren Kosten, die beispielsweise durch falsche strategische Entscheidungen entstehen, aber beispielsweise auch den Rekrutierungskosten, wenn eine Führungskraft freigestellt wird und ein Nachfolger gesucht und eingearbeitet werden muss.

Es hat sich gezeigt, dass ein Derailment meist auch mit einer schlechteren Leistung des Managers einhergeht (Leslie & Van Velsor, 1996). Wenn Führungskräfte beispielsweise aufgrund zu geringer kognitiver Fähigkeiten entgleisen, sind sie wahrscheinlich nicht mehr adäquat in der Lage, komplexe Situationen im Detail zu analysieren, Abhängigkeiten zu erfassen und daraus korrekte Schlussfolgerungen abzuleiten (Cyert & March, 1963). Wenn Manager über zu schlechte soziale Fertigkeiten verfügen, erhalten sie beispielsweise nicht alle Informationen, die notwendig sind, um eine Situation korrekt zu bewerten und kommen so letztendlich auch zu falschen Entscheidungen.

Die Konsequenzen falscher strategischer Entscheidungen werden oft erst nach einiger Zeit ersichtlich und können, wenn die Anzahl von entgleisenden Managern in einem Unternehmen überdurchschnittlich hoch ist, auch zum Niedergang von Organisationen führen (Probst & Raisch, 2004). Somit sind insbesondere die langfristigen Konsequenzen gescheiterter Führungskräfte für Unternehmen wichtig, da diese deutlich schlechter kalkulierbar sind, als beispielsweise kurzfristige Verluste.

2.4.2 Auf die Mitarbeiter

Ein unangemessener Führungsstil kann einerseits ein Auslöser für Derailment sein und eine Entgleisung äußert sich in der Regel im Verhalten des Managers gegenüber seinen Mitarbeitern. In Mitarbeiterbefragungen berichten ca. 75% der Arbeitnehmer, dass der größte Stressor im beruflichen Alltag der direkte Vorgesetzte sei (Hogan, 2007).

Zum einen kann es zu einem unangemessen dominanten, tyrannischen Verhalten gegenüber Mitarbeitern kommen (Ashforth, 1994). Manager verherrlichen sich selbst und ihre eigenen Ideen, sodass Initiative von Mitarbeitern nicht belohnt wird. Im Gegenteil, häufig werten solche Manager ihre Mitarbeiter ab, sind in Konfliktsituationen unangemessen dominant und treffen scheinbar willkürliche Entscheidungen. Dieses Verhalten wird als ‚petty tyranny' bezeichnet und unter Abschnitt 2.2.2.2 näher beschrieben.

Ähnliches Verhalten wird unter ‚abusive Supervision' subsummiert. Dies kann beispielsweise Ignoranz der Mitarbeiter, unter Druck setzten von Geführten aber auch ein Erhöhen der Anforderungen ohne ausreichend Hilfestellungen zu gewähren oder öffentliche Bloßstellungen, sein. Mitarbeiter reagieren zumeist auf dieses, als feindselig und unfair wahrgenommene Verhalten mit Rückzug, Frustration und innerer Kündigung, sodass sich in der Interaktion eine Eskalationsspirale ergibt (Klaussner, 2014). Abusive Supervision kann somit sowohl als Risikofaktor, aber auch als eine Auswirkung von Derailment verstanden werden und wird ebenfalls in Kapitel 2.2.2.2 detaillierter beschrieben.

Ebenso destruktive Auswirkungen auf die Mitarbeiter kann es aber auch haben, wenn eine Führungskraft sich abschottet, nicht mehr zugänglich ist und keinerlei Entscheidungen trifft. Durch dieses Laissez-faire Verhalten verlieren Mitarbeiter Orientierung, sodass der Alltag von Unsicherheit und Ambiguität geprägt ist.

Oftmals entsteht eine Kultur der Angst oder des Misstrauens, die demotivierend wirkt. Dies kann zunächst zu ,Dienst nach Vorschrift' oder erhöhtem Krankenstand, schließlich aber auch zu einer erhöhten Fluktuation führen (Bäcker, 2010). Es konnte festgestellt werden, dass Schwierigkeiten im Arbeitsleben stärker mit gesundheitlichen Problemen assoziiert sind, als beispielsweise finanzielle oder private Probleme (The National Institute for Occupational Safety and Health, 1999).

2.4.3 Auf die Führungskraft

Die vielleicht dramatischsten Auswirkungen hat ein Derailment auf die betroffene Führungskraft selbst. Neben gravierenden materiellen Konsequenzen, die durch den Verlust des Arbeitsplatzes oder finanzielle Einbußen, welche durch eine Degradierung entstehen können, gehen mit einem Derailment meist auch physische und psychische Erkrankungen einher.

Insbesondere physische Symptome wie ständige Kopfschmerzen, Schlafstörungen oder Verspannungen können Warnsignale für eine Entgleisung sein. Wenn dieser Prozess weiter fortschreitet, kommen meist psychische Störungen wie Angstzustände, Depressionen oder Burnout-Symptome hinzu (Bäcker, 2010). In Extremfällen kann ein Derailment sogar zum Suizid führen.

An dieser Stelle ist es jedoch erforderlich, eine Abgrenzung zu dem derzeit allgegenwärtigen Burnout-Begriff vorzunehmen. Nicht jede entgleiste Führungskraft erleidet einen Burnout und nicht jeder Manager mit Burnout ist automatisch gescheitert. Burnout oder Erschöpfungssymptome können Symptome eines Derailments sein. Damit eine Führungskraft jedoch wirklich als entgleist gilt, ist es erforderlich, dass es zu weiteren Konsequenzen kommt, nämlich ihrer Entlassung, Kündigung oder Degradierung. Diese Symptome können verstärkt werden, wenn betroffene Manager durch ihre Entgleisung auch tragfähige soziale Beziehungen verlieren und in ihrem privaten Umfeld zunehmend weniger Unterstützung finden.

3 Methoden

In dieser Dissertation wurde ein Mixed Methods-Ansatz verfolgt, das heißt, es kamen sowohl qualitative als auch quantitative Instrumente zum Einsatz (Schreier & Odag, 2010). Dieser Ansatz ist in der psychologischen Forschung aufgrund der Dominanz der quantitativen Methoden weniger etabliert als in anderen Bereichen, gewinnt jedoch zunehmend wieder an Bedeutung (Waszak & Sines, 2003). Bereits Campbell und Fiske (1959) erkannten in ihrer Multitrait-Multimethod-Matrix, dass zur validen Erfassung von Persönlichkeitseigenschaften eine Kombination der Methoden sinnvoll sein kann, um so die Schwächen der einen Vorgehensweise durch die Stärken der anderen auszugleichen. Die qualitativen Daten ermöglichen es, das subjektive Erleben des Individuums zu erfassen und differenziert zu betrachten, während die quantitativen Methoden eine normierte Messung von Eigenschaften erlauben. Diese bieten jedoch häufig ohne die qualitativen Informationen, welche sie in den Kontext einbetten und verständlich werden lassen, für sich alleine wenig Mehrwert.

Insbesondere in Forschungsbereichen, die noch nicht über differenzierte und elaborierte theoretische Modelle verfügen, wie es für das Derailment von Führungskräften der Fall ist, bietet sich dieser Ansatz an, um die bestehenden Annahmen deduktiv zu validieren, aber auch eine induktive Erweiterung und Weiterentwicklung zu ermöglichen (Schreier & Odag, 2010).

3.1 Fragestellung

In bisherigen Untersuchungen zum Thema Managerversagen und Derailment, vornehmlich in den 1980er Jahren im anglo-amerikanischen Raum, gab es vielfältige Versuche, Faktoren, die ein Derailment auslösen können, zu erfassen sowie zu kategorisieren. Der aktuelle Stand der Forschung diesbezüglich wurde bereits dargestellt.

Ein wichtiger Unterschied dieser Studie zu bisherigen Untersuchungen liegt in der Wahl der Stichprobe. Bisher wurden zumeist Mitarbeiter der Personalabteilung nach Beispielen für erfolgreiche Führungskräfte bzw. entgleiste Manager in ihrem Umfeld befragt und sollten die wesentlichen Abweichungen beschreiben. Mit dieser Form der Erhebung wird nicht berücksichtigt, dass die Herausforderungen, vor die Leitungsfunktionen ihre Inhaber stellen, sehr unterschiedlich sind (Hambrick, Finkelstein, & Mooney, 2005). Zudem kann keine Aussage über das individuelle Erleben der Manager und spezieller Rahmenbedingungen getroffen werden.

In dieser Arbeit geben von Derailment betroffene Manager Auskunft über ihr Erleben des Entgleisens und der auslösenden Faktoren. Desweiteren wird untersucht, ob die Betroffenen in der Retrospektive Schritte eines Prozesses beschreiben können, die letztendlich zu ihrem Derailment geführt haben.

Zusammenfassend lassen sich aus jenen Überlegungen zwei zentrale Fragestellungen dieser Untersuchung ableiten:

1. Welche interpsychsischen, intrapsychischen oder situativen Faktoren sind aus den Interviews als Risikofaktoren für das Derailment der jeweiligen Führungskraft abzuleiten?
    a. Welche der in den Interviews beschriebenen Ursachen werden bereits in der angloamerikanischen Literatur thematisiert?
    b. Wo lassen sich ggf. auch neue Aspekte aus den Darstellungen der Teilnehmer extrahieren, welche nur durch die direkte Schilderung des Erlebten sichtbar werden?
2. In welchen Schritten verläuft ein Derailment?
    a. Ist es retrospektiv möglich, für jeden Teilnehmer einzelne Prozessschritte zu rekonstruieren?
    b. Gibt es zwischen den individuellen Verläufen Gemeinsamkeiten, welche sich in einen ersten Vorschlag eines allgemeinen Modells überführen lassen?

3.2 Teilnehmer

Zur Rekrutierung von Interviewpartnern wurden die elf größten deutschen Coachingverbände als Multiplikatoren und die Bundesagentur für Arbeit angeschrieben sowie auf persönliche Kontakte zurückgegriffen. Den Verbänden sowie interessierten Privatpersonen wie beispielsweise Therapeuten und selbstständigen Coaches wurde ein Flyer zur Weitergabe an ihre Mitglieder bzw. Klienten zur Verfügung gestellt. Interessierte Führungskräfte, die sich in der Kurzbeschreibung der Derailment-Symptomatik wiedererkannten, wurden eingeladen, Kontakt mit der Verfasserin aufzunehmen.

Insgesamt traf das Thema dieser Arbeit auf reges Interesse und wurde als relevant eingeschätzt. Dennoch war es sehr schwierig, Interviewpartner zu gewinnen. Mögliche Gründe lagen zum Einen darin, dass es auch auf Seiten der Multiplikatoren gewisse Hemmungen gab, über das tabuisierte Thema des ‚Scheiterns‘ mit ihren Klienten zu sprechen. Durch das Nahelegen einer Teilnahme an dieser Untersuchung könnten sich Klienten ‚verurteilt‘ oder als gescheitert ‚stigmatisiert‘ fühlen, was einen Therapie- oder Coachingverlauf entscheidend behindern könnte, da darunter die Vertrauensbeziehung zwischen Coach/Therapeut und Klient leiden würde.

Zum Anderen erfordert das Folgen eines solchen Aufrufs auch das Selbstverständnis der Führungskräfte beruflich gescheitert zu sein. Es ist ein gewisses Niveau an Selbstreflexion und Selbsterkenntnis notwendig, um sich mit solchen Themen, die dem eigenen Selbstwert nicht förderlich sind, zu befassen. In unserem Kulturraum werden Misserfolge zudem tendenziell eher im geschützten, privaten Raum verarbeitet und es ist recht ungewöhnlich, insbesondere für vormals erfolgreiche Manager, diese quasi öffentlich einzugestehen.

Die finale Auswahl besteht aus fünf Personen, die ein Derailment erlebt haben. Kriterien, um in die Studie aufgenommen zu werden, waren vorhandene Führungserfahrung sowie der Verlust des Arbeitsplatzes oder alternativ der Verlust von Führungsverantwortung. Ein weiterer, allerdings nicht mit harten Kriterien messbarer Faktor, war das Selbstverständnis der Teilnehmer, beruflich gescheitert zu sein.

Von den teilnehmenden fünf Personen waren zwei weiblich und drei männlich. Drei Teilnehmer verfügten über ein abgeschlossenes Hochschulstudium, zwei hatten eine duale Ausbildung absolviert. Vier Probanden waren ursprünglich in Wirtschaftsunternehmen tätig, eine Person im öffentlichen Dienst. Zum Zeitpunkt der Erhebung befand sich ein Teilnehmer in einem Angestelltenverhältnis, die anderen waren freiberuflich bzw. selbstständig tätig.

3.3 Instrumente

Um die verschiedenen Komponenten eines Derailments adäquat zu erfassen, kommen in der vorliegenden Arbeit ein episodisches Interview sowie zwei quantitative Instrumente zum Einsatz, die im Folgenden beschrieben werden.

3.3.1 Qualitatives Instrument

Die qualitative psychologische Forschung widmet sich seit je her der Erklärung des subjektiven Gegenstandsbereichs von Individuen und der Frage, welche Rolle diese Erklärung für ihr Handeln spielt. Zur Datenerhebung werden meist Leitfadeninterviews eingesetzt (Flick, 2010).

In der vorliegenden Untersuchung wurden mit allen Teilnehmern episodische Interviews (Flick, 1996) durchgeführt. „Ein Ausgangspunkt für episodische Interviews […] ist die Annahme, dass Erfahrungen der Subjekte hinsichtlich eines bestimmten Gegenstandsbereichs in Form narrativ-episodischen Wissens und in Form semantischen Wissens abgespeichert und erinnert werden" (Flick, 2007, S. 238). Ein Vorteil dieser Methode gegenüber Leitfadeninterviews, ist eine größere Offenheit für die Erfahrungswelt des Interviewten. Im Gegensatz zum narrativen Interview (Schütze, 1983), wo nur durch die Eingangsfrage gesteuert werden kann, ermöglicht das episodische Interview dem Interviewer, auf relevante Themen differenzierter einzugehen. „Ziel des episodischen Interviews ist, bereichsbezogen zu ermöglichen, Erfahrungen in allgemeinerer, vergleichender […] Form darzustellen, und gleichzeitig, die entsprechenden Situationen und Episoden zu erzählen" (Flick, 1996, S. 239).

Die Interviews wurden digital aufgezeichnet und anschließend transkribiert. Zur induktiven Kategorienbildung und Erfassung der individuellen Besonderheiten der einzelnen Interviews sowie der Reduktion auf wesentliche Bestandteile wurde die Methode des zirkulären Dekonstruierens (Jaeggi, Faas, & Mruck, 1998) verwendet. Die Bezeichnung „zirkuläres Dekonstruieren" beschreibt unmittelbar das methodische Vorgehen: der Auswerter bewegt sich in kreativen Gedankenschleifen intuitions- und theoriegeleitet um einen Text herum, sodass implizite Sinngehalte sichtbar werden.

In sechs Phasen wurden die transkribierten Interviews Stück für Stück strukturiert und analysiert:

1. Formulierung eines Mottos für jedes Interview
2. Kurze zusammenfassende Nacherzählung
3. Erstellung einer Stichwortliste mit allen auffälligen Worten oder Begrifflichkeiten des Interviews
4. Extraktion von Themenbereichen bzw. Oberbegriffen
5. Paraphrasierung und Interpretation der Themenbereiche
6. Herausarbeitung der zentralen Kategorien

Hierzu wurden nicht nur explizite Aussagen der interviewten Führungskräfte, sondern auch die Eindrücke der Verfasserin im Sinne der Gegenübertragung verwendet sowie interpretiert. Diese Eindrücke fanden hauptsächlich in der Beschreibung der Kontaktgestaltung ihren Einfluss sowie in der Interpretation von Aussagen, die in der Transkription eher neutral erscheinen, im Gesamtkontext aber mitunter stellenweise eine andere Wirkung hatten.

Durch das Erstellen einer vergleichenden Übersicht, also einer Synopsis, wurden die zentralen Kategorien der einzelnen Interviews miteinander verglichen werden. Es wurde untersucht, ob sich bezüglich der zentralen Kategorien Parallelen zwischen den einzelnen Teilnehmern finden lassen und wo möglich Unterschiede liegen.

Mit einer induktiven Analyse ist es möglich, sich einem Gegenstandsbereich offen und unbefangen zu nähern, und so neue Aspekte, die in der bisherigen Forschung nicht thematisiert wurden, mit aufzunehmen und zu entdecken. Diese Vorgehensweise ist erforderlich, um, wie in der Fragestellung beschrieben, die subjektive Erlebenswirklichkeit hinsichtlich möglicher Ursachen des Derailments erfassen zu können. Darüber hinaus können so, der zeitliche Verlauf einer Entgleisung und die jeweils wichtigsten Aspekte der einzelnen Stufen herausgearbeitet werden. Hinsichtlich des Ablaufs von Derailments liegen bislang kaum wissenschaftlich fundierte Erkenntnisse oder Hypothesen vor, sodass hier zunächst eine induktive Annäherung erforderlich ist.

Um die Auswertung nicht alleinig auf den Eindrücken der Verfasserin zu basieren, wurden Ratergruppen eingesetzt, welche für jeden Teilnehmer einige ausgewählte und aus Sicht der Verfasserin charakterisierende Textpassagen diskutierten. Diese Ratergruppen bestanden in der Regel aus drei Personen, welche Diplom-Psychologen und teilweise approbierte psychologische Verhaltenstherapeuten waren. Die Ergebnisse dieser Diskussionen flossen in die induktive Analyse der Interviews mit ein.

Hinsichtlich möglicher Risikofaktoren für ein Scheitern von Führungskräften sind jedoch bereits einige Forschungsergebnisse vorhanden, sodass in einem zweiten Schritt eine deduktive Analyse der Interviews vorgenommen wurde. Die in Kapitel 2.2 vorgestellten Risikofaktoren für ein Derailment wurden als Kategoriensystem verwendet. Anhand dieser deduktiv abgeleiteten Kategorien wurde das Datenmaterial erneut analysiert und der Text auf Hinweise bzw. Beispiele untersucht, welche mit den bekannten Risikofaktoren korrespondieren.

Durch diese Vorgehensweise sollten hinsichtlich der Risikofaktoren für ein Derailment, die deduktiv gewonnenen Erkenntnisse mit den Ergebnissen der bisherigen Forschung zu verglichen, aber ggf. um induktiv erworbene Aspekte erweitert werden. Ein weiterer Grund für dieses zweistufige Vorgehen lag in der geringen Teilnehmeranzahl an dieser Studie. Aus dem vorhandenen Material sollten alle verfügbaren Informationen möglichst differenziert verwendet werden.

3.3.2 Quantitative Instrumente

Ergänzend zu den episodischen Interviews wurden zwei quantitative Instrumente eingesetzt. Dies war zum einen eine Kurzversion des Inventars der Persönlichkeitsorganisation (IPO-16) (Zimmermann, et al., 2013), einem Screening-Instrument zur Erfassung von Persönlichkeitsstörungen. Desweiteren wurde die deutsche Version der Hogan Development Survey (HDS) (Hogan & Hogan, 1997) verwendet, welche Persönlichkeitseigenschaften erfasst, die Risikofaktoren für den beruflichen Erfolg darstellen können.

Mit Blick auf die bereits beschriebenen Risikofaktoren für ein Derailment ist die Persönlichkeit einer Führungskraft mit psychologischen Instrumenten reliabel, valide und ökonomisch messbar. Andere Risikofaktoren, wie beispielsweise die Anpassungsfähigkeit an Veränderungen sind deutlich schwieriger zu erfassen oder erzeugen deutlich größere Widerstände, wie zum Beispiel Intelligenztests. Deshalb wurden in dieser Arbeit zwei Persönlichkeitsfragebögen eingesetzt, welche jedoch unterschiedliche Facetten erfassen.

Die IPO-16 wäre aufgrund ihrer Kürze ein wertvolles Instrument bei der Auswahl von Führungskräften, wenn sie valide Prognosen hinsichtlich des Scheiterns liefern bzw. zumindest auf potenzielle Risiken aufmerksam machen könnte. Von Interesse wäre es ebenfalls herauszufinden, ob alle gescheiterten Manager über eine Persönlichkeitsstörung verfügen und dies somit ein maßgeblicher Teil eines Derailments wäre.

Die HDS wurde in der vorliegenden Arbeit verwendet, da sie nach Kenntnis der Verfasserin, das einzige am Markt verfügbare Instrument ist, welches speziell für die Erfassung von Risikofaktoren für beruflichen Erfolg entwickelt wurde.

Neben den beiden verwendeten Fragebögen gibt es eine Vielzahl weiterer Instrumente, deren Einsatz interessant gewesen wäre. Um die Untersuchung jedoch zeitlich nicht zu umfangreich zu gestalten und um auf die Teilnehmer nicht abschreckend zu wirken, wurde von der Verwendung weiterer psychologischer Testverfahren abgesehen.

3.3.2.1 Kurzversion des Inventars der Persönlichkeitsorganisation (IPO-16)

Das Inventar der Persönlichkeitsorganisation (IPO) (Lenzenweger, Clarkin, Kernberg, & Foelsch, 2001) ist ein Selbsteinschätzungsinstrument, welches Unterschiede im Funktionsniveau der Persönlichkeit erfasst. Der Fragebogen beruht inhaltlich auf Kernbergs psychodynamischem Modell der Persönlichkeitsorganisation (Kernberg & Caligor, 2005; Kernberg, 1984; Kernberg, 1996).

Kernberg geht davon aus, dass sich bereits in der Kindheit eine Reihe psychischer Funktionen einerseits durch das Temperament des Kindes, andererseits durch Beziehungserfahrungen entwickeln, welche er als ‚Persönlichkeitsorganisation‘ bezeichnet (Kernberg, 1996).

Das Niveau der Persönlichkeitsorganisation lässt sich in seiner Theorie insbesondere anhand von drei Funktionsbereichen erfassen:

1. der Integriertheit der eigenen Identität (inwiefern verfügt eine Person über eine stabile Einschätzung von sich und anderen)

2. der Reife der Abwehrmechanismen (wie gut kann eine Person mit bedrohlichen Stimuli umgehen)

3. der Fähigkeit der Realitätsprüfung (inwieweit kann eine Person zwischen äußeren und inneren Stimuli unterscheiden)

Die finale Version des IPO (Lenzenweger, Clarkin, Kernberg, & Foelsch, 2001) besteht aus 57 Items, die sich auf die Skalen Identitätsdiffusion, primitive Abwehr und mangelnde Realitätsprüfung verteilen. Die hier verwendete Kurzversion IPO-16 (Zimmermann, et al., 2013) besteht aus den 16 trennschärfsten und somit aussagekräftigsten Items der im deutschsprachigen Raum bislang vorhandenen IPO-Versionen, welche in Abbildung 2 dargestellt sind.

Das IPO-16 erfasst einen Gesamtwert der strukturellen Beeinträchtigung, da faktorenanalytische Studien darauf hindeuten, dass zwischen den drei ursprünglichen IPO-Skalen signifikante Überschneidungen vorliegen und es einen zugrundeliegenden Hauptfaktor gibt. Zimmermann et al. (2013) konnten zeigen, dass auch die IPO-Kurzversion über eine gute interne Konsistenz (Cronbachs α =.85) verfügt sowie insgesamt eine gute konvergente und diskriminante Validität aufweist.

IPO-16

Im Folgenden finden Sie eine Liste mit Aussagen, die man verwendet, um sich selbst zu beschreiben. Bitte lesen Sie jeden Satz durch und entscheiden Sie, wie sehr er auf Ihre Gefühle, Gedanken und Beziehungen in Ihrem Alltag zutrifft. Kreuzen Sie hierzu jeweils das entsprechende Feld von 1 („trifft nie zu") bis 5 („trifft immer zu") an. Denken Sie nicht zu lange über Ihre Antwort nach, sondern kreuzen Sie einfach das Feld an, das Ihnen als erstes in den Sinn kommt. Bitte lassen Sie bei Ihrer Beantwortung keinen Satz aus.

	trifft nie zu	trifft selten zu	trifft gelegentlich zu	trifft oft zu	trifft immer zu
1. Ich spüre, dass mein Geschmack und meine Meinungen nicht wirklich meine eigenen sind, sondern dass ich sie von anderen übernommen habe.	☐	☐	☐	☐	☐
2. Ich bin mir nicht sicher, ob eine Stimme, die ich gehört habe oder etwas, was ich gesehen habe, Einbildung ist oder nicht.	☐	☐	☐	☐	☐
3. Es passiert mir, dass ich Dinge so sehe, dass sie sich bei näherer Betrachtung als etwas anderes herausstellen.	☐	☐	☐	☐	☐
4. Es fällt mir schwer, Menschen zu vertrauen, da sie sich so oft gegen mich wenden oder mich betrügen.	☐	☐	☐	☐	☐
5. Ich gehe Beziehungen mit anderen ein, die ich nicht wirklich mag, weil es mir schwer fällt, „nein" zu sagen.	☐	☐	☐	☐	☐
6. Es passiert mir, dass ich Dinge tue, die ich zu anderer Zeit für nicht allzu gescheit halte (z.B. häufig wechselnde Sexualpartner haben, lügen, trinken, Wutanfälle bekommen oder kleine gesetzwidrige Handlungen begehen).	☐	☐	☐	☐	☐
7. Leute sagen mir, dass ich mich widersprüchlich verhalte.	☐	☐	☐	☐	☐
8. Ich kann nicht sagen, ob bestimmte körperliche Empfindungen, die ich habe, wirklich sind, oder ob ich sie mir nur einbilde.	☐	☐	☐	☐	☐
9. Wenn andere mich erfolgreich sehen, fühle ich mich in Hochstimmung; wenn sie mich dagegen scheitern sehen, fühle ich mich am Boden zerstört.	☐	☐	☐	☐	☐
10. Ich habe Angst, dass Leute, die wichtig für mich werden, plötzlich ihre Gefühle mir gegenüber ändern.	☐	☐	☐	☐	☐
11. Ich verstehe oder weiß Dinge, die niemand sonst versteht oder wissen kann.	☐	☐	☐	☐	☐
12. Ich verhalte mich so, dass es anderen unberechenbar und sprunghaft vorkommt.	☐	☐	☐	☐	☐
13. Nachdem ich mich mit Leuten eingelassen habe, bin ich erstaunt herauszufinden, wie sie wirklich sind.	☐	☐	☐	☐	☐
14. Es passiert mir, dass ich Dinge tue, die mir in dem Moment in Ordnung erscheinen, aber bei denen ich im Nachhinein kaum glauben kann, dass ich sie getan habe.	☐	☐	☐	☐	☐
15. Ich kann nicht unterscheiden, ob ich nur möchte, dass etwas wahr wäre oder ob es wirklich wahr ist.	☐	☐	☐	☐	☐
16. Es ist schwierig für mich, alleine zu sein.	☐	☐	☐	☐	☐

Abbildung 2: Items des IPO-16 (Zimmermann et. al., 2013)

Der Schweregrad der strukturellen Beeinträchtigung wird an der Einschränkung psychischer Funktionen, die die Aufrechterhaltung eines inneren Gleichgewichts und der Beziehungsfähigkeit sicherstellen, gemessen (Rudolf, 2002). Die Items werden auf einer Likert-Skala mit den Polen ‚trifft nie zu' (1) bis ‚trifft immer zu' (6) eingeschätzt. Ab einem arithmetischen Mittel größer als 2,38 spricht man von schweren strukturellen Defiziten. Bei Mittelwerten von 2,38 bis 1,97 geht man vom Vorliegen einer Persönlichkeitsstörung aus (Zimmermann, et al., 2013).

3.3.2.2 Hogan Development Survey (HDS)

Die Hogan Development Survey (Hogan & Hogan, 1997) ist ein online auszufüllender Fragebogen, der elf dysfunktionale Persönlichkeitssyndrome misst, die nicht durch die Big Five erfasst werden und den Erfolg von Personen im Berufsleben beeinträchtigen können. Sie ist ein Persönlichkeitsinventar, welches speziell für die Identifikation von Risikofaktoren für ein Derailment entwickelt wurde. Die Skalen orientieren sich dabei an den Achse II-Störungen des DSM-IV (American Psychiatric Association, 2000).

Das theoretische Fundament der HDS bildet die sozioanalytische Persönlichkeitstheorie von Robert Hogan (1982). Den Annahmen von George Herbert Mead (1934) und Charles Darwin (1971) folgend, postuliert die sozioanalytische Persönlichkeitstheorie, dass die prägendsten Ereignisse von Menschen in sozialen Interaktionsprozessen stattfinden. Vor diesem Hintergrund haben Hogan und Shelton (1998) drei grundlegende Motive identifiziert, die als Grundlage für menschliche Interaktion und damit auch für Führung und Motivation dienen:

- *to get along* (Anschlussmotiv): Menschen streben nach Akzeptanz in der Gruppe; sie möchten sich unterstützt und gemocht fühlen

- *to get ahead* (Aufstiegsmotiv): Menschen fürchten den Verlust von Status und Kontrolle und möchten Macht sowie Ressourcenkontrolle ausüben

- *to find meaning* (Sinnfindungsmotiv): Ambiguität und Unvorhersehbarkeit werden als unangenehm empfunden, sodass Menschen nach Sinn und Stabilität in ihrer Umwelt suchen

Die Ausprägung dieser drei Motive ist jedoch sehr unterschiedlich und prägt damit die Identität sowie die Persönlichkeit einzelner Personen. Der zentrale Erfolgsfaktor zur Erreichung, der sich daraus ergebenden Ziele, sind soziale Fertigkeiten (Hogan & Shelton, 1998).

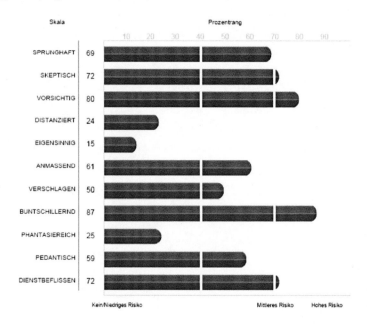

Abbildung 3: Beispielprofil der HDS (Hogan & Hogan, 1997)

Die HDS besteht aus 168 Items, die jeweils mit ‚wahr‘ oder ‚falsch‘ beantwortet werden müssen. In Validierungsstudien an über 100.000 Angestellten zeigte sich eine stabile Test-Retest-Reliabilität (α = .70) sowie hohe Korrelationen mit der Fremdeinschätzung der beruflichen Leistung von Managern. Die 168 Items werden 11 Dimensionen zugeordnet, für die im Ergebnisbericht jeweils Prozentränge ausgegeben werden. Bis zu 40% spricht man von einem niedrigen Risiko, bis 70% von einem mittleren Risiko und ab 71% von einem hohen Risiko, dass das mit dieser Dimension beschriebene Verhalten unter Stress auftritt.

Die erfassten 11 Dimensionen lassen sich folgendermaßen charakterisieren (Hogan & Hogan, 1997):

- sprunghaft: beschreibt eine Person, die launisch, leicht irritierbar, sehr schwer zufriedenzustellen ist und mit Stress umgeht, indem Beziehungen abgebrochen oder beendet werden. Die Symptome entsprechen denen einer Borderline-Störung

- skeptisch: beschreibt eine Person, die Misstrauen gegenüber den Absichten anderer hegt, wachsam für die ersten Zeichen einer Falschbehandlung ist und dann, wenn die Situation auftritt, diese anzweifelt oder andere beschuldigt. Die Symptome entsprechen denen einer paranoiden Persönlichkeitsstörung.

- vorsichtig: beschreibt eine Person, die übermäßig besorgt ist, Fehler zu machen oder bloßgestellt zu werden und in Stresssituationen defensiv und konservativ reagiert. Die Symptome entsprechen denen einer vermeidenden Persönlichkeitsstörung.

- distanziert: beschreibt eine Person, die unabhängig, gefühllos, distanziert und unbehaglich mit Fremden scheint. In Stresssituationen zieht sie sich zurück und ist unkommunikativ. Die Symptome entsprechen denen einer schizophrenen Persönlichkeitsstörung.

- eigensinnig: beschreibt eine Person, die nach ihrem eigenen Arbeitstempo und –standards arbeiten will und die sich ausgenutzt fühlt, wenn sie gebeten wird, schneller oder anders zu arbeiten. Mit dieser Skala werden passiv-aggressive Tendenzen erfasst.

- anmaßend: beschreibt eine Tendenz, die eigenen Talente über zu bewerten, keine Fehler zuzugeben oder Rat anzunehmen und unter Stress aufzubrausen oder zu bluffen. Die Symptome entsprechen denen einer narzisstischen Persönlichkeitsstörung.

- verschlagen: beschreibt eine Person, die Risiken übernimmt, schnelle Entscheidungen trifft, nicht aus Erfahrungen lernt und erwartet, über Fehler hinwegzugehen, wenn sie damit konfrontiert wird. Die Symptome entsprechen denen einer antisozialen Persönlichkeitsstörung.

- buntschillernd: beschreibt eine Person, die von anderen erwartet, als talentiert und interessant gesehen zu werden, Erwartungen anderer ignoriert und unter Druck sehr beschäftigt wirkt. Die Symptome entsprechen denen einer histrionischen Persönlichkeitsstörung.

- phantasiereich: beschreibt eine Person, die exzentrisch auftritt und kreativ denkt, manchmal in unüblichen Mustern – und unter Stress nicht vorhersagbar ist. Die Symptome entsprechen denen einer schizotypen Persönlichkeitsstörung.

- pedantisch: beschreibt eine Person, die hohe Leistungsstandards an sich selbst und andere stellt, die unter Stress pedantisch, präzise, wählerisch, und kritisch reagiert. Die Symptome entsprechen denen einer zwanghaften Persönlichkeitsstörung.

- dienstbeflissen: beschreibt eine Person, die herzlich, liebenswürdig und erpicht darauf ist, zu gefallen, unter Stress nur unwillig eigenständige Entscheidungen trifft und nachgiebig ist. Die Symptome entsprechen denen einer dependenten Persönlichkeitsstörung.

Es werden insbesondere drei Grundkomponenten destruktiver Einflussnahme erfasst: Distanzierungs- und Einschüchterungsformen (sprunghaftes, skeptisches, vorsichtiges, distanziertes oder eigensinniges Verhalten), Vereinnahmungs- und Manipulationsformen (anmaßendes, mutwilliges, buntschillerndes oder phantasiereiches Verhalten) sowie besondere Anbiederungsformen (pedantisches oder dienstbeflissenes Verhalten) (Westermann & Birkhan, 2012).

Die HDS ist ein valides, reliables und international einsetzbares Instrument, welches in Organisationen häufig zur Anwendung kommt (Böning & Kegel, 2013). Jedoch ist für den Einsatz der Erwerb einer Lizenz erforderlich. Darüber hinaus ist jede Verwendung kostenpflichtig und dem Nutzer wird kein Zugang auf die Rohdaten gewährt, was eine Nutzung in der psychologischen Forschung erschwert. Hinzu kommt, dass die in der deutschen Übersetzung gewählten Begrifflichkeiten wie ‚verschlagen‘ oder ‚buntschillernd‘ für Teilnehmer häufig wenig anschlussfähig und erklärungsbedürftig sind, wodurch die Augenscheinvalidität des Fragebogens deutlich geschmälert und die Akzeptanz in der Praxis verringert werden.

4 Ergebnisse

Im folgenden Kapitel werden die Ergebnisse der Auswertung der qualitativen und quantitativen Daten beschrieben. Dabei werden zunächst die einzelnen Fälle der Interviewpartner ausführlich beschrieben und dargestellt, bevor die Erkenntnisse verglichen und zusammengeführt werden.

4.1 Einzelfallanalysen

In diesem Kapitel werden die Interviews einzeln mit der Methode des zirkulären Dekonstruierens analysiert und die jeweiligen Ergebnisse vorgestellt. Zitate wurden soweit möglich im Original belassen und nur ggf. leicht angepasst, um die Lesbarkeit zu erleichtern. In einem zweiten Schritt werden die Interviews deduktiv auf die in der Literatur thematisierten Risikofaktoren untersucht. Darüber hinaus werden die Ergebnisse der HDS sowie des IPO-16 für die einzelnen Teilnehmer dargestellt. Zusammenfassend wird ein Verlaufsmodell für jeden Teilnehmer beschrieben sowie versucht, die unterschiedlichen Ergebnisse der einzelnen Analyseschritte in ein ganzheitliches Bild zu integrieren.

4.1.1 Frau A.

Frau A. ist ca. 55 Jahre alt und ist Doktorin der Ingenieurswissenschaften. Sie war fast zwanzig Jahre in einem produzierenden Unternehmen tätig. Das Interview fand am 07. April 2012 bei ihr zuhause statt.

4.1.1.1 Induktive Analyse

Im Folgenden werden die Ergebnisse des zirkulären Dekonstruierens dargestellt. Zunächst werden in der Paraphrasierung die Inhalte des Interviews zusammengefasst, bevor die für diese Arbeit zentralen Themen nämlich die Selbstpräsentation, das Erleben der Krise sowie die Bewältigungsstrategien der Teilnehmer ausführlich beschrieben werden. Zusammenfassend werden die zentralen Kategorien dargestellt, welche den Kern des Interviews erfassen sollen.

4.1.1.1.1 Paraphrasierung

Frau A. bekam als einzige Frau in ihrer Abteilung nach dem Ausscheiden ihres Vorgesetzten und Mentors deren Leitung übertragen, obwohl sie es sich selbst zu diesem Zeitpunkt noch nicht unbedingt zugetraut hätte. Sie hatte mit Widerständen ihrer Mitarbeiter und Kollegen zu kämpfen und stand unter einem hohen wahrgenommenen Erfolgsdruck, da man ihren Vorgänger wegen schlechter Ergebnisse entlassen hatte. Zudem setzte sie sich selbst enorm unter Druck, obwohl sie sich in vielen Situationen hilflos und unvorbereitet fühlte. In dieser Hilflosigkeit agierte sie passiv, in der Hoffnung, dass sich Probleme von selbst lösen würden. Sie berichtet, dass es ihr jedoch mit der Zeit gelungen sei, durch ihre guten Leistungen zu überzeugen und sich ihrer Ansicht nach eine Reputation im Unternehmen zu erarbeiten. Ihren Erfolg erreichte sie durch einen sehr strengen Umgang mit sich selbst und eine hohe Anstrengung. Hinzu kamen ein großes persönliches Engagement und eine ausgeprägte Loyalität gegenüber ihrem Arbeitgeber. Als es schließlich zu großen Umstrukturierungen kam, sah Frau A. diese zunächst recht fatalistisch und loyal. Mit der Zeit gab es jedoch immer mehr Entscheidungen, die sie sachlich nicht nachvollziehen konnte und die in ihr Unverständnis hervorriefen. Ihre Frustration nahm immer weiter zu. Es zeigten sich erste körperliche Symptome, wie eine Gürtelrose, die sie jedoch zunächst ignorierte. Frau A. schöpfte neue Hoffnung als man ihr intern eine Stabsstelle anbot. Doch auch dort kam sie aufgrund permanenter personeller Wechsel nicht zur Ruhe und ihre Frustration wuchs. Hinzu kam eine zunehmende Erschöpfung, sodass sie sich kaum noch in der Lage fühlte, zu arbeiten. Ihr Vorgesetzter ignorierte jedoch ihre Bitte um Unterstützung, die Frau A. bereits als ihre „persönliche Bankrotterklärung" empfand. Frau A. geriet in eine Krise und wurde mit der Diagnose Burnout sechs Monate in einer Klinik behandelt. Als man ihr im Rahmen einer weiteren Restrukturierung keine adäquate Position mehr anbot, war dies die Kränkung, die das Fass zum Überlaufen brachte. Frau A. verließ das Unternehmen, da sie für sich erkannt hatte, dass sie „die Reißleine ziehen" musste. Im Rückblick steht sie der Unternehmenskultur recht zynisch gegenüber und hat nach wie vor das Bedürfnis ihr Handeln zu rechtfertigen.

4.1.1.1.2 Selbstpräsentation und Kontaktgestaltung

Bereits im Vorfeld des persönlichen Kennenlernens gestaltete sich der Kontakt mit Frau A. sehr unkompliziert. Sie war sehr entgegenkommend in der Terminvereinbarung und erklärte sich bereit, das Interview an Ostern bei sich zuhause durchzuführen.

Frau A. ist eine sehr adrett gekleidete Frau, die offensichtlich großen Wert auf ihr äußeres Erscheinungsbild legt. Zu Beginn des Interviews trat Frau A. selbstsicher auf und schien bestrebt, erfahren und kompetent zu wirken („Rotes Licht macht mich nicht mehr nervös, ich bin's vom Chor gewöhnt."). Das Motiv ihrer Teilnahme bezeichnet sie als anderen helfen zu wollen, die ähnliches erlebt haben und zu einem besseren Verständnis des Phänomens Derailment beitragen zu wollen („Damit ja irgendwo das ein Stück weiter geht, dass es nicht sowas ist, wie soll ich sagen, ach das ist jetzt 'nem Einzelnen passiert in Anführungszeichen und Pech gehabt. Ich sehe das auch, dass da Muster da sind und die wissenschaftlich zu identifizieren ist es sicherlich wert."). Im Verlauf des Interviews fragte sie jedoch mehrfach nach und holte sich die Bestätigung ein, dass sie nicht alleine und auch anderen ähnliches widerfahren sei.

Frau A. war im Gespräch sichtlich bemüht, ihre Geschichte sachlich zu schildern und stark zu wirken („Das war auch ein Teil, wo ich nicht mehr so froh war."), wurde jedoch immer wieder von ihren Emotionen übermannt und war mehrfach den Tränen nahe. Gleichwohl wurde auch die Suche nach Hilfe in der Verarbeitung des Erlebten spürbar, welche ich als Psychologin, „die ja weiß, wie Menschen so funktionieren", leisten sollte. In Summe wirkte dies so, dass Frau A. nach einer Entschuldigung und Erklärung ihres persönlichen „Versagens" zu suchen scheint und durch den Vergleich mit anderen, die ähnliches erlebt haben, nach einer Normalisierung und Relativierung zu streben scheint.

Dies geht auch mit einer sehr kritischen Selbstbetrachtung und Reflexion im Nachhinein einher, in der Frau A. die ‚Schuld' maßgeblich internal attribuiert und Umfeldvariablen wenig in Betracht zieht („Aber das kann ich erst Jahre später wissen, damals war mir das überhaupt nicht klar gewesen, welche Spuren das bei mir hinterlässt."). Jedoch betrachtet sie nicht nur sich selbst sehr kritisch („Liegt die Frage auch dran, warum hab' ich mich nicht verändert."), sondern spricht auch wiederholt abwertend über andere („Ob das dann der Personalmensch erkennt, och, ich würd mal sagen, so aus meiner Erfahrung heraus… Fragezeichen."). Es scheint ihr wichtig zu sein, zu verdeutlichen, dass nicht nur sie Fehler gemacht hat, sondern auch andere im Unternehmen ihre Aufgaben nicht in erforderlichem Maße erfüllt haben.

Frau A. berichtet, als Studentin sehr ehrgeizig und zielorientiert gewesen zu sein („Während normalerweise so ein Promotionsprojekt fünf, sechs Jahre dauert, bin ich dann also nach den drei Jahren in die Industrie gegangen.") und mutige, ungewöhnliche Entscheidungen getroffen zu haben, indem sie beispielsweise ihre Promotion nicht wie üblich an der Universität, sondern in Kooperation mit einem Industrieunternehmen absolvierte („Es war insofern ´ne spezielle Konstellation, weil ich für ein Industrieunternehmen gearbeitet habe. Hab' da die Finanzierung hergehabt und das war extrem kurz, denn ich war mmh, knapp 3 Jahre an der Uni beschäftigt."; „Das war damals noch ´ne relativ exotische Sache zu meiner Zeit.").

Frau A. beschreibt sich als jemanden, der großen Wert auf langfristige Beziehungen legt („Also gefühlt war ich ganz lange mit oder bin ich ganz lange mit dem Unternehmen verbunden."; „Um hier schon mal die Bindung zu dem Unternehmen, wie die entstanden sind, äh anzudeuten."). Obwohl sie also zu Beginn ihrer Karriere unkonventionelle Entscheidungen getroffen hat und damit erfolgreich war, gewannen scheinbar im Laufe der Zeit für sie Sicherheit und Langfristigkeit eine größere Bedeutung, sodass eine große emotionale Abhängigkeit von ihrem Arbeitgeber entstand.

Ihre Entwicklung im Unternehmen scheint sich, wenn man Frau A. zuhört, quasi von selbst ergeben zu haben, ohne dass sie diesbezüglich aktiv werden musste („Hab' dann in den ersten fünf Jahren meiner Berufstätigkeit sukzessive in der Abteilung Verantwortung dazu gekriegt."; „Gab's ´ne große Umstrukturierung. In dem Zuge ist mein damaliger Chef gegangen worden und äh ich hab' die Leitung der Abteilung übertragen bekommen."). Im Zuge ihrer Beförderung zur Abteilungsleiterin wurde gleichzeitig in der Abteilung jedoch auch Personal abgebaut, wo Frau A. „rein von den Sozialpunkten eigentlich auch dabei gewesen" wäre. Es scheint ihr unangenehm und etwas peinlich zu sein, dass damals nicht rein nach objektiven Gesichtspunkten ausgewählt wurde („Was ich damals natürlich nicht wusste, dass einmal ein anderer Mitarbeiter, mit dem Gespräche geführt wurden, dass er geht, also dass das Kontingent auf andere Art und Weise erfüllt worden ist.").

Frau A. berichtet zunächst von Schwierigkeiten, in einer männerdominierten Berufswelt respektiert zu werden („Wo ich an vielen Fronten Baustellen hatte. Erst mal gab's wenig, wo ich mich zurücklehnen konnte."). Sie stellt in ihren Schilderungen jedoch hauptsächlich die Unterschiede zu den anderen heraus und scheint wenig nach Gemeinsamkeiten und verbindenden Elementen zu suchen („So in der Konstellation meiner Mitarbeiter, was ähnliches habe ich in der Konstellation bei meinen Kollegen wiedergefunden. Die waren auch alle mindestens zehn Jahre älter und teilweise noch deutlich älter und da bin ich dahin gekommen als Fräulein."). Frau A. scheint es wichtig zu sein, von ihren Kollegen gemocht zu werden, weshalb sie sich vor unbequemen Entscheidungen scheut, wie die wenig loyal erscheinende Sekretärin zu entlassen („Hab' ich damals mit 34 nicht drauf gehabt. Ach Gott, ich kann die Frau doch irgendwie nicht... die war gar nicht loyal zu mir."). Sie ist jedoch stolz darauf, sich im Laufe der Zeit ihren Platz erobert zu haben („Ich hab' das gut überstanden."; „Ich hab' mir 'ne Reputation erarbeitet und die Mitarbeiter haben sich mehr oder weniger daran gewöhnt.").

Frau A. schildert sich grundsätzlich als umgänglichen und verträglichen Menschen („Ich habe wenige Menschen gehabt, wo ich nicht mit zurecht gekommen bin."). Abgesehen von ihrem ersten Vorgesetzten und Mentor, scheint sie jedoch Schwierigkeiten gehabt zu haben, sich auf weitere Führungskräfte einzustellen („Zu meinem damaligen Chef da bin ich auch nicht hingegangen, wenn es irgendwie schwierig war."). Sie neigt dazu, seine Nachfolger abzuwerten („Das war auch nur jemand, der relativ schnell cholerisch geworden ist."; „Also der hat mich, glaube ich, nicht einmal angebrüllt, aber schon mal so laut geworden."), vermutlich, um ihren Mentor möglichst positiv dastehen zu lassen. Es fehlt ihr jedoch gleichzeitig auch der Mut, sich zu positionieren oder ihre Unzufriedenheit mit den neuen Vorgesetzten offen anzusprechen, sodass es ihr letztlich nicht gelingt, eine konstruktive Arbeitsbeziehung aufzubauen („Natürlich bin ich nicht zu dem gegangen und habe gesagt, hören Sie mal zu und der und das... also schon so mit diesen Dingen, mmh, das muss ich jetzt stemmen.").

Im Verlauf des Interviews wird auch immer wieder Frau As. hoher Anspruch an ihre eigene Leistungsfähigkeit deutlich („Ich habe es eigentlich immer so verstanden, dass ich meinen Chef auch in bestimmten Dingen entlaste.").

Im Rahmen ihrer Coaching-Ausbildung und durch die eigene Reflexion des Erlebten scheinen für Frau A. zwischenmenschliche Interaktionen an Bedeutung gewonnen zu haben („Was braucht es, damit Menschen gut zusammenarbeiten können."; „Wie geht man konstruktiv mit Konflikten um. Ich hab' als Ingenieurin jetzt nicht, wie soll ich sagen, gestritten, aber immer für die Wahrheit und das Richtige."). Darüber hinaus hat sie ihr Verhalten kritisch reflektiert und teilweise erkannt, wo ihr eigener Anteil an ihrem Derailment lag („Das hab' ich auch mit einer gewissen Verbissenheit rüber gebracht, was nicht zur Entspannung des Verhältnisses geführt hat.").

4.1.1.1.3 Erleben der Krise

Frau A. kam in eine erste Führungsposition, als ihr damaliger Chef und Mentor im Rahmen einer Umstrukturierung entlassen wurde. Sie beschreibt Schuldgefühle, da sie von seiner Entlassung profitierte („Das hat mich emotional besonders getroffen, weil ich steh' immer noch in Verbindung mit meinem früheren Chef, wir können äh wir konnten gut miteinander arbeiten, sind heute befreundet. Äh das hat mir schon irgendwie, ja einen Schreck versetzt und erst recht auch als es dann, als der neue Geschäftsführer dann gefragt hat, ob ich die Leitung der Abteilung dann übernehme."). Es stellt sich die Frage, ob Frau A's. Derailment nicht auch durch diese Verstrickung mit ihrem ehemaligen Vorgesetzten begünstigt wurde. Wenn sie erfolgreicher gewesen wäre als er und ihn überflügelt hätte, hätte sie eventuell die Beziehung gefährdet und sein Wohlwollen sowie seine Anerkennung verloren?

Spürbar wird auch eine große Angst vor Misserfolg bei Frau A. („Damals war einfach nur 'ne große Last da, oh Gott, oh Gott, meinen Vorgänger haben sie rausgeschmissen, weil der nicht ordentlich die Ergebnisse abgeliefert hat, da ist jetzt 'ne große Erwartungshaltung an mich da."), sodass sich Frau A. stark selbst unter Druck setzt („Wenn man einmal gefragt wird und nein sagt, wird man kein zweites Mal gefragt."; „Na ja, also wenn es mir mein Chef zutraut, ich versuche es einfach, aber da war schon ein ganz großer Druck da."; „Ja, da kam einmal so das, was sich selber dann mir aufgepackt habe.").

Frau A. vermittelt den Eindruck, die politischen Konstellationen und Koalitionen in der Organisation wenig im Blick gehabt zu haben („Da ging unheimlich viel Macht und äh solche politischen Dinge, ähm ja im Detail war mir das damals alles gar nicht so klar."). Diese entsprechen nicht ihren Werten oder der Art und Weise, wie ihrer Meinung nach berufliche Entscheidungen getroffen werden sollen („Ich hab' da nur so vorne dran gestanden und gesagt, so jetzt krempelst du mal die Ärmel hoch und machst das, ne?"). In dieser Herangehensweise wirkt Frau A. mitunter etwas naiv und hilflos, sowie schlecht vorbereitet auf ihre neue Rolle, was sie selbst ebenso empfand („In keiner Weise irgendwie darauf vorbereitet worden, also wirklich in das berühmte kalte Wasser geschmissen.").

Frau A. hat im Laufe der Zeit zunehmend Entscheidungen als unfair empfunden („Rahmenbedingungen, unter Umständen, die ich als höchst unfair empfunden habe. Ja, nicht nur empfunden habe, die waren auch höchst unfair.") und sich häufig schlecht behandelt gefühlt („Das war das erste Mal in meinem Leben, wo ich einen Chef gehabt habe, der mich sozusagen geerbt hat."). Dementsprechend geringer wird auch ihre Anpassungsbereitschaft („Ja, dann haben wir versucht, uns aneinander zu gewöhnen, die großen und die kleinen Bereiche."). Es fällt ihr jedoch schwer, sich auf neue Kollegen und Vorgesetzte einzustellen („Ja, denen war das grad wurscht. Die sind zwar zu dieser Einladung gekommen, aber ansonsten haben sie sich umgedreht und haben grad weiter gemacht, wie vorher."), obwohl sie jenen ihrer Meinung nach offen und interessiert begegnete. Sie scheint die Vorgänge verharmlosen zu wollen („Wie die Jungs ganz oben im Vorstand, wie der eine den anderen sozusagen angeschmiert hat.") und verwendet häufig eine kindliche, spielerische Ausdrucksweise.

Frau A. berichtet, grundsätzlich Wert auf Strukturiertheit, Organisiertheit und Genauigkeit zu legen („Wenn ich fünf sage, dann meine ich fünf und nicht 4,5 oder 5,5 oder sowas."). Es scheint ihr schwer zu fallen, in Phasen der Umstrukturierung eine ausreichende Flexibilität zu zeigen, um mit unklaren Rollen und Zuständigkeiten zu leben sowie sich in ambiguen Situationen zurechtzufinden („Es gab keine Agenda und so dieses Chaos.").

Frau A. schildert, wie sie recht plötzlich Belastungssymptome wahrgenommen hat („Da ist auf einmal viel Überlastung gekommen."; „Da ist zum ersten Mal so dieser frustische Druck gestiegen."; „Ich bin da auch krank geworden, da hab' ich die erste Gürtelrose gekriegt, nur ich hab's damals nicht wirklich zueinander gebracht."). Auffällig ist, dass auch ihre Schilderungen sprachlich weniger elaboriert und unstrukturierter werden, wenn sie über diese Belastungssymptome spricht.

Aus Sicht von Frau A. verringern sich ihre Handlungsspielräume stetig und sie kann immer weniger Sinn in den Anweisungen ihres Vorgesetzten erkennen („Ich hab' da in Meetings gesessen, wo ich gesagt hab', was tu ich denn da überhaupt?"; „Da hab' ich dann praktisch nur noch die Liste gekriegt, wo drauf stand, ah ja bei dem ist das Gehalt so festgesetzt."). Frau A. scheint sich als einzig vernünftigen Menschen im Unternehmen wahrgenommen zu haben („'Ne Million Mark in den Schornstein gepustet und da weiß einer, der das freigegeben hat, das ist Spielgeld, das Opfer ist jetzt, um den anderen... Entschuldigung, da fallen mir nur noch unflätige Ausdrücke ein."). Sie vertraut jedoch weiterhin auf ihre fachliche Einschätzung („Das gibt's doch gar nicht, da hat sich nur irgendwie was gedreht, wovon du nichts weißt, das macht doch keiner.") und scheint fassungslos angesichts der für sie unverständlichen Entscheidungen („Da ist mir so richtig die Kinnlade runter gefallen."). Ein wahrgenommener Eingriff in ihren Verantwortungsbereich löst bei Frau A. Reaktanz („Da habe ich Belehrungen von ihm gekriegt, wie eine bestimmte Excel-Tabelle auszufüllen ist. Also ich übertreib' jetzt nicht.") und Ärger aus („Also gell, ich mach' den Job doch nicht grad seit drei Tagen, das muss man mir doch jetzt auch nicht sagen.").

Letztlich resigniert Frau A. jedoch, als ihren fachlichen Empfehlungen aus ihrer Sicht nicht ausreichend Gehör geschenkt wird („Das war irgendwie der Anfang vom Ende. Das wusste ich damals noch nicht."). Sie schildert, sich hilflos gefühlt zu haben („Da hab' ich gesagt, huh, was soll ich denn jetzt machen?") und von ihrem Chef übergangen worden zu sein („Da hat er die Bremse rein gemacht, als er Wind davon gekriegt hat und gesagt, nein, den können Sie nicht gehen lassen, der bleibt hier."). Sie ist schließlich erleichtert, die Führungsverantwortung aufgeben und in eine Stabsstelle wechseln zu können („Dass ich den Zauder da los habe, wo das eh nur 'ne Farce geworden ist.").

Schrittweise scheint sich bei Frau A. immer mehr Druck aufgebaut zu haben („Dieser wachsende Druck, der sich da aufgebaut hat, der sich in immer längeren To-Do-Listen manifestiert hat. Da war ich nur noch nervös, ah jetzt muss ich das noch machen."). Trotz immer höherer Anstrengung ihrerseits werden immer weniger Resultate ihrer Arbeit sichtbar („Sie strengen sich immer mehr an, kriegen immer weniger geschafft. Ich habe manchmal, wenn es irgendwie ging, die Tür von innen zugeschlossen und hab' den Kopf auf den Schreibtisch gelegt, weil ich nicht mehr wach bleiben konnte."). Dennoch fällt es ihr schwer, ihre Überforderung zu realisieren („Hab' immer andere Gründe dafür gesucht, dass da was Ernsthaftes am Vorgehen war."). Nach einem schleichenden Start werden ihre Erschöpfungssymptome schnell immer deutlicher („Ich war nur erschöpft."; „Das ist relativ flach gewesen, aber dann so die Exponentialkurve.").

Frau A. bittet ihren Vorgesetzten um ein Gespräch und fühlt sich dort völlig missverstanden („Er hat meine Projektliste genommen, die ich mitgebracht habe und hat gesagt, so jetzt gehen wir die mal durch und gucken mal. Sozusagen, jetzt sag ich Ihnen mal, was Sie zu tun haben. Da hätte ich eigentlich schon mein Täschchen nehmen können und heim gehen."). Sie fühlt sich von ihrem Umfeld im Stich gelassen („Man hätte es sehen können, merken können."; „Da sind gründlichere Wartungspläne für die Maschinen, die eingehalten werden, als dass man sich um die Mitarbeiter kümmert.").

In dramatischen, teilweise etwas einstudiert wirkenden Worten, schildert sie ihre Dekompensation („Ich bin ins Büro gefahren, es war ein heißer Tag im Juli – ich weiß nicht mehr, wie ich dahin gekommen bin."; „Der Auftakt, wo ich ... hach... die Segel gestrichen habe."). Es ist ihr wichtig, dass die Schwere ihres Leidens für ihre Gesprächspartner deutlich wird („2006 ging dann bei mir gar nichts mehr. Das war das, was man so klassisch als Burnout, wo man sich heute auch ein bisschen anfängt drüber zu streiten, gibt's das, ist das 'ne Modekrankheit, muss man das haben, damit man wirklich... Käse! Ich sag mal, diejenigen, die es mal in irgendeiner Schattierung gebeutelt hat in der Richtung, die streiten sich nicht mehr drüber, ob es sowas gibt oder nicht."; „Ich war nur noch müde, ich war gereizt, hab' auch keine Freude mehr am Leben gehabt.") und begibt sich so in eine Opferrolle. Gleichzeitig bemüht sich Frau A. Stärke zu zeigen („Ich bin doch kein Weichei!").

Auch in ihrer Tätigkeit in der Stabsstelle ohne Führungsverantwortung berichtet Frau A. keine Ruhe gefunden und sich als ‚Spielball' gefühlt zu haben. Sie kann ihre Wut und ihre Verletztheit nicht verbergen („Dann hat er sich meiner entledigt, hat mir zwischen Tür und Angel gesagt, gell ich hab' keine Zeit mehr, um mich direkt um dich zu kümmern, äh das macht jetzt der und der.") und fühlt ihre Kompetenz sowie ihre Erfahrung nicht ausreichend wertgeschätzt („Ein Schlag in die Magengrube, wo ich gesagt habe, was sind denn das jetzt für Verhältnisse.").

Als sie schließlich zu realisieren beginnt, dass es vielleicht im Unternehmen keine geeignete Aufgabe mehr für sie gibt, verliert sie zunächst ihre Handlungsfähigkeit („Ich wusste nicht mehr, was ich richtig tun sollte, ich hab' wie in einem luftleeren Raum da gesessen. Bei der Umorganisation auf einmal sozusagen hinten runter gefallen.").

4.1.1.1.4 Bewältigungsstrategien

Frau A. zeigt eine hohe Anstrengungsbereitschaft, um die in ihrer Wahrnehmung hohen Anforderungen erfolgreich bewältigen zu können („Da war auch ´ne enorme, also wie soll ich sagen, Energie notwendig, diesen Teil von der Arbeit da zu implementieren, Ordnung und Struktur."; „Im Zweifelsfall habe ich private Verabredungen abgesagt. Unter der Woche haben wir schon gar nichts Privates mehr gemacht, weil ich nie pünktlich heim gekommen bin."; „Und dann bin ich phasenweise um fünf Uhr früh aufgestanden.").

Als sie bemerkt, dass längere Arbeitszeiten und das Bemühen zügig zu arbeiten alleine nicht auszureichen scheinen, versucht sie effizienter zu werden, um ihre Aufgaben weiterhin erledigen zu können („Was muss ich tun, damit ich noch mehr in noch kürzerer Zeit bewältigt kriege."; „Ich wollte mal schnell Lesen lernen, weil ich gedacht hab', wenn ich schneller lesen kann, dann bin ich weniger angespannt.").

Probleme und schwierige Situationen scheint Frau A. meist durch Aushalten und Abwarten zu lösen („Die eben schon erwähnte Sekretärin ist dann auch aus dem Unternehmen raus, ohne dass ich jetzt da irgendwie aktiv werden musste."). Während sie so äußerlich vermutlich recht passiv und zurückgezogen gewirkt hat, empfindet sie innerlich eine gewisse Genugtuung über ihre Machtposition („Kann schon nachvollziehen, warum man mich gefragt hat und nicht die Anderen, die geglaubt haben, dass sie jetzt gerne dran wären.") und vielleicht an der einen oder anderen Stelle sogar Schadenfreude, wenn sich herausstellt, dass sie recht hat („Kann ich auch sagen, ja es ist nämlich genau die Richtung, es hat sich entwickelt, die damals vorhergesagt worden ist, wo ich auch gesagt habe, wenn wir dieses Projekt nicht machen, dann wird es schwer für's Unternehmen."). Wenn sich etwas nicht nach ihren Vorstellungen entwickelt, neigt sie zu einer externalen Attribution („Was mir da widerfahren ist…").

Frau A. schildert eine große regionale Verbundenheit („Also ich bin hier aus der Region, zur Schule gegangen, aufgewachsen, all das…"), welche sie in der Krise jedoch auch davon abhielt, nach einer Veränderung in einem größeren Radius zu suchen („Ich hatte 5 km zur Arbeit zu fahren, hab' für das Unternehmen schon ewig gearbeitet, war auch in meiner Aufgabe, mit meiner Ausbildung her mit den Berufserfahrungen derartiger Spezialist."). Sie scheint sich selbst zu verbieten, nach Alternativen außerhalb des Unternehmens zu suchen („Zu der Zeit gab es auch noch Wettbewerbsverbote, solche Geschichten. Da gab's 'ne Reihe von äußeren Gründen, wo ich gesagt habe, nee da also irgendwie weggehen geht nicht."). Stattdessen sucht sie sich zunächst alternative Betätigungsfelder innerhalb der Organisation („Das Unternehmen hat ein Personalentwicklungsprogramm aufgelegt. Da sind wir geschult worden, bin ich wirklich mit Enthusiasmus dran gegangen.").

Einmal bittet Frau A. ihren Vorgesetzten zaghaft um Hilfe („Es gab da auch mal ein Gespräch, wo ich sozusagen die weiße Fahne gehisst habe mit meinem damaligen Chef."; „Gut, vielleicht habe ich es auch nicht so klar formuliert.") trotzdem scheint sie in Summe recht zögerlich, sich Unterstützung zu holen („Du kannst ja nicht wegen jedem bisschen dahin rennen, weil der hat ja auch genug um die Ohren."), sondern bemüht sich, nach außen einen stabilen und starken Eindruck zu machen („Ich hab' es nicht vor mir hergetragen und so nach dem Motto, um Gottes Willen, da tippen wir mal nicht dran, es könnte ja da eine Lawine lostreten. Also eher Weggucken…".)

Nach ihrem Klinikaufenthalt leistet Frau A., ihrer Wahrnehmung nach, jedoch mehr sichtbaren Widerstand und nutzt ihre technische Expertise als Stütze („Da hab' ich gesagt, ich habe 'ne klare Aussage dazu gemacht, was technisch sinnvoll ist, das da ist rum gefrickelt.") Sie empfindet sich als selbstbewusster („Da ist auch einiges schief gegangen. Also einfach, weil ich nicht da war.") und aktiver, indem sie auch von ihrem Vorgesetzten Orientierung hinsichtlich ihrer weiteren Perspektiven im Unternehmen einfordert („Da sag' ich, wenn Sie es nicht wissen, ich weiß es mittlerweise auch nicht mehr.")

Als sie zu erkennen glaubt, dass das Unternehmen künftig strategisch anders ausgerichtet sein wird, strebt sie einen Auflösungsvertrag an. Sie wird selbst aktiv und gestaltet ihren Ausstieg („Dass dann jemand wie ich, mit meiner Fachkenntnis, dann auch nicht mehr gebraucht wird, das ist mir dann auch völlig klar."; „So jetzt, dass da alleine, wenn ich mir die Frage stelle, wie lange willst du das denn noch mitmachen und dann bin ich ausgeschieden vor zwei Jahren."; „Da haben sich meine wirtschaftlichen Interessen durchgesetzt."), indem sie einen Aufhebungsvertrag aushandelt.

In dem Bestreben sich selbst und die Vorgänge in ihrem Umfeld besser zu verstehen, absolviert Frau A. eine Coaching-Ausbildung („Hab' dann schon 2007 angefangen, eine Coaching-Ausbildung zu machen, wo ich gesagt habe, zunächst mal für mich, ich möchte das alles ein bisschen besser durchdringen."). Sie wählt den Weg in die Selbstständigkeit, um sich nicht mehr an andere Personen und Rahmenbedingungen anpassen zu müssen („Ich muss was anderes machen, ich möchte was anderes machen."; „Ich kann mir was Neues aufbauen.").

4.1.1.1.5 Zentrale Kategorien

In einem weiteren Verdichtungs- und Abstraktionsschritt wurden anhand der Logik des zirkulären Dekonstruierens aus den auffälligen Passagen des Interviews zentrale Kategorien abgeleitet (Jaeggi, Faas, & Mruck, 1998), die den ‚Kern' der Beschreibung erfassen sollen.

zentrale Kategorie	Beschreibung
Hilflosigkeit & Unsicherheit	Diese äußern sich insbesondere zu Beginn von Frau A's. Tätigkeit als Führungskraft, da sie sich auf die Aufgabe noch nicht in ausreichendem Maße vorbereitet fühlt. Aber auch im Verlauf ihrer Karriere zeigen sich immer wieder Unsicherheiten in der sozialen Interaktion und eine gewisse Verzweiflung sowie Hilflosigkeit, wenn sie mit unerwarteten Ereignissen konfrontiert wird.
mangelnde Akzeptanz	Als Frau in einem männerdominierten Berufsfeld hat Frau A. häufig mit Akzeptanzschwierigkeiten zu kämpfen. Auch wenn es ihr im Laufe der Jahre gelingt, sich einen gewissen Respekt zu erarbeiten, vermag sie es jedoch nicht, sich innerhalb der Organisation Netzwerke und Beziehungen aufzubauen.
Sachlichkeit	Frau A. neigt dazu, entsprechend ihrer Ausbildung, Themen sachorientiert-rational zu betrachten. Dies ist ihr bei der Analyse inhaltlicher Problemstellungen sicherlich hilfreich, lässt sie in der Zusammenarbeit mit anderen jedoch emotionale Aspekte häufig übersehen oder zu gering bewerten.
Ehrgeiz & Leistungs-orientierung	Frau A. ist ehrgeizig sowie zielorientiert und legt großen Wert darauf, gute Leistungen zu erbringen. Dabei sind ihr insbesondere Qualität und Verlässlichkeit sehr wichtig. Dieses Bestreben nimmt im Verlauf ihres Derailments jedoch ab.
Erfolg	Zu Beginn ihrer Karriere steigt Frau A. innerhalb des Unternehmens schnell auf und kann sukzessive mehr Verantwortung übernehmen.

Loyalität	Frau A. fühlt sich ihrem ehemaligen Arbeitgeber sehr stark verbunden und war lange Jahre für das Unternehmen tätig. Dies hat sie auch bei den ersten Anzeichen einer Krise daran gehindert, nach Alternativen außerhalb der Organisation zu suchen.
Veränderungen & Umstrukturierungen	Das Unternehmen bei dem Frau A. angestellt war, war in den Jahren vor ihrem Derailment von häufigen Umstrukturierungen sowie Reorganisationen betroffen. Der Bereich von Frau A. war davon durch eine Fusion direkt betroffen. Darüber hinaus kam es zu zahlreichen personellen Veränderungen auf Seiten ihrer Führungskräfte.
Frustration	Frau A. verspürt eine zunehmende Frustration, als sie den Eindruck hat, dass ihre Freiheitsgrade sukzessive verringert werden und sie mit ihrer technischen Expertise sowie ihren fachlichen Empfehlungen immer weniger Einfluss im Unternehmen nehmen kann.
Ignoranz von Warnsignalen	Bei Frau A. treten recht früh erste physiologische Warnsignale beispielsweise in Form einer Gürtelrose auf. Diese nimmt sie jedoch zunächst nicht ernst, sondern verhält sich nach erfolgreicher Genesung wie zuvor.
Überlastung / Erschöpfung	Im Laufe der Zeit nimmt ihre Überlastung zu und es kommt zu Erschöpfungssymptomen. Frau A. berichtet, sich permanent müde und überfordert gefühlt zu haben. Darüber hinaus zeigen sich erste depressive Anzeichen, wie beispielsweise sozialer Rückzug.
Kränkung	Frau A. fühlt sich als Person, aber auch ihre Leistung, immer weniger anerkannt und wertgeschätzt. Es kränkt sie zutiefst, dass ihre Vorgesetzten sich nicht mehr auf ihren fachlichen Rat verlassen. Sie fühlt sich abgeschoben und wertlos.

Dekompensation	Frau A. dekompensiert schließlich und verbringt sechs Monate mit der Diagnose Burnout in einer Klinik, bevor sie an ihren Arbeitsplatz zurückkehren kann.
Reflexion	Nach ihrem Ausscheiden aus dem Unternehmen hat Frau A. begonnen, sich intensiv mit sich selbst und ihrem Verhalten auseinanderzusetzen. Unterstützt durch eine Coaching-Ausbildung ist sie bestrebt, die Ereignisse aufzuarbeiten und im Nachhinein besser zu durchdringen.

4.1.1.2 Deduktive Analyse

In diesem Kapitel wird versucht, aus den Schilderungen von Frau A. Hypothesen hinsichtlich der in der Literatur beschriebenen Risikofaktoren für Derailment zu bilden.

4.1.1.2.1 Persönlichkeitsstruktur

Frau A. beschreibt sich selbst als jemanden, der ein ausgeprägtes Verantwortungsgefühl besitzt und dem es wichtig ist, begonnene Themen zu Ende zu bringen („Das muss ich jetzt stemmen."; Ich bin nur eine Woche zuhause geblieben."). Dies kann dazu führen, dass sie sich mitunter zu viele Themen aufbürdet und ihre Belastungsgrenzen überschreitet („Was ich mir selbst dann da aufgepackt habe."). In Kombination mit ihrem starken Sinn für Gerechtigkeit („Da habe ich raus gefunden, dass man uns gelinkt hat.") lässt dies in Summe auf eine hoch ausgeprägte Gewissenhaftigkeit schließen. Dies wird auch durch ihre hohen Ansprüche an Qualität und Genauigkeit untermauert („Ich habe meine Marotten. Wenn hier Berichte rausgehen, möchte ich, dass die ordentlich rausgehen."; „Wenn ich fünf sage, dann meine ich fünf und nicht 4,5 oder 5,5 oder sowas.").

Man kann auch vermuten, dass Frau A. recht verträglich ist. Sie erscheint in ihren Schilderungen sehr ehrlich („Ich spiele kein Doppelspiel. Wie soll ich mich wieder ins Personalgespräch mit dem Menschen setzen und sagen, so jetzt lassen Sie uns mal über Ihre berufliche Entwicklung sprechen.") und begegnet anderen ihren

Schilderungen nach wohlwollend („Ich bin dann auch nicht diejenige, die sich dann so voller Befriedigung hinstellt und sagt, hab' ich euch doch gleich gesagt."). Dies kann jedoch mitunter, wenn andere sich nicht an ihre moralischen Ideale halten, auch etwas gutgläubig und naiv wirken („Da ist mir die Kinnlade runter gefallen.").

Frau A. schildert, neue Themen mit Begeisterung anzugehen („Da bin ich wirklich mit Enthusiasmus dran gegangen.") und ist gerne bereit, sich einzuarbeiten oder Dinge zu optimieren. Dementsprechend fällt es ihr auch schwer, Stillstand zu tolerieren („Das haben wir alles schon mal gemacht... Ich habe mich gehasst dafür. Verstehen Sie, das bin nicht ich..."). In Summe kann man daher eine hohe Offenheit vermuten.

4.1.1.2.2 Kognitive Fähigkeiten & Problemlösefähigkeit

Basierend auf ihrem hohen Ausbildungsniveau mit dem Erwerb eines Doktortitels, kann man bei Frau A. von einer überdurchschnittlichen Intelligenz ausgehen. Das Absolvieren eines technischen Studiums sowie die Tätigkeit in der Produktentwicklung lassen einen systematischen, methodischen Arbeitsstil gepaart mit einer hohen Problemlösekompetenz vermuten.

Darüber hinaus schildert Frau A. im Interview, dass sie Marktentwicklungen mehrfach frühzeitig erkannt habe („Im Nachhinein kann man sagen, dass es sich genau in die Richtung entwickelt hat.").

4.1.1.2.3 Zentrale Selbstbewertungen

Frau A. berichtet davon, insbesondere zu Beginn ihrer beruflichen Laufbahn ein geringeres Selbstvertrauen besessen zu haben; so hätte sie ihre erste Führungsposition zu diesem Zeitpunkt von sich aus noch nicht angetreten, sondern wurde von ihrem Vorgesetzten dazu ermutigt („Wenn mein Chef es mir zutraut, traue ich es mir auch zu."). Auch im weiteren Verlauf ihrer Karriere scheint dies bestehen geblieben zu sein. Zwar ist Frau A. erfolgreich, dennoch scheinen gewisse Selbstzweifel („Ich habe gefühlt, wie ich immer kleiner geworden bin, aber angesehen hat man es mir vermutlich nicht.") zu überdauern.

Interessanterweise scheint Frau A. jedoch dennoch über eine hoch ausgeprägte Selbstwirksamkeitserwartung zu verfügen und den Eindruck zu haben, dass sie mit

Anstrengung viel erreichen kann („Jetzt krempelst du mal die Ärmel hoch und machst das."). Diese scheint jedoch mit sehr hohen Erwartungen an sich und ihre persönliche Leistungsfähigkeit einher zu gehen („Dieses Gespräch, das ich nicht mehr kann, das war meine Bankrott-Erklärung.").

4.1.1.2.4 Selbstreflexionsfähigkeit und Selbsterkenntnis

Während der Krise und auch in ihrer Anbahnung scheint Frau A. wenig selbstreflektiert gewesen zu sein („So ein naives Schätzchen war ich da an manchen Stellen.") und die Ereignisse wenig reflektiert zu haben („Das habe ich damals mit 34 nicht drauf gehabt."; „Damals habe ich es nicht wirklich zueinander gebracht, was ich dann später gesehen habe.").

Vermutlich ausgelöst durch den Verlust ihres Arbeitsplatzes, begann Frau A., sich intensiver mit sich und ihrem Verhalten auseinanderzusetzen und im Nachgang ihr Scheitern zu analysieren („Das merke ich gerade erst, als ich es erzähle, das hätte ich viel besser aufarbeiten müssen."). So absolvierte sie beispielsweise eine Coaching-Ausbildung, um „das alles ein bisschen besser zu durchdringen". Es scheint ihr gelungen zu sein, die Folgen ihres Derailments zu erkennen („Damals war mir gar nicht klar gewesen, was für Spuren das bei mir hinterlässt.") und Warnsignale in Zukunft wahrscheinlich früher zu beachten („Es erschüttert mich heute noch, dass ich das so lange mitgemacht habe und immer noch gedacht habe, das musst du irgendwie hinkriegen.").

4.1.1.2.5 Anpassungsfähigkeit an Veränderungen

Frau A. scheint sehr auf ihren Arbeitgeber fokussiert gewesen zu sein und berichtet, keine anderen Optionen in Betracht gezogen zu haben („Warum habe ich mich nicht verändert? Hatte 5 km zur Arbeit und war so spezialisiert... Nee, also da weggehen ging nicht."). Innerhalb dieses gesteckten Rahmens allerdings, scheint sie durchaus bereit gewesen zu sein, Neues auszuprobieren („Vier oder fünf Jahre so verschiedene Stellen gemacht, nach elf Jahren vorher.").

Weniger erfolgreich scheint sie jedoch darin zu sein, sich an neue Personen zu gewöhnen, als an neue Aufgaben („Zum ersten Mal in meinem Leben hatten ich einen

Chef, der mich geerbt hatte. Wir haben dann versucht, uns aneinander zu gewöhnen."); dies ist ihr in Bezug auf ihre Vorgesetzten meistens nicht gelungen.

4.1.1.2.6 Motivstruktur

Frau A. scheint über ein hohes Leistungsmotiv zu verfügen, was sich zunächst in ihrem schnellen Studium sowie ihren sehr guten Noten widerspiegelt. Um ihre ehrgeizigen Ziele zu erreichen, ist sie bereit, sich mit viel Engagement einzubringen („Da war auch eine enorme Energie notwendig, um das zu stemmen."; „Viel Arbeit, wenn was rauskommt, das ist nicht das Problem.") und lässt in ihren Schilderungen eine hohe Zielstrebigkeit erkennen („Wenn man ein Mal gefragt wird und nein sagt, wird man kein zweites Mal gefragt.").

Hinsichtlich ihres Anschlussmotives lassen sich aus dem Interview keine eindeutigen Schlussfolgerungen ziehen. Es lässt sich vermuten, dass es durchschnittlich ausgeprägt ist, jedoch dieses Bedürfnis von Frau A. im Laufe ihrer Berufstätigkeit selten erfüllt wurde („Da habe ich zum ersten Mal erfahren, wie sich Loyalität anfühlt.").

Frau A. scheint es wichtig, ernst genommen zu werden („Habe mir eine Reputation erarbeitet."), in Summe scheint sie jedoch ein eher gering ausgeprägtes Machtmotiv zu besitzen und wenig Wert auf Statussymbole, wie beispielsweise eine Führungsposition zu legen („Ich musste was anderes machen und bin in eine Stabsstelle ohne Personalverantwortung gegangen.").

4.1.1.2.7 Soziale Fertigkeiten

Auch wenn Frau A. es nach eigener Aussage gut vermag, mit unterschiedlichen Menschen zusammenzuarbeiten („Ich habe wenige Menschen gehabt, wo ich nicht mit zurecht gekommen bin."), scheint es in Summe jedoch so, dass es ihr schwer fällt, soziale Beziehungen zu etablieren und aufrecht zu erhalten („Meine Kollegen waren alle mindestens zehn Jahre älter und da bin ich dahin gekommen als Fräulein."; „In den Old-Boys-Club bin ich nicht richtig reingekommen.").

Hinsichtlich unternehmenspolitischer Prozesse scheint sie über eine eher geringe Sensibilität zu verfügen („Von Firmenpolitik und Intrigen habe ich keine Ahnung gehabt. Ich war eher idealistisch."; „Auf höchster Ebene haben da zwei ein

Kämpfchen ausgefochten. Das hab' ich erst später rausgefunden.''). Zusammenfassend lassen sich eher unterdurchschnittlich ausgeprägte soziale Fertigkeiten vermuten.

4.1.1.2.8 Führungsstil

Frau A. hatte zunächst Schwierigkeiten, bei ihren zumeist männlichen Kollegen als Führungskraft Akzeptanz zu finden („Kollegen haben eigentlich geglaubt, sie wären jetzt dran.''). So fand sie es erforderlich, dominanter aufzutreten, als dies eigentlich ihrem Naturell entsprochen hätte („Ich muss zeigen, ich bin die Chefin hier, sonst gehe ich unter.'').

Sie scheint eine hohe Aufgabenorientierung zu besitzen („Also diese Nummer Disziplin und Struktur, das habe ich natürlich auch auf meiner Agenda.'') und ihre Mitarbeiter durch hohe Ansprüche zu fordern („Die haben auch unter mir gelitten. Die habe ich echt gestresst.''). Frau A. scheint jedoch wenig mitarbeiterorientiert zu agieren und eher Distanz zu ihrem Team aufzubauen, was durch einen zweiten Standort noch verstärkt worden zu sein scheint („Die Leute haben mich auch gar nicht mehr gesehen.'').

In Summe kann man vermuten, dass es Frau A., insbesondere aufgrund der Distanz zu ihren Mitarbeitern, meist nicht gelang, einen transformationalen Führungsstil zu leben.

4.1.1.2.9 Konfliktbewältigung

In ihren Aussagen wird deutlich, dass Frau A. dazu neigt, Konflikten, bei welchen es sich nicht um Fachthemen handelt, eher aus dem Weg zu gehen und Konfrontationen zu vermeiden („Ach Gott, ich kann die Frau doch irgendwie nicht… Sie ist dann irgendwann von selbst gegangen, ohne dass ich aktiv werden musste.''). Kritik äußert sie nur bei intakten persönlichen Beziehungen („Zu meinem damaligen Chef bin ich auch nicht hingegangen, wenn es schwierig war.''), sodass sie beispielsweise auch Konflikte mit ihrem Vorgesetzten nicht offen thematisiert („Ich habe mich übergangen gefühlt.'').

Jedoch reagiert sie mitunter recht beleidigt, wenn ihren Empfehlungen nicht gefolgt wird („Wir haben das Projekt, in welches ich mich persönlich sehr stark eingebracht habe, nicht genehmigt bekommen, unter Umständen, die ich als höchst unfair empfunden habe."), scheint jedoch noch keinen Weg zu finden, diesen Ärger in eine konstruktive Konfliktbewältigung zu überführen. Es fällt Frau A. hingegen anscheinend leichter, sich fachlich zu positionieren („Ich habe eine klare Aussage dazu gemacht, was sinnvoll ist.") und auf einer Sachebene zu diskutieren („Lassen wir doch die Emotionen mal beiseite, es gibt eine richtige Lösung.").

In Summe scheint Frau A. eine Führungskraft mit wenig Durchsetzungsvermögen zu sein („Die haben gemacht, was sie wollten."; "Da war ich völlig machtlos."), welche sich erst nach dem Verlassen des Unternehmens Konfliktmanagementtechniken angeeignet hat („Das habe ich erst durch die systemische Ausbildung gelernt, da bin ich an der Stelle nicht mehr ganz so hilflos.").

4.1.1.2.10 Komplexität und Dynamik der Arbeitswelt

Frau A. berichtet von einer hohen Arbeitsbelastung und von regelmäßigen Überstunden. Zudem war sie zum Beispiel bei Schwierigkeiten im Projekt auch im Urlaub erreichbar. Aus ihren Schilderungen ist jedoch nicht abzuleiten, dass dieser Faktor maßgeblich zu ihrem Derailment beigetragen hat.

4.1.1.2.11 Unternehmenskultur

Frau A. beschreibt ein Umfeld, indem sie mit hohen Erwartungen konfrontiert wurde und recht unvorbereitet ihre erste Führungsaufgabe übernahm („Wirklich in das berühmte kalte Wasser rein geschmissen.").

Vor ihrem Derailment wurde das Unternehmen durch zahlreiche Veränderungen, wie beispielsweise eine Fusion geprägt. Frau A. fiel es schwer, sich zum einen auf die veränderten organisatorischen Rahmenbedingungen („Das war auch so ein Teil, wo ich nicht mehr so froh war, wegen der organisatorischen Rahmenbedingungen."), aber zum anderen auf die damit einhergehenden personellen Veränderungen einzustellen („Der ist entsorgt worden."). Ein besonders einschneidendes Erlebnis scheint die Entlassung ihres langjährigen Vorgesetzten gewesen zu sein („Das hat mich emotional besonders getroffen und mir einen Schreck versetzt."; „Da war einfach nur eine große Last.").

Durch viele organisatorische Veränderungen und Umwälzungen nahmen aus Sicht von Frau A. die Intrigen zu („Da ging es um politische Dinge, unheimlich viele

Machtspielchen."; „Habe gesehen, wie sich die Jungs im Vorstand sozusagen angeschmiert haben."). Auf Arbeitsebene scheint die Organisation jedoch von Stillstand („Da ist kein Vertreter benannt worden, die haben es einfach so hin plätschern lassen.") und Wiederholung („Das Déjà-vu jeden Tag, das hatten wir doch alles schon mal.") geprägt gewesen zu sein. Zudem wurden den Führungskräften immer mehr Handlungsspielräume verwehrt („Da hab' ich dann praktisch nur noch Listen gekriegt, das war nur noch Farce."). Darüber hinaus beschreibt Frau A. eine wenig konstruktive Fehlerkultur („Nicht die Chance, was daraus zu lernen. Vorbei ist vergessen.").

Frau A. berichtet, dass es im Unternehmen eine Reihe von Burnout-Fällen gegeben habe, welche jedoch nicht öffentlich thematisiert wurden („Das ist alles sehr sehr diskret gehandhabt worden."). Auch ihr Vorgesetzter scheint wenig Verständnis für ihre Überforderung gehabt zu haben und hat ihr keine Unterstützung angeboten („Habe mal im Gespräch mit meinem Chef die weiße Fahne gehisst. Er hat mich nicht verstanden. Er wollte es auch nicht hören, weil er selbst damit überfordert war."; „Ich fühle mich so allein gelassen."). Dies bringt Frau A. zu der zynischen Einschätzung, dass in dieser Unternehmenskultur Menschen keine große Bedeutung haben („Da sind gründlichere Wartungspläne für die Maschinen, die eingehalten werden, als dass man sich um die Mitarbeiter kümmert.").

4.1.1.3 Quantitative Daten

In der Hogan Development Survey ergab sich Frau A. folgendes Profil:

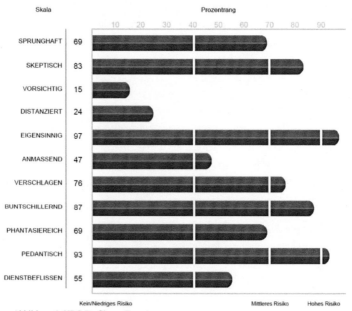

Abbildung 4: HDS-Profil von Frau A.

Dieses Profil entspricht in weiten Teilen dem prototypischen ‚streitsüchtigen‘ Profil (Hogan & Hogan, 1997). Es ist gekennzeichnet durch hohe Werte auf den Skalen skeptisch, eigensinnig und pedantisch. Typischerweise ist auch die Dimension phantasiereich hoch ausgeprägt; dies ist bei Frau A. nicht der Fall. Personen mit einem solchen Profil werden als argwöhnisch, nachtragend, pingelig, wählerisch und voreingenommen beschrieben. Darüber hinaus sind sie leicht aufzubringen und haben seltsame Theorien über die Intentionen anderer entwickelt.

Im IPO-16 ergab sich für Frau A. ein Mittelwert von 1,63. Dies lässt nicht auf das Vorhandensein einer Persönlichkeitsstörung mit klinischem Ausmaß schließen.

4.1.1.4 Zusammenfassung

Der Fall von Frau A. ist ein Beispiel, dass ein Derailment auch mehrstufig verlaufen kann. Sie gab zunächst freiwillig ihre Führungsverantwortung auf, dies schützte sie jedoch letztendlich nicht vor einer Dekompensation. Der Moment des Entgleisens, als sie auf dem Fußboden ihres Büros lag, war durch eine ganze Reihe von Veränderungen, sowohl in der strategischen Ausrichtung des Unternehmens als auch in Form von personellen Wechseln bei ihren Vorgesetzten, ausgelöst worden. Frau A. empfand keine Kongruenz mehr zwischen ihren eigenen Werten und Vorstellungen, wie ihre Aufgabe gut zu erledigen sei und den Erwartungen der Organisation. Diese Dissonanz trug zu einer kontinuierlichen Erhöhung der Belastung bei, die durch singuläre Ereignisse, wie neue Vorgesetzte oder gescheiterte Projekte, noch verstärkt wurde. In Abbildung 5 ist der Verlauf des Derailments von Frau A. zusammengefasst.

Hinsichtlich der potenziellen Ursachen ihrer Entgleisung ergibt sich für Frau A. in allen drei Analysemethoden ein ähnliches Bild. Frau A. verfügt vermutlich über ein hoch ausgeprägtes Leistungsmotiv, was in Kombination mit ihrer hohen Gewissenhaftigkeit dazu führen kann, dass sie sehr viel Wert auf eine qualitativ hochwertige und fristgerechte Fertigstellung von Aufgaben legt. So kann sie Gefahr laufen, zu viel Druck auf ihre Mitarbeiter aufzubauen und der aufgabenorientierten Seite der Führungsarbeit (Fleishman, 1953) zu viel Gewicht beizumessen. Darüber hinaus tritt Frau A. als Führungskraft eher distanziert auf, wodurch sie in Summe zu wenig Kontakt mit ihren Mitarbeitern hat. Konflikte thematisiert Frau A. nicht offen, sodass Themen nicht geklärt werden, sondern im Sinne eines kalten oder verschobenen Konfliktes (Glasl, 2010) weiter schwelen.

Ihr als streitsüchtig tituliertes HDS-Profil kommt aufgrund ihres eher zurückhaltenden Auftretens weniger zum Ausdruck, als dies bei extravertierteren Personen der Fall wäre, sondern äußert sich eher in einem konstanten Hadern mit Entschlüssen ihrer Vorgesetzten und in Kränkungen, wenn ihren technischen Empfehlungen nicht entsprochen wird.

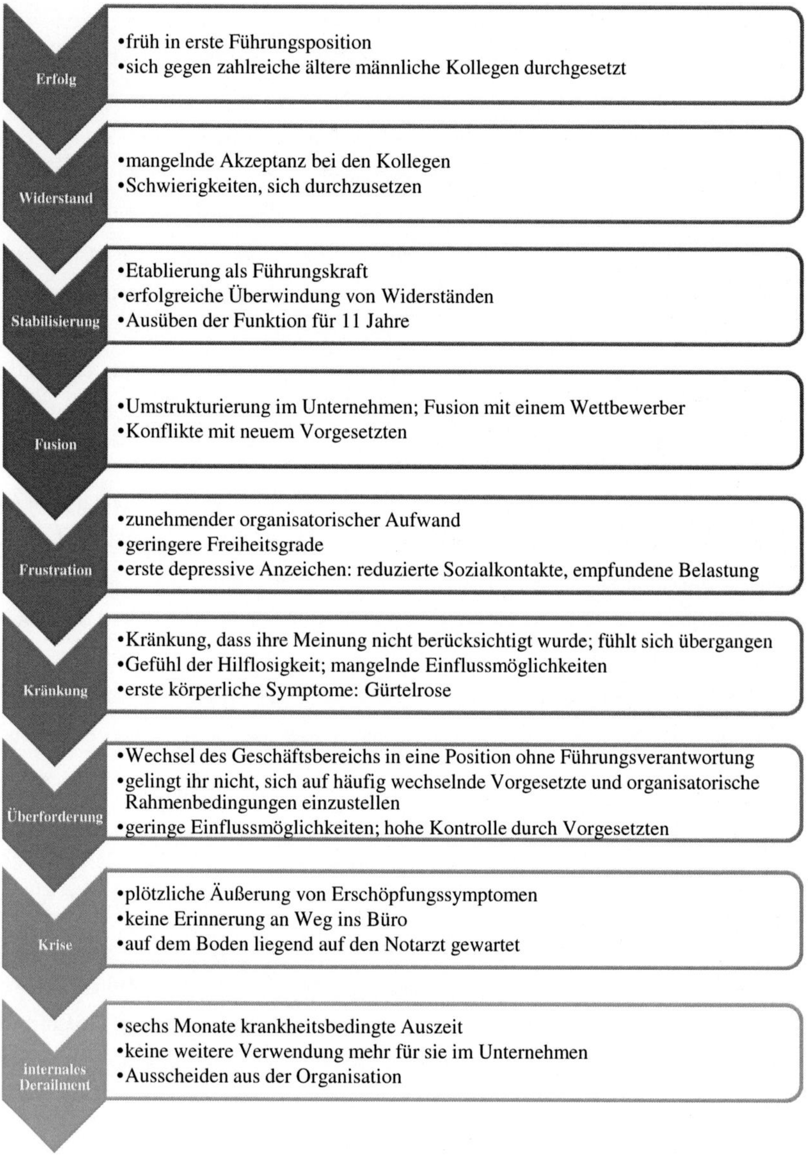

Erfolg
- früh in erste Führungsposition
- sich gegen zahlreiche ältere männliche Kollegen durchgesetzt

Widerstand
- mangelnde Akzeptanz bei den Kollegen
- Schwierigkeiten, sich durchzusetzen

Stabilisierung
- Etablierung als Führungskraft
- erfolgreiche Überwindung von Widerständen
- Ausüben der Funktion für 11 Jahre

Fusion
- Umstrukturierung im Unternehmen; Fusion mit einem Wettbewerber
- Konflikte mit neuem Vorgesetzten

Frustration
- zunehmender organisatorischer Aufwand
- geringere Freiheitsgrade
- erste depressive Anzeichen: reduzierte Sozialkontakte, empfundene Belastung

Kränkung
- Kränkung, dass ihre Meinung nicht berücksichtigt wurde; fühlt sich übergangen
- Gefühl der Hilflosigkeit; mangelnde Einflussmöglichkeiten
- erste körperliche Symptome: Gürtelrose

Überforderung
- Wechsel des Geschäftsbereichs in eine Position ohne Führungsverantwortung
- gelingt ihr nicht, sich auf häufig wechselnde Vorgesetzte und organisatorische Rahmenbedingungen einzustellen
- geringe Einflussmöglichkeiten; hohe Kontrolle durch Vorgesetzten

Krise
- plötzliche Äußerung von Erschöpfungssymptomen
- keine Erinnerung an Weg ins Büro
- auf dem Boden liegend auf den Notarzt gewartet

internales Derailment
- sechs Monate krankheitsbedingte Auszeit
- keine weitere Verwendung mehr für sie im Unternehmen
- Ausscheiden aus der Organisation

Abbildung 5: Verlaufsmodell Frau A.

Hinsichtlich ihrer zentralen Selbstbewertungen hat sich Frau A. zu Beginn ihrer Berufslaufbahn eher zu selbstkritisch eingeschätzt und besaß ein geringes Selbstbewusstsein. Durch ihren beruflichen Erfolg sowie die frühe Übernahme einer Führungsposition gewann sie an Selbstvertrauen und Selbstwirksamkeitserwartung hinzu. Hier besteht jedoch auch die Gefahr, dass sie, gewöhnt an beruflichen Erfolg und an Anerkennung, in den letzten Jahren ihrer Karriere zu sehr von sich überzeugt war und Risiken bzw. kontroversen Meinungen zu wenig Beachtung geschenkt hat.

Frau A. berichtet, technologischen Neuerungen und Veränderungen grundsätzlich aufgeschlossen gegenüber zu stehen, hat aber Schwierigkeiten sich auf neue Personen und Unternehmensstrukturen einzustellen, insbesondere, wenn diese von ihr eine Veränderung ihrer Arbeitsweise erfordern. Da das Unternehmensumfeld, in welchem sie tätig war, offensichtlich von regelmäßigen Veränderungen und Umstrukturierungen geprägt war, stellt ihr geringes Anpassungsvermögen einen wesentlichen Faktor für das Derailment von Frau A. dar. Hinzu kommt, dass es ihr schwer fiel, tragfähige Beziehungen zu anderen aufzubauen. Es gelang ihr anscheinend zwar, auf der Arbeitsebene mit anderen auszukommen, allerdings entstanden keine stabilen Netzwerke, wo andere sich für sie eingesetzt oder sie unterstützt hätten. Auch dies entspricht der Einschätzung in der HDS, wo sie als wählerisch, argwöhnisch und voreingenommen beschrieben wird.

Frau A. erscheint in Summe als eine in sich gefangene Persönlichkeit, die sprichwörtlich nach bestem Wissen und Gewissen sowie im Sinne des Unternehmens handeln möchte, dabei jedoch von ihrem eigenen Qualitätsverständnis sowie ihren recht starren Vorstellungen, wie etwas zu erledigen ist, getrieben wird und ihr soziales Umfeld aus dem Blick verliert. Sie scheint nicht ausreichend sensibel für Bedürfnisse und Erwartungen von Interaktionspartnern zu sein und vermag es anscheinend nicht, sich flexibel genug auf wechselnde Bedingungen und Anforderungen einzustellen, um als Führungskraft in einem von Veränderungen geprägten Umfeld erfolgreich zu sein.

4.1.2 Herr B.

Herr B. ist Anfang 50 und hat nach dem Realschulabschluss eine technische Berufsausbildung absolviert. Er war in mehreren Unternehmen der Informationsverarbeitungs- und Kommunikationsbranche tätig. Das Interview wurde am 03. Mai 2012 in den Räumen des ifp in Köln durchgeführt.

4.1.2.1 Induktive Analyse

Die Auswertung erfolgte auch für dieses Interview, wie bereits unter 4.1.1.1 beschrieben.

4.1.2.1.1 Paraphrasierung

Herr B. hat nach einer Kindheit in einfachen Verhältnissen mehrere Schicksalsschläge erlitten, da sein Vater und sein Bruder früh verstarben. Er beschreibt, sich in dieser Zeit vernachlässigt gefühlt zu haben. Nach einigen kürzeren beruflichen Stationen, wo es zu Konflikten mit Kollegen und Vorgesetzten kam, hatte er in seinen Augen ein sicheres Auskommen in einem internationalen Konzern gefunden. Im Rahmen von Umstrukturierungen wurde ihm jedoch gekündigt, was ihn sehr kränkte, obwohl er versuchte dies zu rationalisieren. Herr B. weigerte sich jedoch, diese Entscheidung und damit sein Scheitern zu akzeptieren und stritt sich über fast zwei Jahre gerichtlich mit seinem Arbeitgeber. Dies hatte er frühzeitig mit einem Rechtsanwalt vorbereitet und ging etwas naiv davon aus, dass das Unternehmen mit ihm gemeinsam eine neue Aufgabe suche. Durch einen persönlichen Kontakt gelang ihm schließlich der Wiedereinstieg in eine neue Aufgabe. Herr B. versucht bis heute diesen Schritt zu rechtfertigen. In seinen Schilderungen trägt er ein bemühtes Selbstbewusstsein mit einigen narzisstischen Zügen nach außen, was er durch eine gezielte Abwertung seiner Mitmenschen sowie des gesamten organisationalen ‚Systems' zu unterstreichen versucht. Er selbst schätzt sich als sehr reflektiert ein, was jedoch nicht kongruent zum Fremdbild ist. Herr B. scheint heute zu versuchen, sich gezielt abzugrenzen und durch eine betont kriegerische Wortwahl Eindruck zu machen. Er. beschreibt sich als grundsätzlich hilfsbereit und hat das Bedürfnis als Mensch wahrgenommen und geschätzt zu werden. Heute engagiert er sich weniger stark als vor seiner Kündigung. Er fühlt sich wohler, an der Seite seines Vorgesetzten heimlich die Organisation zu beeinflussen.

4.1.2.1.2 Selbstpräsentation und Kontaktgestaltung

Herr B. begegnet anderen auf den ersten Blick gelassen und selbstbewusst. Er scheint von sich und seinen Fähigkeiten überzeugt zu sein und kann mitunter etwas überheblich wirken. Seine Motivation für die Teilnahme an dieser Studie scheint zu sein, Platz für seine Überzeugungen zu finden und auch einmal ‚Dampf abzulassen'. Er erscheint lässig und unbekümmert zum vereinbaren Gesprächstermin („Warum hat mich das Thema angesprochen? Eine tiefere Motivation wüsste ich jetzt gar nicht zu benennen.").

Auffällig ist aus Sicht der Verfasserin Herrn Bs. Bemühen, möglichst kultiviert und gebildet zu erscheinen, gleichzeitig aber den unmöglich erscheinenden Spagat zu wagen und seine „einfache Herkunft" immer wieder zu betonen. In seiner Darstellung des Erlebten bedient er sich vieler Allgemeinplätze und neigt bei schwierigen Situationen zu externaler Attribution. Dementsprechend berichtet er teilweise recht weitschweifig, wie seines Erachtens die Welt und ‚das Business' funktionieren, spricht aber wenig über sich persönlich oder seine konkrete Rolle im Geschehen.

Im Gespräch scheint es Herrn B. wichtig zu sein, einen reflektierten („Ich wüsste jetzt auch nichts zu präsentieren oder zu vermitteln.") und gebildeten Eindruck zu erwecken („Aber ich hab' 'nen anderen Blick auf die Dinge, logischerweise, wie ich die vielleicht mit 30 hatte oder im ersten Beruf. Das geht ja im Prinzip, denke ich mal, allen so. Hochkompensatorisch viele Dinge nachgeholt, die ich von zuhause nicht hatte, die ganz Dekade Industrietourismus gemacht, war überall unterwegs."). Die Hypothese der Verfasserin ist es, dass Herr B. es vermeiden möchte, sich seinen Gesprächspartnern unterlegen zu fühlen. Dies wird dadurch untermauert, dass er stets bemüht erscheint, eine positive Außenwirkung zu erzeugen.

Es entsteht allerdings auch ein etwas widersprüchlicher Eindruck, da Herr B. hinsichtlich seines beruflichen Werdegangs einerseits nicht mit dem Begriff des Scheiterns in Verbindung gebracht werden möchte und external attribuiert („Das wäre dann auch die Frage, wie man Scheitern definiert. Ob das ein Ziel ist, das eine

Zusprechung von außen ist, was man erreichen muss und nicht erreicht und ob die eigenen Ziele wieder möglicherweise in einem ganz anderen Feld liegen."), aber sich andererseits von diesem Thema angezogen zu fühlen und Unterstützung oder Mitleid zu suchen scheint („Die wirklich handfeste Erfahrung des Scheiterns.").

Herr B. berichtet, in seiner Jugend zwei Schicksalsschläge erlitten zu haben. So ist sein Vater früh verstorben („Dann ist 1969 mein Vater verstorben – sehr jung mit 37 – sehr elend. Er hatte Krebs. Das war damals sowohl diagnostisch wie auch in der Behandlung... er ist zwei Jahre wirklich elendig verreckt."). Sein Bruder verstarb einige Jahre später bei einem Unfall („Dann ist im letzten Realschuljahr mein Bruder tödlich verunglückt, der ist bei einem Verkehrsunfall damals als Wehrpflichtiger ums Leben gekommen, ohne eigenes Zutun."). Herr B. fühlte sich in seiner Jugend häufig vernachlässigt und schildert den Eindruck, dass er im Vergleich zu anderen von zuhause wenig Unterstützung erhalten hätte („Ich habe mich auf den Job beworben, hab' den Job aber nicht gekriegt, weil ich damals noch so doof war und keiner da war der mir erklärt hat, wie die Welt so funktioniert. Innerhalb der Familie gab's das Angebot nicht, waren ja alle Underdogs. Einen väterlichen Freund oder Mentor hatte ich nicht."). Einerseits scheint er heute stolz darauf, sich seine Erfolge alleine erarbeitet zu haben („Ich komme aus den berühmten einfachen Verhältnissen."), macht dieses andererseits aber auch für Schwierigkeiten, beispielsweise in der Schule, verantwortlich („Daraus und mit der Beschäftigung mit dem Thema und mit einigen anderen Aspekten ist es möglich, dass ich mal so eine ähnliche Karriere angestrebt hatte. Aber genau weil sich um mich keiner gekümmert hat, ist das eher auf die destruktive Seite geschlagen. Das heißt, ich habe die klassische Verweigerer-Karriere hinter mir.").

Zu Beginn seiner Karriere scheint Herr B. extrem motiviert gewesen zu sein („Für mich war das das Tollste überhaupt, das Thema. War damals motiviert bis jenseits allem Vernünftigen und bin da rum gerannt.") und hat aus seiner Sicht viele erfolgreiche Momente erlebt („Das war 'ne gute und interessante Aufgabe. Das habe ich zwei gute Jahre gemacht."). Auffällig ist, dass Herr B. viel gelöster und authentischer wirkt, wenn er über die ersten Jahre seiner Berufstätigkeit spricht. Je mehr man sich allerdings seiner aktuellen Aufgabe nähert, desto stärker scheint er bestrebt zu sein, ein möglichst positives Bild zu zeichnen und objektiv negative Entwicklungen relativieren und neu bewerten zu wollen („Das muss ich der Fairness halber sagen, das ist jetzt nicht so, ist mir auch wichtig, das zu betonen. Ich bin da nicht der, der mit den breiten Hosenträgern um den Globus hin und her fliegt und das macht. Das ist Quatsch.").

Es fällt ihm jedoch offenbar schwer, mit Kontrolle und Einschränkungen umzugehen („Also ich wäre… everybody's darling is everybody's… Sie wissen schon. Ähm das geht nicht. Also ich bin niemand, der eng führt, weil ich es selbst nicht ertragen kann, eng geführt zu werden."). Dementsprechend berichtet er von regelmäßigen Konflikten, welche ihn jedoch nicht zu belasten scheinen („Das ist ganz normal, dass Sie Menschen haben, wo es nicht passt und den Konflikt kann ich immer gut aushalten. Also da ist am Ende des Tages, gibt es immer noch über die eigenen Wertvorstellungen, gibt es immer noch so Dinge, dass man auch auf einem Minimalkonsens gut miteinander arbeitet."). Er scheint jedoch potenzielle Konsequenzen wenig zu antizipieren und berichtet beispielsweise auch von eskalierenden Konflikten mit seinem Vorgesetzten („In einer sich verschärfenden Wettbewerbssituation mit meinem eigenen Chef, die man natürlich nicht gewinnen kann. Und dann ist das dann auch eskaliert, so ganz schleichend.").

Im Umgang mit anderen erscheint Herr B. nutzenorientiert („Sie müssen letztlich Menschen gewinnen, dass sie mit Ihnen kooperieren wollen. Das kriegen Sie nur hin, wenn die irgendeinen Nutzen daraus haben."). Darüber hinaus scheint er auf seine manipulativen Fähigkeiten stolz zu sein und diese gerne zu nutzen („Ich kann heute soziale Prozesse im Unternehmen bewusst steuern. Das konnte ich früher nicht. Ich habe die Fertigkeit, ich habe auch die Persönlichkeit sowas zu tun und das macht Spaß. Das ist ein großer, unspektakulärer Mehrwert, den man im Unternehmen leisten kann.").

Herr B. scheint sehr daran gelegen, Gesprächspartnern seine Handlungen verständlich zu machen und rational wirkende Begründungen zu finden („Das ist natürlich ein einschätzbarer Kontext in so einem Großunternehmen, ich weiß, wie es funktioniert."; „In solchen virtuellen Strukturen können Sie wirklich was bewegen. Das hat mich echt… das beeindruckt mich und das ist auch ein hoher Motivator, weil sie Energien und Ressourcen frei setzen können, die sowieso da sind, die aber verkümmern."). Dazu nutzt er auch das Mittel, andere Personen und Systeme abzuwerten („Vieles ist einfach Selbstinszenierung und Wichtigtuerei. Als insofern, über den Punkt glaube ich, bin ich weg.“). Er stellt sich als eine Art Widerstandskämpfer gegen ein sinnloses System dar, dem alle anderen aber blind zu folgen scheinen („Sie haben das, was an Führung normalerweise notwendig wäre, haben Sie in ein Selbstbedienungsportal im Intranet delegiert. Wirkliche Führung findet interpersonell statt und das hat wiederum nichts mehr mit der Linie zu tun. Das kann ich aus der Position, in der ich jetzt bin, viel besser und es gibt eine hidden agenda dahinter, die mit meinem Chef abgestimmt ist.“).

In Summe wirkt die Selbstpräsentation von Herrn B. wenig schlüssig und von Widersprüchen durchzogen. Er schildert sich als Opfer der Umstände; so sei aufgrund der Familie kein Ortswechsel in Frage gekommen und seine Chancen auf dem Arbeitsmarkt seien durch sein Alter erheblich eingeschränkt gewesen („Dass ich auch kein ernsthaftes Interesse an einem Ortswechsel hatte. Ich hatte das in Betracht gezogen für eine attraktive Alternative. Ich war an zwei, drei Dingen dran.“; „Auf dem Arbeitsmarkt gibt es ja immer noch handfeste Altersdiskriminierung.“). Er beschreibt sich als sehr naiv, auch wenn sein Umgang mit der Situation alles andere als naiv auf Außenstehende wirkt („Da muss ich auch echt sagen, da war ich noch sehr naiv. Das ist heute nicht mehr so, das ist der eine Aspekt.“).

Herr B. berichtet, inzwischen gereift zu sein und einen breiteren Blick auf die Dinge bekommen zu haben („Also mit Müßigkeit hat das nichts zu tun, das ist gar nicht der Punkt, sondern dass man sich mit anderen Inhalten beschäftigt, mit anderen Themen beschäftigt, da kommt am Ende des Tages… da kriegt man auch den Blick wieder befreit. Die Iris geweitet so gesehen, um sich mit den Herausforderungen im Business tatsächlich auch beschäftigen zu können.“).

4.1.2.1.3 Erleben der Krise

In den Schilderungen von Herrn B. wirken die Ereignisse, die zu seiner Kündigung führten vorbestimmt und schicksalhaft („Es gab dann ein Gespräch mit HR, das ist unvermeidlich, der übliche 15:00 Uhr Freitagstermin.“; „Wie gesagt, klassischerweise am Freitagnachmittag. Alle Klischees wurden bedient.“). Er bringt eher fatalistische Einschätzungen zum Ausdruck, welche eine geringe Selbstwirksamkeitserwartung vermuten lassen („Das ist ja immer so.“).

Zunächst berichtet er äußerlich ruhig geblieben zu sein und gibt sich umsichtig („Ich hab's geahnt und kommen sehen, wohin die Reise geht."). Herr B. betont mehrfach, dass es keine Entscheidung gegen ihn persönlich gewesen sei, sondern auch andere betroffen habe („Das betraf nicht nur mich, sondern auch andere, dass man dann zurück gekommen wäre ins Land, hätte dann dazu geführt, dass sie praktisch zwei andere hätten entlassen müssen."). Zunächst sucht er sich Unterstützung und baute seine Verteidigung auf („Ich habe mir zunächst mal einen guten Rechtsanwalt besorgt und hab' mich zunächst mal sachkundig gemacht.").

Jedoch gelingt es ihm nicht, sich in die Perspektive seines Gegenübers zu versetzen, sodass er letztlich doch von den Ereignissen überrascht wird („Das hat mich damals tatsächlich überrascht. Ich war in dem Bild, wir suchen eine Lösung einvernehmlich, um im Unternehmen bleiben zu können."). Er beschreibt, wie er geduldig ausharrte, während sich sein Anwalt um eine juristische Lösung kümmerte („Das war in dem Jahr, in dem die Kündigung ausgesprochen wurde, dann zog sich das über den Sommer, dann machten wir Einigungs- und Schlichtungstermine vorm Arbeitsgericht. Das sind ja immer ewige Episoden.").

Auffällig ist Herrn B. saloppe Sprache, wenn er über diese krisenhaften Erlebnisse spricht („Wie gefühlt 80% eher 90% des damaligen Management-Teams, die sind alle raus gekegelt worden."; „Der auch die ganzen Entscheidungen, die derjenige, den man entsorgt hat, getroffen hat..."). Seine Schilderungen wirken dadurch eher spielerisch und wenig bedrohlich („Also die Funktion übernommen und die Kollegen da raus geschoben."; „Mit den üblichen Spielereien..."; „Und dann ist im Grunde das Klassische passiert."). Herr B. wirkt neidisch, als er berichtet, dass andere mit großzügiger Abfindung das Unternehmen verlassen konnten und er ‚bleiben musste' („Die Vermutung ist, dass der 'nen klaren Sanierungsauftrag hatte, dass der auch von vornherein befristet war. Weil nach 1,5 bis zwei Jahren hat sich der Kollege dann auch verabschiedet.").

Während der Phase als seine Kündigung zwar ausgesprochen, aber noch nicht rechtsgültig war, fühlt sich Herr B. als Ressource behandelt und nimmt wenig Anerkennung oder Würdigung seiner Person wahr („Dann haben die Kollegen in England gedacht, jetzt nehmen wir die Ressourcen, die wir nicht mehr zu brauchen glauben, schmeißen wir über den Zaun zurück in die Länder und wir sind quitt und die haben das Problem.") Er fühlt sich ungerecht behandelt und schildert eine Kränkung („Da wurde mir dann wider besseren Wissens 'ne betriebsbedingte Kündigung zugestellt."), welche wohl auch deshalb so ausgeprägt war, weil er sich einmal sehr stark mit dem Unternehmen identifiziert hatte („Ich glaube, ich würde mich heute nicht mehr so einlassen auf ein Unternehmen.").

Es wird deutlich, dass Herr B. versucht hat, sich abzusichern und sich sein gefühltes Recht zu erkämpfen („Weil zu dem Zeitpunkt, das war Ende 2008 Anfang 2009, der externe Markt extrem schlecht war und ich mich selbst nicht in eine defensive Position bringen wollte, ähm unter Druck handeln zu müssen. So und dann nahm das so seinen sozialistischen Gang und irgendwann wurde mir dann wider besseren Wissens 'ne betriebsbedingte Kündigung zugestellt zum... ich glaub Ende März."). Seinen Arbeitgeber scheint er als Gegner wahrzunehmen und präsentiert sich kämpferisch, aber gleichzeitig auch intellektuell überlegen („Das Kalkül dahinter ist im Grunde, dass die Unternehmen, so wie sie funktionieren, wieder losgelöst von den Personen, sehr stark darauf setzen, dass sich die Menschen nicht vorbereiten, dass die total aus der Balance geraten und Kurzschlussreaktionen, also entweder so andere Angebote annehmen, in der Angst, sie könnten etwas versäumen. Oder den Krieg erklären. Was im Prinzip ja das Dümmste ist. Ich habe weder das eine noch das andere gemacht.").

Auch wenn sich Herr B. zunächst zu bemühen scheint, seine Emotionen zu rationalisieren, berichtet er, sich missverstanden gefühlt zu haben („Hab' da Szenarien durchgespielt, was könnte passieren, was würde da laufen, sodass ich dem gesunden Gerechtigkeitsgefühl, das jeder in sich hat, mit Sachverstand alles wiedersetzen konnte."). Vermutlich um seine persönliche Kränkung herunter zu spielen, wertet Herr B. seinen Arbeitgeber ab („Faktisch, das ist ja immer im Leben, dass mittlerweile die Firma festgestellt hatte, dass wenn sie mit dem Entsorgen von Menschen, um es mal etwas zynisch auszudrücken, weit über das Ziel hinaus geschossen war.").

Als mögliche Ursache seiner Kündigung beschreibt Herr B. Seilschaften, die die Geschicke des Unternehmens lenken und eine Art ‚Geheimgesellschaft' bilden („Das sind ja immer diese Buddy-Netzwerke."). Es gelingt ihm scheinbar nicht, Teil dieser Netzwerke zu werden („Ich selbst hab' jetzt nicht so eine große Historie, immer so ein bisschen zwischen Baum und Borke.") und er fühlt sich zwischenzeitlich wenig zugehörig zum Unternehmen („Ich war ja nach wie vor in meinem deutschen Arbeitsvertrag, war aber über mehrere Jahre praktisch wegdelegiert an die Zentralorganisation."; „Ich habe nichts, aber gar nichts dafür getan in der Phase, quasi in der Deutschen Heimatorganisation Lobbyarbeit für mich zu leisten."). Eine weitere mögliche Ursache seiner Kündigung ist aus Sicht von Herrn B., dass er zu den Verantwortlichen keine persönlichen Beziehungen hatte, sondern diese sich nur an Listen orientiert hätten („Das war keine Abstimmung zu Fuß und da ist von oben 'ne Liste exekutiert worden und die Leute, die die Listen gemacht haben, kannten mich nicht.").

An dieser Stelle seiner Schilderungen wechselt Herr B. dann plötzlich ins „wir" und stellt sich als Kämpfer für die Gruppe der Gekündigten dar („Das ist natürlich absurd, insbesondere weil wir als internationale dann natürlich im eigenen Land keine Lobby haben in dem Sinne. Durch die Funktion ist ja vorgegeben, dass ich verantwortlich war für die Aktivtäten in mehreren Ländern und insofern natürlich auch darauf geachtet habe, nicht zu sehr den Deutschen raushängen zu lassen, damit da keine Befindlichkeiten bei Kollegen in anderen Ländern aufkommen. Wir wurden zunächst mal, weil das nicht so viele waren, ignoriert und irgendwann, salopp gesprochen, tauchten dann die Namen auf der Streichliste auf.").

Dennoch wird auch an einigen Stellen sichtbar, dass Herrn B. die Situation emotional belastete („Natürlich ging es mir in der Zeit überhaupt nicht gut, aber ich hab' sehr gut für mich gesorgt.") und er sich mit Sorgen quälte („Mit den klassischen Existenzängsten und den Themen, die dann hoch kommen."). Vordergründig schildert Herr B. die Krise jedoch im Nachhinein, als hätte er stets die Kontrolle über die Ereignisse behalten.

4.1.2.1.4 Bewältigungsstrategien

In der Krise sucht Herr B. das Gespräch mit der Personalabteilung, da er sich im Recht fühlt („Wir haben uns freundlich und sehr offen unterhalten. Ich habe der Dame auch schon im ersten Gespräch gesagt, dass ich nicht beabsichtige, einen Aufhebungsvertrag überhaupt anzunehmen."). Er beschreibt, wie er Vorkehrungen getroffen hat, um handlungsfähig zu bleiben („Ich bringe mich selbst nicht in eine defensive Position, unter Druck handeln zu müssen.“). In seinem Vorgehen wirkt er sehr rational und kalkuliert, aber wenig emotional involviert („Dass ich mir vorher über die Auswahl von dem Rechtsanwalt mich sachkundig gemacht habe und mir auch praktische Strategien erarbeiteten konnte, wie man mit dieser Situation umgeht.“). Er wirkt abgeklärt und zeigt Verständnis für die andere Seite („Es ist schwer das durchzuhalten über längere Zeit – ist tatsächlich das Prinzip Tat und Täter zu trennen. Also die Menschen, die da bei HR einen Job machen, der denen auch keinen Spaß macht, sind jetzt nicht die Inkarnation des Bösen, sondern die ziehen halt am anderen Ende des gleichen Stricks. So ist das.“).

Gleichzeitig attribuiert er die Ursachen der Kündigung aber auch external, vermutlich um seinen Selbstwert zu schützen („Da fährt ein Plan ab, da geht es nicht um die einzelne Person.“; „Mir wurde dann die Kündigung zugestellt, wie erwartet. Mit Wirkung zum 30.06., von der beide Parteien aber wussten, die ist völlig gegenstandslos.“). Herr B. beschreibt, den Prozess aktiv gestaltet zu haben („Ich habe den Faktor Zeit optimal für mich spielen lassen.“) und wertet die Verantwortung, die er aufgeben musste ab („Insofern war das letztes Jahr für mich ein guter und auch ein selbstgewählter Schwenk, weil ich heute den Vorteil, den ich habe, für jemanden, der angestellt arbeitet, 'nen extrem hohen Grad der Selbstbestimmung. Diese ganze Pseudonummer, die mit Personalführung – zumindest bei uns im Unternehmen – verbunden ist, ist im Wesentlichen Administration. Sie haben gar keine inhaltliche Führung zu leisten, weil das nämlich nicht erwünscht ist. Das System ist völlig pervertiert.“).

Herr B. hat sich weiter gebildet, um sich und andere besser verstehen zu lernen („Ich habe damit angefangen, nebenberuflich eine professionelle Coaching-Ausbildung zu absolvieren und bin natürlich bei solchen Themen inhaltlich näher dran wie andere Menschen.“). Als zentralen Faktor bei der Bewältigung der Krise beschreibt er jedoch sein stabiles privates Umfeld („Auf der einen Seite ein stabiles Umfeld außerhalb der Firma, was ich für einen zentralen Erfolgsfaktor innerhalb von Krisen halte. Und das zweite ist, dass ich im besten Sinne professionell war, mir da die Unterstützung zu holen.“).

Er hat sich anscheinend gute Netzwerke aufgebaut („Sodass sich die Vorzeichen plötzlich gedreht hatten und innerhalb der deutschen Organisation ein langjähriger Kollege von mir, für den war das kein Risiko, wir kennen uns lange und gut und für mich war das 'ne Situation, wo ich ohne Gesichtsverlust und Makel wieder zurück einfädeln konnte in die Organisation."), welche es ihm seiner Einschätzung nach ermöglicht haben, in der Organisation zu verbleiben.

Im Nachhinein gesteht er jedoch auch Fehler ein („Aus heutiger Sicht nach hinten viel zu spät die Zeichen realisiert.") und berichtet wachsamer geworden zu sein („Dass ich einen sehr differenzierten Blick darauf habe, was innerhalb der Firma passiert und was die arbeitsschweren Punkte sind und was die Themen sind, mit denen ich mich belaste. Die liegen definitiv nicht in der Hand der Firma.").

Er erscheint stolz auf sich und seinen professionellen Umgang mit der Situation („Sonst wäre ich auch heute nicht mehr im Unternehmen, weil... mein Anwalt, der sagte das selbst zu mir, und das fand ich wohl auch glaubwürdig, er kennt keinen vergleichbaren Fall, wo praktisch 'ne Auflösung so weit gediehen war, wie in meinem Fall und das ging auch aus diesem Grunde, habe ich es ähm, professionell gehandhabt.") und scheint in Summe der Überzeugung zu sein, die Situation für sich bestmöglich geregelt zu haben („War ganz sicher die richtige Entscheidung, weil ich natürlich immer auf den Gesamtkontext gucke.").

Heute bringt sich Herr B. nur noch dosiert ein und hat sein Engagement sowie seine Involviertheit reduziert („Da hab' ich 'ne deutlich größere Distanz zu den Dingen, also ich arbeite da, ich trage da etwas bei, das ist ganz selbstverständlich, aber ich würde nicht so selbstzerstörerische Tendenzen, wie ich sie noch mit 30 hatte, die würde ich heute nicht mehr für mich gelten lassen."). Er behauptet, dass ihm das Risiko für eine Tätigkeit in der ersten Reihe zu groß sei und berichtet inzwischen lieber aus dem Hintergrund zu agieren („So einen Heldenjob... das ist mir nicht mehr attraktiv."). Spürbar wird aber auch, dass er früher anscheinend einen 'Heldenjob' hatte und diesen in seinen Augen erfolgreich ausgeübt hat.

Herr B. schildert, dass er sich eine Ersatzbefriedigung anstelle von Sichtbarkeit und Status gesucht hat, indem er die Organisation eher heimlich beeinflusst („Und das mache ich heute den größten Teil meiner Arbeitszeit. Das finde ich gut, das macht Spaß.

Und es ist auch unspektakulär, also man wird damit weder berühmt noch in irgendeiner Weise prominent.") . Er beschreibt, heute defensiver zu agieren als früher, da ihm die Möglichkeit Einfluss zu nehmen, wichtiger zu sein scheint als Status („Ich mache das aber aus einer ganz defensiven Position. Ich achte immer fein säuberlich darauf, dass ich nicht in irgendeiner Weise mich exponiere, sodass die nicht für mich, sondern für sich arbeiten. Das ist ein ganz wesentlicher Aspekt.")

Herr B. scheint über eine realistische Einschätzung seiner weiteren Perspektiven im Unternehmen zu verfügen („Weil ich mich da nicht rein schmeißen muss, um irgendwie was für meine Karriere zu tun. Die ist ja im Unternehmen garantiert beendet. Im Sinne von irgendwelchen hierarchischen Themen.") und berichtet, sich an seiner neuen Machtposition zu erfreuen („Das mag aber auch den einen oder anderen innerhalb der Firma beunruhigen, weil man sich natürlich auch die Frage stellt, wie kommt man so einem bei, also wie können wir den denn steuern?").

4.1.2.1.5 Zentrale Kategorien

In einem weiteren Verdichtungs- und Abstraktionsschritt wurden anhand der Logik des zirkulären Dekonstruierens aus den auffälligen Passagen des Interviews zentrale Kategorien abgeleitet (Jaeggi, Faas, & Mruck, 1998), die den ,Kern' der Beschreibung erfassen sollen.

zentrale Kategorie	Beschreibung
Positive Selbstdarstellung	Über den gesamten Interviewverlauf hinweg wird deutlich, dass Herr B. sich und seine Handlungen sehr positiv beschreibt und von sich aus kaum auf kritische Aspekte zu sprechen kommt.
Detaillierte Planung	Herr B. scheint seine Reaktion auf die Kündigung sehr gut geplant sowie sich im Vorfeld detaillierte Gedanken gemacht zu haben, um im Ernstfall vorbereitet zu sein und reagieren zu können. Dies umfasst auch, sich die erforderliche Unterstützung z. B. durch einen Rechtsanwalt zu organisieren.

Veränderungen & *Umstrukturierungen*	In dem Unternehmen, in dem Herr B. tätig war, kam es regelmäßig zu Umstrukturierungen. Von einer Neuorganisation war er besonders betroffen, da er zurück in die deutsche Muttergesellschaft integriert werden sollte, dann aber eine betriebsbedingte Kündigung erhielt.
Keine Netzwerke	Herr B. berichtet, sich vor seiner Kündigung wenig um den Aufbau sowie die Pflege von Netzwerken gekümmert zu haben, welche ihm in der Krise hätten nützlich sein können.
Geringe Selbstreflexion	Zwar gesteht Herr B. einige Versäumnisse seinerseits ein, jedoch entsteht der Eindruck, dass er seine Außenwirkung bis heute nicht realistisch einschätzt und auch im Nachhinein zu wenig erkennt, wo sein Eigenanteil lag.
Kränkung	Herr B. berichtet, sich von seinem Arbeitgeber nicht mehr als Person wertgeschätzt gefühlt zu haben, sondern nur noch als Ressource behandelt worden zu sein. Es kränkte ihn, dass niemand seine Leistungen zu würdigen wusste oder sich für ihn als Person einsetzte.
Kampfbereitschaft	Herr B. hat sich aktiv gegen seine Kündigung gewehrt und wirkt sowohl in seiner Wortwahl als auch in seinen Handlungen sehr kampfbereit und kriegerisch. Er scheint keine Scheu vor Auseinandersetzungen zu haben.
Sicherheitsbedürfnis	Heute wird bei Herrn B. ein größeres Sicherheitsbedürfnis deutlich. Er scheint deutlich geringere Risiken einzugehen, um sein sicheres Auskommen nicht erneut zu gefährden und hat Angst davor, erneut ‚in die Schusslinie‘ zu geraten.
Abwertung anderer	Herr B. neigt dazu, die Strukturen bei seinem Arbeitgeber als sinnloses System zu bezeichnen und handelnde Personen abzuwerten, vermutlich, um den eigenen Selbstwert dadurch zu erhöhen.

Manipulation	In seiner heutigen Funktion ist Herr B. nicht mehr in einer Führungsverantwortung. Er scheint jedoch stolz darauf zu sein, dass es ihm nach wie vor gelingt, Menschen zu beeinflussen und die ‚hidden agenda' seines Vorgesetzten umzusetzen.
Widersprüchlichkeit	Die Schilderungen von Herrn B. sind vielfach durch inhaltliche aber auch emotionale Widersprüche gekennzeichnet, sodass das Bild einer wenig konsistenten Persönlichkeit entsteht.

4.1.2.2 Deduktive Analyse

In diesem Kapitel wird versucht, aus den Schilderungen von Herrn B. Hypothesen hinsichtlich der in der Literatur beschriebenen Risikofaktoren für Derailment zu bilden.

4.1.2.2.1 Persönlichkeitsstruktur

Herr B. schildert durch die ausgesprochene Kündigung eine starke Kränkung („Jetzt nehmen wir die Ressourcen, die wir nicht mehr zu brauchen glauben und schmeißen die zurück über den Zaun."). Er beschreibt, anderen und insbesondere seinem Arbeitgeber eher misstrauisch zu begegnen („Die Unternehmen setzen immer darauf, dass die Menschen sich nicht vorbereiten."). Dies lässt auf eine niedrig ausgeprägte Empathie schließen.

In Kombination mit seiner vermutlich eher niedrig ausgeprägten Verträglichkeit („Habe es kommen sehen und mir zunächst mal einen guten Rechtsanwalt besorgt.") kann dies zu einem aggressiv wirkenden Verhalten führen. Herr B. scheint, wenn er sich zu wenig beachtet fühlt, eher zu destruktiven Reaktionen zu neigen („Weil sich um mich keiner gekümmert hat, ist das auf der destruktiven Seite ausgeschlagen.").

Grundsätzlich scheint Herr B. über eine hohe Energie und Begeisterungsfähigkeit zu verfügen („Das Thema war der Knaller. Ich war motiviert über jede Vernunft hinaus."). Durch die erlebte Kränkung und fehlende Anerkennung seines Einsatzes, scheint er diese jedoch zu reduzieren („Das ist jetzt nichts, wo ich

Schlafstörungen kriege. Das System funktioniert halt so. Ich habe nicht den Ehrgeiz, die ganz Firma zu kurieren.") und beschreibt, sich in den Rahmen gefügt zu haben.

Darüber hinaus scheint er großen Wert darauf zu legen, dass seine Außenwirkung kontrolliert bleibt und keinen Aufschluss über seine innere Gefühlswelt gibt („Natürlich ging es mir in der Zeit gar nicht gut."). Es scheint ihm wichtig zu sein, dass man ihm seine Emotionen nicht ansieht, jedoch kann er diese nicht immer ausreichend kontrollieren („Da habe ich mich so drüber geärgert, da habe ich gekündigt.").

4.1.2.2.2 Kognitive Fähigkeiten & Problemlösefähigkeit

Basierend auf seinem Ausbildungsniveau der mittleren Reife mit anschließender dualer Ausbildung kann man vermuten, dass Herr B. über durchschnittlich ausgeprägte intellektuelle Fähigkeiten verfügt. Er scheint aber bestrebt zu sein, den aus seiner Sicht vorhandenen ‚Makel' des fehlenden Studiums zu kompensieren, indem er Akademiker gezielt abwertet („Die meisten von denen völlige Eierköpfe, promovierte Physiker, Nachrichtentechniker, alles.").

Herr B. berichtet, sich zu bemühen, einen breiten Blick auf Themen einzunehmen („Ich schaue natürlich immer auf den Gesamtkontext").

4.1.2.2.3 Zentrale Selbstbewertungen

Herr B. scheint ein sehr großes Selbstbewusstsein zu haben und über ein ausgeprägtes Vertrauen in die eigenen Leistungen zu verfügen („Irgendwann wurde mir dann besseren Wissens die Kündigung zugestellt."; „Wenn ich zurückgekommen wäre, hätten sie praktisch zwei andere entlassen müssen.").

Dies kann auf andere jedoch stellenweise auch etwas überzogen („Das ist im Prinzip ja das Dümmste. Das habe ich natürlich nicht gemacht.") oder überheblich wirken („Ich bin an solchen Themen natürlich näher dran als andere Menschen."). Es ist ihm scheinbar sehr wichtig, für seine Leistungen auch die entsprechende Anerkennung zu erhalten („Ätzend, wenn die Vorgesetzten sich auf Kosten anderer profilieren.").

Interessanterweise scheint seine Selbstwirksamkeitserwartung jedoch eher niedrig ausgeprägt zu sein, sodass er den Eindruck vermittelt, wenig Einfluss auf die Situation nehmen zu können.

4.1.2.2.4 Selbstreflexionsfähigkeit und Selbsterkenntnis

Schwerer zu fallen scheint Herrn B. eine kritische Selbstreflexion; er neigt zu einer externalen Attribution von Fehlern („Der Fehler war, das hat mit mir gar nichts zu tun …"). Auch scheint er das eigene Handeln wenig zu hinterfragen oder zugrundeliegende Bedürfnisse bewusst zu ergründen („Eine tiefere Motivation wüsste ich gar nicht zu benennen.").

Die Erlebnisse und „die wirklich handfeste Erfahrung des Scheiterns", scheinen bei Herrn B. jedoch zu einer intensiveren Beschäftigung mit der eigenen Person geführt zu haben, bei der er im Nachhinein einige Motive und Antreiber seines Handelns erkannt hat („Habe hochkompensatorisch viele Dinge nachgeholt, die ich von zuhause nicht hatte"; „Aus heutiger Sicht habe ich die Zeichen viel zu spät realisiert. Da war ich noch sehr naiv."). Jedoch sind auch noch einige Rechtfertigungen und Relativierungen in seinen Schilderungen enthalten, welche nicht durchgängig glaubwürdig wirken („Mein Selbstwert hängt nicht von meiner Karriere ab.").

4.1.2.2.5 Anpassungsfähigkeit an Veränderungen

Herr B. scheint Veränderungen erst einmal abwartend sowie skeptisch gegenüber zu stehen und eher mit negativen Entwicklungen zu rechnen, sodass er Maßnahmen zur Absicherung trifft („Ich habe in dieser Zeit sehr gut für mich gesorgt.").

Er schildert wenig Bereitschaft, sich auf Neues einzulassen, scheint aber auch nicht Willens, eigeninitiativ die Veränderung zu suchen („Das ist vorhersehbarer, als den Job zu wechseln."), sondern zeigt auch hier ein hohes Sicherheitsbedürfnis. Herr B. scheint jedoch von anderen ein vorausschauendes, flexibleres Verhalten zu erwarten („Wir wurden erst mal ignoriert und irgendwann tauchten unsere Namen auf der Streichliste auf.").

4.1.2.2.6 Motivstruktur

Aus seinen Schilderungen lässt sich schließen, dass Herr B. über ein geringeres Leistungsmotiv verfügt („So einen Heldenjob würde ich nicht machen wollen."; „Habe dann mein Abitur gemacht, aus eigenem inneren Antrieb, aber so schlecht, wie es gerade geht.").

Er scheint jedoch über ein hoch ausgeprägtes Machtmotiv zu verfügen und ist bedacht auf seinen Status („Ich war dann ja richtiger Manager."). Diesen möchte er scheinbar unbedingt schützen („Ich wollte mich nicht in die Position bringen, unter Druck handeln zu müssen.") und trifft entsprechende vorbereitende Maßnahmen. In seiner jetzigen Rolle scheint er jedoch auch ein Stück weit resigniert zu haben und keine Karriereambitionen mehr zu hegen („Damit wird man weder berühmt, noch in irgendeiner Weise prominent. Sie machen einfach nur ihren Job."; „Meine Karriere in diesem Unternehmen ist garantiert beendet.").

Herr B. schildert, Wert auf eine positive Außenwirkung zu legen („Für mich war das eine Situation, wo ich ohne Gesichtsverlust und Makel wieder zurück einfädeln konnte."). Er scheint jedoch nicht über ein hoch ausgeprägtes Anschlussmotiv zu verfügen, sondern eher Freude an der Steuerung von Menschen zu haben und schreibt sich diesbezüglich gute Fähigkeiten zu („Ich habe die Fähigkeiten andere zu steuern. Das ist ein großer Mehrwert.").

4.1.2.2.7 Soziale Fertigkeiten

Herr B. schildert, zunächst ein schlechtes Netzwerk im Unternehmen und wenig Kontakt zu einflussreichen Personen gehabt zu haben („Hatten dann natürlich im eigenen Land keine Lobby."). Im Laufe der Zeit scheint er sich aber doch ein recht gutes informelles Netzwerk aufgebaut zu haben, was ihm letztlich den Wiedereinstieg in das Unternehmen ermöglichte („Mein langjähriger Kollege, für den war das kein Risiko.").

Herr B. berichtet, grundsätzlich Interesse an anderen Personen transportieren zu wollen („Die anderen merken, ob Sie sich ernsthaft für den Menschen interessieren."). Jedoch scheint er insbesondere zu Beginn seiner Berufstätigkeit über eine eher geringe Sensitivität für soziale Prozesse („Heute kann ich soziale Prozesse im Unternehmen besser steuern.") verfügt zu haben. Es fällt ihm schwer, die Absichten anderer zu erkennen („Ich war in dem Bild, wir suchen eine einvernehmliche Lösung.").

Hinsichtlich der Kontaktgestaltung zu anderen schildert sich Herr B. als eher sympathieorientiert („Die waren relativ weit weg von meinem geschmacklichen Attraktivitätsmuster, sodass ich mich hätte überwinden müssen.") und hat keine Skrupel vor einer manipulativen Beeinflussung („Es gibt eine hidden agenda dahinter. Das kann ich aus der Position, in der ich jetzt bin, viel besser."). Er beschreibt jedoch inzwischen auch ein defensiveres Vorgehen als früher („Achte darauf, dass ich mich nicht in irgendeiner Weise exponiere.").

4.1.2.2.8 Führungsstil

Herr B. beschreibt seinen Führungsstil als kooperativ und ist der Meinung, dass er es gut vermag, andere zu überzeugen („Sie müssen letztlich Menschen gewinnen, dass sie mit Ihnen kooperieren wollen. Das geht nur, wenn die einen Nutzen daraus haben.") und zu einem Team zu formen („In der Lage sein, Leute, die an gleichen Themenfeldern arbeiten, zusammen zu rücken, sodass sie am gleichen Strick ziehen müssen.").

Hinsichtlich der Freiräume, die er seinen Mitarbeitern gewährt, beschreibt Herr B., stark von den eigenen Bedürfnissen auszugehen („Ich bin niemand, der eng führt, weil ich das selbst nicht ertragen kann.") und dementsprechend wenig zu kontrollieren. Er schildert, Mitarbeiter entwickeln zu wollen und möchte es ihnen ermöglichen, Erfolg zu haben („Ich will dich nicht klein halten. Das habe ich selbst erlebt und finde es zum Kotzen."). Er scheint keine Scheu zu haben, Missstände zu adressieren und klares Feedback zu geben („Ich adressiere aktiv Dinge, die mir auffallen. Ich konfrontiere sie auch mit Dingen, die möglicherweise aus der eigenen Logik nicht angenehm sind.").

Herr B. schildert seinen Führungsstil in Summe sehr positiv, scheint jedoch ebenfalls den Eindruck zu haben, dass diese Leistung von seinem Arbeitgeber weder geschätzt noch gewünscht wird („Sie haben gar keine inhaltliche Führung zu leisten, weil das nämlich nicht erwünscht ist. Das System ist völlig pervertiert.").

4.1.2.2.9 Konfliktbewältigung

Herr B. betrachtet Konflikte als Teil des Alltags und geht gelassen mit ihnen um („Es ist ganz normal, dass Sie Menschen haben, wo es nicht passt. Aber den Konflikt kann ich immer gut aushalten."). Er vermag es scheinbar, seine Position klar und deutlich zu vertreten („Ich beabsichtige nicht, den Aufhebungsvertrag anzunehmen."). Dabei scheint er Konfrontationen nicht zu scheuen („Wollte mich nicht in eine defensive Position bringen.") und eine Eskalation in Kauf zu nehmen („Das eskalierte dann so sukzessive und wurde schwierig und verspannt."). Herr B. erscheint jedoch auch recht unnachgiebig und wenig kompromissbereit, wenn mit seinem Gegenüber keine zeitnahe Einigung erzielt werden kann („Die Nummer war für mich durch. Da gab es nichts mehr zu gewinnen.").

4.1.2.2.10 Komplexität und Dynamik der Arbeitswelt

Herr B. schilderte keine Aspekte, wie beispielsweise eine zunehmende Belastung durch eine dauernde Erreichbarkeit, die dieser Kategorie zuzuordnen wären.

4.1.2.2.11 Unternehmenskultur

Herr B. beschreibt eine Unternehmenskultur, die zunächst von einem starken Expansionskurs geprägt war („Über etliche Jahre hinweg von der Muttergesellschaft vorgegeben."). Als sich die Marktlage jedoch verschlechterte, wurden aus Sicht von Herrn B. zu viele Restrukturierungen durchgeführt („Neuorientierung des Gesamtgeschäfts, weg vom Konsumenten und ähnliches."), welche den Mitarbeitern kaum Zeit ließen, produktiv zu werden („Die laufen mittlerweile in Jahresfrist ab.").

Aus Sicht von Herrn B. gab es tiefgreifende personelle Veränderungen („Gefühlte 90% des damaligen Managementteams wurden raus gekegelt."), welche er häufig als nicht angemessen empfand und zynisch titulierte („Die hatten inzwischen festgestellt, dass sie mit dem Entsorgen von Menschen weit über das Ziel hinaus geschossen sind.").

Herr B. beschreibt ebenfalls ausgeprägte Seilschaften im Unternehmen, welche für ein Vorwärtskommen erforderlich waren („Das sind ja immer diese Buddy-Netzwerke"). Es scheint jedoch wenig klare Verantwortlichkeiten gegeben zu haben („Da ist so etwas breiiges, das durch den Laden wandert."), was aus Sicht von Herrn B.

zu sehr risikoaversen Entscheidungen führte („Wir als Firma sind angstgesteuert.").
Zudem beschreibt Herr B. eine wenig konstruktive Fehlerkultur („Das ist bei uns eine
Vollkatastrophe. Bei uns werden Fehler wiederholt.").

4.1.2.3 Quantitative Daten

Die folgende Abbildung zeigt das HDS-Profil von Herrn B.:

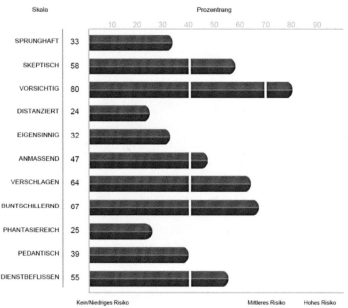

Abbildung 6: HDS-Profil von Herrn B.

Die Ausprägung entspricht keinem der typischen im Manual beschriebenen
HDS-Profile. Personen mit hohen Werte in der Dimension ‚vorsichtig' sind häufig
schüchtern, aber auch leicht reizbar und ‚quengelig'. Hohe Werte auf der Skala
‚verschlagen' gehen einher mit einer hohen Risikobereitschaft sowie einem eher
geringen Anpassungsvermögen. Eine hohe Ausprägung in der Dimension buntschillernd
charakterisiert Personen, die permanent nach Aufmerksamkeit suchen und sich
dementsprechend gerne selbst in Szene setzen und inszenieren.

Im Screeningfragebogen für Persönlichkeitsstörungen der IPO-16 hat Herr B. einen Mittelwert von 2,06 erreicht. Da dieser über dem Cut-Off Wert von 1,96 liegt, muss man vom Vorhandensein einer Persönlichkeitsstörung ausgehen. Für eine eindeutige Klassifikation wäre allerdings eine weitergehende Diagnostik erforderlich.

4.1.2.4 Zusammenfassung

In allen drei Analysemethoden ergibt sich ein ähnliches Bild von Herrn B. Er erscheint vordergründig sehr selbstbewusst und darauf bedacht, seinen Besitz zu wahren. Unter Druck reagiert er, wie aus seinen HDS-Ergebnissen ersichtlich, aber auch kongruent zu seinen Schilderungen, eher mit sozialem Rückzug, Misstrauen und Skepsis gegenüber anderen. Der Verlauf von Herrn Bs. Derailment ist in Abbildung 7 ersichtlich.

Herr B. verfügt über eine sehr geringe Verträglichkeit und eine hohe Auseinandersetzungsbereitschaft. Seine Gewissenhaftigkeit und sein Verantwortungsgefühl sind eher gering ausgeprägt, was insbesondere in Kombination mit einem gering ausgeprägten Leistungsmotiv zu schlechteren beruflichen Leistungen führen kann. Herrn B.s empathische Fähigkeiten sind eher gering ausgeprägt, ebenso wie sein Neurotizismus, was zu einem hohen Geltungsbedürfnis sowie einem stark nach außen getragenen Selbstbewusstsein führen kann. Auf andere kann dies schnell arrogant und überheblich wirken, da Herr B. auch wenig Bereitschaft zur kritischen Selbstreflexion vermittelt. Sein Machtmotiv hingegen ist stark ausgeprägt; es ist wichtig für Herrn B., Einfluss nehmen und seine Interessen durchsetzen zu können.

Auch zeigt er sich wenig bereit, sich auf veränderte Rahmenbedingungen einzustellen. In Veränderungsprozessen ist er zunächst auf die Wahrung seiner persönlichen Vorteile bedacht und stellt beispielsweise Unternehmensinteressen hinten an. In einem Unternehmen, das durch regelmäßige Umstrukturierungen geprägt ist, wäre es allerdings erforderlich, um erfolgreich zu sein, sich auf neue Aufgabenstellungen sowie Personen einzulassen und im Sinne der Unternehmensstrategie zu agieren.

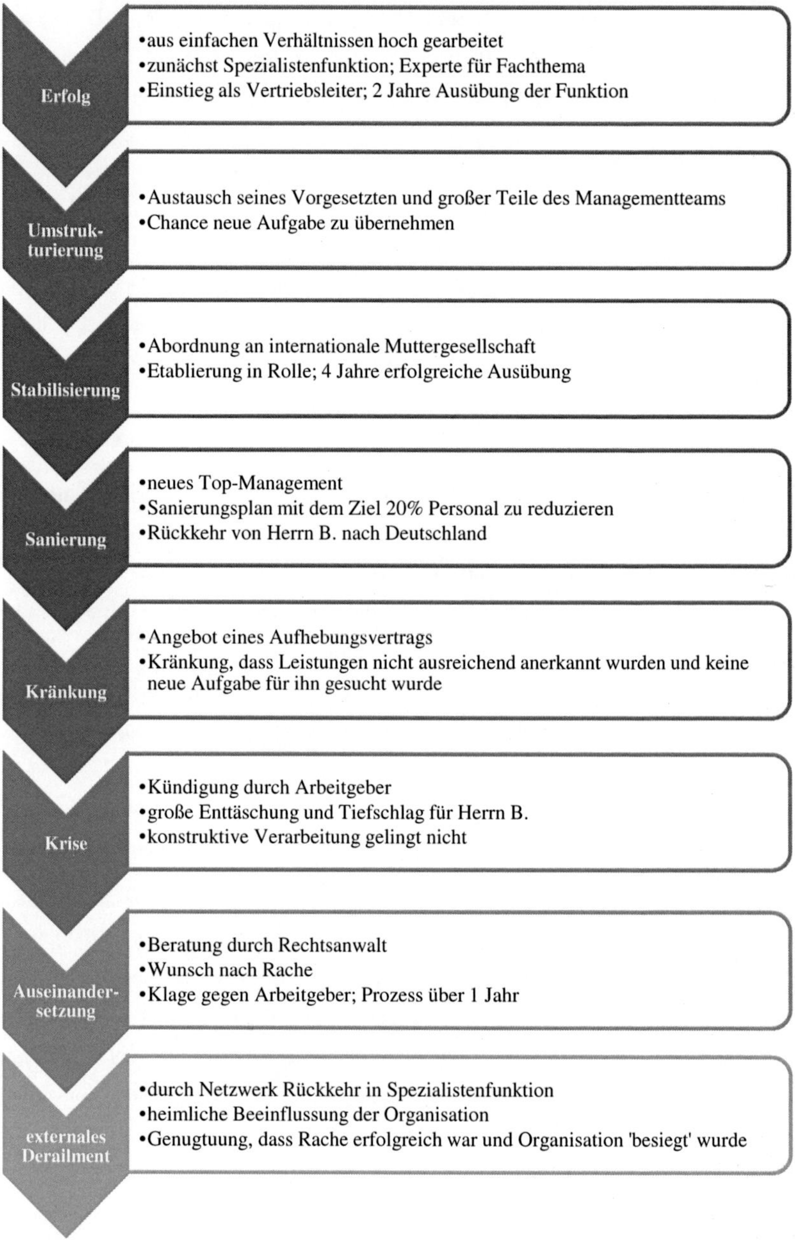

Erfolg
- aus einfachen Verhältnissen hoch gearbeitet
- zunächst Spezialistenfunktion; Experte für Fachthema
- Einstieg als Vertriebsleiter; 2 Jahre Ausübung der Funktion

Umstrukturierung
- Austausch seines Vorgesetzten und großer Teile des Managementteams
- Chance neue Aufgabe zu übernehmen

Stabilisierung
- Abordnung an internationale Muttergesellschaft
- Etablierung in Rolle; 4 Jahre erfolgreiche Ausübung

Sanierung
- neues Top-Management
- Sanierungsplan mit dem Ziel 20% Personal zu reduzieren
- Rückkehr von Herrn B. nach Deutschland

Kränkung
- Angebot eines Aufhebungsvertrags
- Kränkung, dass Leistungen nicht ausreichend anerkannt wurden und keine neue Aufgabe für ihn gesucht wurde

Krise
- Kündigung durch Arbeitgeber
- große Enttäuschung und Tiefschlag für Herrn B.
- konstruktive Verarbeitung gelingt nicht

Auseinandersetzung
- Beratung durch Rechtsanwalt
- Wunsch nach Rache
- Klage gegen Arbeitgeber; Prozess über 1 Jahr

externales Derailment
- durch Netzwerk Rückkehr in Spezialistenfunktion
- heimliche Beeinflussung der Organisation
- Genugtuung, dass Rache erfolgreich war und Organisation 'besiegt' wurde

Abbildung 7: Verlaufsmodell Herr B.

In der sozialen Interaktion tritt Herr B. eher dominant auf und vermittelt wenig Gespür für andere oder ihre Interessen. Als Führungskraft lässt er seinen Mitarbeitern zu viele Freiräume und hält Zwischenergebnisse wenig nach. Wenn Ergebnisse jedoch nicht erreicht werden und er Gefahr laufen könnte, selbst in die Kritik zu geraten, neigt er dazu, Druck aufzubauen. Durch seine geringe Verträglichkeit und seine hohe Auseinandersetzungsbereitschaft hat er keine Scheu vor Konfrontationen. Wenn er sein Ziel nicht auf direktem Weg erreicht, schreckt Herr B. vor manipulativem Verhalten und indirekte Einflussnahme über seine Seilschaften nicht zurück.

Er läuft Gefahr, zu einer schnellen Eskalation von Konflikten beizutragen, mit einem hohen Risiko, dass das Gegenüber sein Gesicht verliert und eine weitere konstruktive Zusammenarbeit unter Umständen nicht mehr möglich ist.

4.1.3 Frau C.

Frau C. ist Mitte 40. Sie ist studierte Betriebswirtin und war als Personalmanagerin in einem Dienstleistungsunternehmen tätig. Das Interview fand am 13. August 2012 in den Räumlichkeiten des ifp in Köln statt.

4.1.3.1 Induktive Analyse

Die Auswertung erfolgte auch für dieses Interview, wie bereits unter 4.1.1.1 beschrieben.

4.1.3.1.1 Paraphrasierung

Frau C. beschreibt sich als sehr ehrgeizig und leistungsorientiert, die ihre eigenen Belastungsgrenzen häufig überschreitet. Sie berichtet von beruflichen Erfolgen und wird durch ein Bedürfnis nach Anerkennung angetrieben. Dabei scheint es ihr zu gelingen, sich in Veränderungsprozessen zu behaupten sowie sich gegen Widerstände im Kollegenkreis durchzusetzen. Dies bezahlt sich jedoch mit einem sehr hohen Arbeitspensum und einer gefühlten permanenten Überlastung. Zu einer Dekompensation kam es, als sie immer mehr Entscheidungen des Managements nicht nachvollziehen konnte und den Entwicklungen verzweifelt gegenüberstand. Sie verdrängte ihre Belastung jedoch zunächst, weil sie sich aufgrund ihres ausgeprägten Pflichtgefühls keine Schwäche eingestehen wollte. Letztendlich erlitt Frau C., ihrer

Aussage nach, einen Burnout und war mehrere Wochen krankgeschrieben. Erst in den Monaten nach dem Verlassen des Unternehmens reifte in ihr die Erkenntnis, dass sie mit ihren persönlichen Ressourcen künftig verantwortungsvoller umgehen möchte.

4.1.3.1.2 Selbstpräsentation und Kontaktgestaltung

Frau C. ist eine sehr gepflegte Frau, welche großen Wert auf ihre adrette Außenwirkung zu legen scheint. Sie wirkt im Kontakt mitunter recht hektisch und etwas ,überdreht'. Das Interview betrachtet sie als ,Gespräch unter Kollegen', wo sie ihre Erlebnisse in den Dienst der Wissenschaft stellen kann. Frau C. schildert als Grund für ihre Teilnahme zunächst einmal ein inhaltliches Interesse am Thema Derailment („Das fand ich dann total interessant, dass das noch nicht so erforscht ist oder noch nicht so bekannt ist.") und scheint sich persönlich erst einmal wenig angesprochen zu fühlen. Grundsätzlich scheint Frau C. sehr offen mit ihrem Derailment umzugehen, weil sie ihre Erlebnisse zu Papier gebracht hat und über eine Veröffentlichung nachdenkt.

Auffällig ist die relativ unstrukturierte, stellenweise ,wirre' Art und Weise, mit der Frau C. kommuniziert. Sie verlor während des Interviews häufiger den ,roten Faden' aus den Augen und neigte dazu, zwischen unterschiedlichen Themen zu wechseln.

Ihre Arbeit scheint ein sehr wichtiger Lebensinhalt von Frau C. zu sein („Vor allem immer mit diesem schlechten Gewissen, wie willst du wieder arbeiten, wie schaffst du das alles?") und einen großen Teil ihrer Identität zu bestimmen. Dementsprechend identifiziert sich Frau C. in hohem Maße mit ihrer Berufstätigkeit und beschreibt, großen Wert auf Genauigkeit und Perfektion in der Erledigung ihrer Aufgaben zu legen („Ich bin ein sehr ehrgeiziger Mensch, ich arbeite sehr gerne. Ich arbeite sehr sehr genau. Perfektionistisch.").

Frau C. schildert einen sehr hohen Anspruch an sich und ihre Leistungsfähigkeit („Ich erwarte sehr viel von mir und ich weiß jetzt auch, dass ich sehr sehr viel kann und dann aber immer noch selbst gesagt habe, och du bist ja irgendwie ein Schlappi und Weichei und andere schaffen noch viel mehr."; „Das hab' ich mir nie erlaubt. Unbearbeitete Mails, Telefon klingeln lassen, ich bin sehr dienstleistungsorientiert.") und scheint sich im Vergleich mit anderen häufig abzuwerten. Frau C. vermutet, dass dieses Attributionsmuster in ihrer Kindheit und Jugend durch eine aktive Rolle als Leistungssportlerin gefördert wurde.

Als sich erste Erschöpfungssymptome zeigen, probiert Frau C. auf Anraten ihrer Ärztin Chi-Gong aus, um einen Weg zu finden, zur Ruhe zu kommen („Dieses Chi-Gong war jetzt meine erste Form, ohne Leistung etwas zu machen, also ohne Power. Das war für mich etwas ganz neues. Ich komme aus dem Leistungssport."; „Also immer Leistung wurde bedient, anerkannt."). Der wesentliche Treiber für Frau C's. Streben nach Leistung scheint die als Belohnung für Erfolge erwartete Anerkennung zu sein („Ich war dann so eine, ich hab' noch den Hosenanzug an und hab' noch den Rasen gemäht, eben andere Schuhe an, also den ganz kleinen Rasen, so doch mal eben schnell, in den Garten stellen und Wäsche aufhängen. Ich bin immer an meine Grenzen gegangen.").

Frau C. beschreibt, stets nach Anerkennung gesucht zu haben („Ich hab' mir immer die Anerkennung gewünscht. Ich glaube heute kann auch sagen, ich war erfolgreich. Habe auch super gerne gearbeitet, hab' meinen Job geliebt."), welche sie in ihrer Berufstätigkeit häufig eingefordert zu haben scheint („Da hab' ich mir ja schon mal die erste Stelle erkämpft, dass ich gesagt habe, ich bin Abteilungsleiterin."). Neben der hierarchischen Position scheint ihr dabei auch im Privaten der materielle Status wichtig zu sein („Ich habe dann das Haus behalten.").

Als sie einen neuen Chef erhält, welcher ihre Leistungen anerkennt, berichtet Frau C., dadurch große Freude empfunden zu haben („Ich war somit die Einzige aus dem Team, die sein Niveau halten konnte, wir hatten so gleiche Richtlinien, also gleiches Denken, auch sehr ordentlich strukturiert, das hat riesen Spaß gemacht."). Die Vermutung liegt nahe, dass sie sich unter den eigentlich gleichberechtigten Kollegen als primus inter pares fühlte und dies auch ausstrahlte, was wiederum zu Konflikten im Kollegenkreis führte („Die in [Ortsname] wollten mich dann auch nicht.").

Frau C. berichtet, sich von Herausforderungen und gestalterischen Tätigkeiten angesprochen zu fühlen („Ich durfte alles machen, ich hatte Ideen, ich durfte Projekte umsetzen... Das war richtig toll. Hab' sehr viel Verantwortung auch bekommen."). Dabei scheint ihr aber recht gut bewusst gewesen zu sein, wo ihre Stärken und Schwächen liegen („Ich selber weiß auch nicht, wie ich das hin krieg'. Also ich kriege alles hin, aber es hat mich sehr viel Kraft gekostet und ich hätte auch nicht gesehen, wenn 'ne Million gefehlt hätte. Ich bin kein Zahlenmensch, aber es waren alle begeistert."), welche sie allerdings ignoriert, wenn sie sich durch die Erledigung der Aufgabe Anerkennung erhofft („Leistung wurde bedient, anerkannt.").

4.1.3.1.3 Erleben der Krise

Frau C. beschreibt ihr Derailment als schleichenden Prozess, dessen Anfang sie im Rückblick nicht mehr genau zu benennen vermag („Wann es genau begonnen hat, kann ich gar nicht definieren."; „Also der Ausbruch war im Grunde 2010, auch was davor passiert ist, das staut sich ja über Jahre auf."), allerdings gibt es einen Wendepunkt, an dem das bis dahin relativ stabil erscheinende System gekippt zu sein scheint („Dann gab's aber 'ne Wende quasi.").

Frau C. schildert einen Alltag, welcher von einer Vielzahl an Terminen geprägt zu sein scheint. Sie empfindet eine sehr hohe Arbeitsbelastung („Musste alles selber machen. Eingangsbestätigungen, hatte keine Assistentin.") und scheint auch im Privaten wenig Entspannung zu finden („Habe keine Mittagspause gemacht, ich hab' wenig gegessen, ich hab' Kaffee getrunken, bin vier Mal die Woche ins Fitnessstudio gerannt, hab' noch Klavierunterricht genommen, war mit Freunden unterwegs. Ah genau, und mein Job, da war ich neu."). Für eine gewisse Zeit gelingt es ihr, dieses Aktivitätslevel aufrecht zu erhalten („Ich habe es alles geschafft und das wundert mich immer.").

Im Nachhinein berichtet Frau C. allerdings von körperlichen Belastungssymptomen, welche sie zum damaligen Zeitpunkt nicht einzuordnen vermochte („Da hatte ich schon 2004 einen ersten... ja was war das? Ja, Schwächeanfall... ich konnte es nicht definieren. Habe alle Ärzte abgeklappert."). Trotz anscheinend deutlicher Hinweise ihrer Ärzte, hat Frau C. dieses Anzeichen zunächst ignoriert („Da hatte ich so den ersten Zusammenbruch, wo meine Ärztin noch mal sagte, Mensch, Sie müssen mal irgendwie was machen, wo Sie zur Ruhe kommen. Sie machen nur Powersachen.").

Im Verlauf des Interviews beklagt Frau C. vielfältige körperliche Symptome und Erkrankungen, von welchen sie jedoch nie die Ursache erforscht zu haben scheint („Ich würde sagen, ich hab' dort gemerkt, wie erschöpft ich war. Hatte viel

Kopfschmerzen, Spannungen im Nacken."; „Ich hatte aber sehr viel mit Hals- und Brustwirbelbereich, also Blockierungen. Und Halsschmerzen waren es bei mir und Blase. Also 'ne Zeit lang war ich alle zwei Wochen beim Arzt."). Frau C. scheint diesen körperlichen Zustand nach einer Weile jedoch akzeptiert zu haben („Dann habe ich das Ganze akzeptiert und immer meinen Trott gemacht."), wodurch sie in ihren Schilderungen recht resigniert wirkt.

Dies ändert sich, als ihr Arbeitgeber von einem größeren Konzern übernommen wird („Der Job hat riesen Spaß gemacht, wir wurden dann aber von einem Konzern gekauft. Dadurch war sehr viel Fahrerei und sehr viel Unsicherheit."). Frau C. berichtet von Schwierigkeiten, sich auf die neue Unternehmenskultur einzustellen („Ganz andere Kultur, ganz andere Arbeitsweise und ich muss dazu sagen, bei [Unternehmensname], das waren 200 Mitarbeiter, aber es war ganz toll. Also es war eine super Unternehmenskultur, jeder hat jedem geholfen, wir hatten tolle Sommerpartys, Weihnachtspartys, die Geschäftsführung war jung."; „Da war irgendwie dann alles anders und ja, es waren natürlich sehr viele Ängste, was passiert, was kommt.").

Frau C. berichtet von einer Panikattacke, die sie selbst jedoch nicht als solche eingeordnet hat („Das hatte ich nur einmal und das war auch ein Gefühl, was ich überhaupt nicht kannte und äh, da hatte ich Herzrasen, hatte Hunger, konnte nichts essen, wollte schlafen, konnte nicht schlafen. Also es war nichts, was ich fassen konnte."). Zudem fiel in diese Zeit auch ihre Scheidung („Dann hatte ich auch privat meine Scheidung. Das war auch noch mal heftig."), welche sie jedoch weniger zu berühren scheint, als die beruflichen Veränderungen.

In ihren Schilderungen erscheint es, als würde Frau C. gezielt nach Aktivitäten suchen, um sich selbst keine Möglichkeit zu geben, zur Ruhe zu kommen und über die aktuelle Situation zu reflektieren („Dann hab' ich mir noch ein Klavier gekauft. Und da hab' ich mich ja schon gar nicht getraut, im Freundeskreis zu sagen, dass ich ein Klavier hab', weil die auch gesagt hätten, hallo?! Aber das tat mir gut."). Es erscheint etwas widersprüchlich, dass sie dennoch dieses Hobby recht schnell wieder aufgibt, obwohl es ihr eigentlich gut tat („Weil ich dann viel nach [Ortsname] fahren musste, konnte ich nie pünktlich um 6 in [Ortsname] sein. Das war für mich purer Stress, immer aus Terminen raus, aus Meetings raus, dann auf der Autobahn und da dachte ich, was mach ich hier eigentlich?").

Frau C. schildert Schwierigkeiten mit ihrem Vorgesetzten, deren Ursachen ihr zum damaligen Zeitpunkt aber nicht bewusst gewesen sind („Mit dem alten Personalleiter kam ich gar nicht klar, der ist zum Glück gegangen. Ja, der konnte mich nicht leiden, ich ihn auch nicht, aber der hatte auch keine Ahnung. Das weiß ich jetzt auch, also ich war für ihn wohl 'ne riesen Gefahr. Das habe ich damals gar nicht wahrgenommen."). Als dieser ungeliebte Vorgesetzte das Unternehmen verließ, schien Frau C. das Bedürfnis zu haben, sich seinem Nachfolger noch einmal zu beweisen. Sie neigt jedoch in ihren Schilderungen auch dazu, die Wichtigkeit sowie Bedeutsamkeit ihrer Position zu erhöhen („War eben Personalleiter, da musste ich mich noch mal beweisen."), was vermutlich auch ein Grund dafür ist, dass es ihr schwer fiel, mit ihren neuen Kollegen nach der Fusion eine Beziehung aufzubauen und bei ihnen anerkannt zu werden („Da ging das dann eigentlich extrem los, wo ich gemerkt habe, klar ich hatte Adrenalin, war eben Personalleiter, da musste ich mich noch mal beweisen. Die in [Ortsname] wollten mich dann auch nicht, da hatte ich dann schon keinen Sitzplatz, da hieß es, nee wir haben keinen Tisch für dich. Also es war schon so richtig, ok dann setz' ich mich halt in den Besprechungsraum mit dem Laptop, also da war ich dann stumpf, aber es war auch hart."). Frau C. schildert ein gutes Verhältnis zu ihrem neuen Vorgesetzen, was aus ihrer Sicht den Unmut und Neid der Kollegen verstärkte („Dann mochte mich der neue Chef auch noch, hat gesagt, ja sie macht gute Arbeit und dann wurde ich noch seine Stellvertreterin. Das war auch nicht so ganz gern gesehen.").

Von der Anerkennung ihres Chefs wird Frau C. allerdings auch immer weiter angetrieben („Ich habe da sehr viel gelernt in den zwei Jahren, aber im Grunde habe ich mich da komplett dann ausgepowert. Durch wieder die Anerkennung, Leistung und... Weiß nicht, ob er das bewusst gemacht hat, er hat mich schon sehr gefördert und gefordert."). Frau C. schildert zunächst eine Erfolgsgeschichte, in der sie viel Verantwortung übertragen bekam und viele Dinge im Unternehmen bewegen konnte („Alles, was organisatorisch mit Terminen war, wurde ich offenbar gerne, geh' du mal, mach' du mal...").

Frau C. scheint jedoch in dieser Situation zu wenig auf ihre Belastungsgrenzen geachtet zu haben und schildert eine andauernde Erschöpfung („War das aber auch 'ne riesen Menge. Wenn ich zurück gucke, es hat riesen Spaß gemacht, ich hab' super viel gelernt, hab' aber selbst nicht auf meine Grenzen geachtet. Also Mittwochsnachmittags war auf."). Sie wirkt recht bemüht, in ihren Beteuerungen, wie viel Spaß alles noch gemacht habe, was man als Versuch, die hohen Investitionen zu rechtfertigen, deuten kann. Im Interview äußert Frau C. auch ihren Ärger darüber, dass ihr Umfeld ihre Erschöpfung anscheinend nicht rechtzeitig bemerkte und sie sich wenig unterstützt gefühlt hat („Der hat gar nicht gemerkt, dass ich irgendwie immer ausgelaugt war, immer Kopfschmerztabletten genommen habe und irgendwann war das so schlimm...").

Nachdem sie einige Zeit offenbar recht klaglos und pflichtbewusst ihre Aufgaben erfüllt hat, scheint Frau C. ziemlich unvermittelt und impulsiv für ihre Interessen eingetreten zu sein („Ich war zuerst alleine und dann hab' ich gesagt, so und ich hab' dann auf den Tisch gehauen und hab' gesagt, so das geht nicht mehr."). Ihre Schilderungen wirken an einigen Stellen aber auch recht schwarz-weiß und kategorisierend („Ich hab' immer zwei Tage im Hotel geschlafen in [Ortsname]. Mmm das fand ich auch sehr belastend, weil ich sehr gerne sehr bewusst esse und wenn ich Zeit habe, koche ich auch gerne. Das war ja gar nicht möglich. Also bin ich zu McDonalds, Subway oder in die Kneipe gegangen."). Es entsteht nicht der Eindruck, dass sie beispielsweise versucht hätte, die Situation durch kleine Veränderungen für sich besser zu gestalten.

Frau C. wirkt in ihrer Beschreibung dieser krisenhaften Erlebnisse zudem etwas dramatisierend („Habe ich gesagt, wo lebe ich eigentlich hier?! Also was mache ich hier eigentlich? Wenn mich eine Freundin angerufen hat, kommst du Freitag mit ins Kino, konnte ich gar nicht, weil ich wäre eingeschlafen, also das war komplett weg.") und berichtet, sich häufig ungerecht behandelt und überfordert gefühlt zu haben („An dem Tag hatte ich noch mein Jahresgespräch und da wurde mir auch noch gesagt, ich müsste in meiner Freizeit mehr Arbeitsrecht noch machen.").

Frau C. berichtet von einer Art Schlüsselerlebnis („Da war ich auch völlig erschöpft, da musste ich mich nach der Feier noch hinlegen und konnte gar nicht zurückfahren auf die Autobahn. Ich sag', ich bin kaputt, ich muss mich mal hinlegen und dann bin ich nachts aufgewacht und wusste nicht mehr, wo ich war."), an dem ihr bewusst geworden sei, dass etwas nicht in Ordnung ist („Da dachte ich, och nee, irgendwas ist hier nicht richtig. Das hat mich dann sehr belastet, sehr beschäftigt."; „Du ich kann nicht mehr, ich weiß, mit mir ist irgendwas nicht in Ordnung. Ich bemühe mich, aber ich brauche Hilfe."; „Habe gemerkt, dass ich kaputt bin, dass ich überhaupt nicht mehr fit bin."). Trotzdem scheint sie lange der Überzeugung gewesen zu sein, dass sie diese Phase der Erschöpfung überstehen und aushalten könne, indem sie einfach weiter mache, wie zuvor auch wenn ihre Fehler und Gereiztheit offensichtlich zugenommen haben („Ich hab' da gesessen und gesessen und hab' gesagt, ich kann nicht mehr. Ich weiß, dass ich morgen aufstehe, ich kann zwar hinfahren, weil ich gemerkt habe, ich mache auch Fehler. Also ich war super dünnhäutig, ich war aggressiv, mich haben Leute angesprochen, ich wurde patzig, was ich überhaupt nicht mag.").

Frau C. schildert deutliche depressive Symptome („Ich hab' viel geweint. So viel drüber nachgedacht, oh Gott, mache ich was falsch und habe Schussel-Fehler gemacht. Das kannst du dir nicht leisten in deinem Job."). Jedoch entsteht auch der Eindruck, dass sie recht wenig Zugang zu ihrem inneren Erleben zu haben scheint bzw. Schwierigkeiten hat, dieses differenziert zu beschreiben („Da war ich im Skiurlaub und da hab' ich gemerkt, irgendwie geht's mir gar nicht gut."; „Da hab' ich dann auch gemerkt, irgendwie ist mit dir was.").

Im Verlauf scheinen die physischen Symptome immer stärker geworden zu sein („Da waren schon die Anzeichen, Blasenentzündung, das hatte ich glaube ich vier Mal im Jahr. Wirbelblockierungen andauernd und der Arzt sagte auch, Sie wissen, was Sie ändern müssen und ich so: jaaaa..."), welche Frau C. allerdings schon als ‚normal' akzeptierte. Sie berichtet, dass ihr zwar bewusst gewesen sei, dass sie etwas hätte verändern sollen, dass ihr die Umsetzung jedoch sehr schwer gefallen sei („Ich hab' auch andere im Unternehmen beraten, wo ich gesagt habe, ich glaube, du machst ein bisschen viel, ich glaube du brauchst Pausen. Wo ich gedacht habe, das könntest du dir selber auch mal sagen. Das ist unheimlich schwer."). Eine Ursache dafür könnte sein, dass Frau C. das Gefühl, im Unternehmen gebraucht zu werden, durchaus genossen zu haben scheint („Ich war aber mit 'nem Controller mal drei Stunden zusammen, die

Jahresplanung machen und hab' das Handy nicht mitgenommen. Und dann haben die das ganze Unternehmen verrückt gemacht, wo ich denn sei."").

Wie bereits erwähnt, neigt Frau C. in der Krise zu recht impulsiven, teilweise überzogen wirkenden Reaktionen („Da dachte ich, ey das geht gar nicht, da haben die mich über Handy angerufen, da hab' ich dann zurück gerufen. Ja, das können wir auch morgen früh machen. Da bin ich komplett ausgerastet, da hab' ich gesagt, sag mal, tickt ihr noch ganz richtig, auf dem privaten Handy, auf dem Firmenhandy, ich war in einer Besprechung, kann das nicht auch mal jemand anderes machen?!? Da war ich soweit, da hätte ich fast das Handy gegen die Wand gedonnert."; „Bin an dem Montag noch zu meiner Heilpraktikerin gefahren. Hab' gesagt, ich muss vorbei kommen, ich glaube jetzt ist es soweit. Da sagt sie, die Diagnose kennst du und wenn du jetzt nicht zuhause bleibst, sagt sie, dann fahre ich dich jetzt zum Arzt. Die hatte richtig Schiss.")

Wenn Frau C. von ihrer Dekompensation berichtet, wählt sie zwar teilweise dramatische Worte, wirkt aber dennoch seltsam unbeteiligt („Da bin ich dann am nächsten Morgen zum Arzt, saß ich nur da und hab' geheult. Hab' gesagt, ich kann nicht mehr und es war so schlimm, dass ich gesagt habe, wissen Sie was, wenn ich nach [Ortsname] fahre, eigentlich wäre das schön, wenn ich mal 'nen Unfall mache, dann würde ich im Krankenhaus liegen und hätte mal Ruhe."). Sie scheint sehr darauf bedacht, weiterhin eine professionelle Außenwirkung zu bewahren („Ich fahr' in den Skiurlaub und da sagt er, ja Sie fahren auch. Ich so, oh Gott, kann ich nicht machen. Und zum Glück hab' ich das auch gemacht und nach dem Skiurlaub konnte ich immer noch nicht zur Arbeit, da hab' ich erst mal gemerkt, oh, ich bin ja wirklich krank.") und wirkt peinlich berührt von ihrer Krankheit („Oh Gott, 'ne Kur.").

Sie berichtet von großen Schwierigkeiten, ihre Krankheit zu akzeptieren („Sag' ich, ich bin doch nicht krank!"; „Also das ist echt, dieses selber zugeben, das ist ja klar was Körperliches, also ich hatte immer was am Rücken, an der Blase, ich hatte Halsentzündungen, es war immer regelmäßig alles da, aber dann zu sagen, ich bin psychisch irgendwie angeschlagen, ist schon irgendwie, ja, das passt nicht in die Gesellschaft."). Als sie jedoch krankgeschrieben ist, häufen sich die körperlichen Symptome („Da war ich sechs Wochen krankgeschrieben und in den sechs Wochen, das fand ich ziemlich heftig, hatte ich alles. Ich war beim Nierenspezialisten, weil meine

Blase wieder extrem aufgemuckt hat, ich konnte nachts nicht schlafen. Hab' viel geheult, habe an meine Freunde 'ne Rundmail geschrieben, ich melde mich jetzt erst mal nicht.").

Frau C. bringt deutlich zum Ausdruck, dass sie sich mehr Unterstützung und Fürsorge von ihrem Vorgesetzten gewünscht hätte („Da sagt er mir ganz frech, ja ich hab' das gesehen, dass du da irgendwann mal zusammenbrichst, was soll ich dir denn helfen? So ein bisschen Fürsorge wäre schon schön gewesen.").

Sie berichtet davon, mit vielen Führungskräften, die neu ins Unternehmen kamen, zunächst Schwierigkeiten zu haben („Wir haben einen neuen Geschäftsführer gekriegt im Bereich Vertrieb und den konnte ich nicht leiden und der konnte auch meinen Chef nicht leiden. Da habe ich gemerkt, so wenn der bleibt – ich hab' seinen Bereich auch noch betreut, also war für ihn auch noch zuständig…") und scheint wenig in der Lage zu sein, sich auf unterschiedliche Persönlichkeiten einzustellen, wenn diese ihr nicht sehr ähnlich sind. Ein Grund dafür könnte sein, dass sie es genossen hat, im Mittelpunkt zu stehen und diese ungeliebten neuen Vorgesetzten ihr diese Anerkennung womöglich verwehrt haben („Du musst mal frech werden, du musst mal dreist werden, arrogant, weil deine Kollegen wollen auch mal 'ne Chance haben. Da hab' ich erst mal gemerkt, klar habe ich das genossen, so im Mittelpunkt. Ach die wollen alle mich, die ist ja so toll und überhaupt.").

Als ihr Vorgesetzter, zu dem Frau C. ein gutes Verhältnis hat, sich entschließt, das Unternehmen zu verlassen („Dann hab' ich aber schon mitgekriegt, wenn das weiter so hier aneckt, dann wird mein Chef irgendwann gehen. So, das war im Dezember der Fall."), trifft sie sehr zügig die Entscheidung, ebenfalls nicht mehr dort tätig sein zu wollen („So, und in der Nacht habe ich überlegt, was machst du jetzt. Wieder ein neuer Chef, du bist jetzt seit fast acht Jahren im Unternehmen. Du willst nicht nach [Ortsname], du willst nicht umziehen. Jeden Tag fahren willst du auch nicht.").

In den sich anschließenden Gesprächen mit der Geschäftsführung kommt anscheinend ihre aufgestaute Frustration zum Ausdruck („Hab' ich irgendwann da gesessen und hab' gesagt, wissen Sie was, ich bin jetzt über sieben Jahre hier. Meinen Sie, Sie hätten mich in sieben Jahren mal loben können? Jetzt krieg ich das Lob?"). Frau

C's. Reaktionen wirken jedoch auch ziemlich dramatisch und sie scheint ihre kurzfristige Machtposition durchaus zu genießen.

4.1.3.1.4 Bewältigungsstrategien

Frau C. geht sehr offen mit ihrem Derailment um und berichtet, so Kraft und Trost zu finden („Ich geh' damit sehr offen um, passe aber auch auf, wo ich was sagen, wie ich es formuliere und merke aber, wenn ich mich öffne, öffnen sich auch andere Türen."; „Ich hab' mir mal aufgeschrieben, wie es mir ging und wie es mir dann ging, als es mir dann wieder gut ging und so verschiedene Sachen, weil man vergisst das so schnell."). Sie scheint sich als eine Art Botschafterin für andere, denen ähnliches widerfahren ist, zu verstehen („Es gibt irgendwie ja immer einen Vorwand."). Dennoch scheint sie darauf zu achten, ihre Erlebnisse nur situationsadäquat preiszugeben („Also ich werde auch gefragt, ja warum machst du dich selbstständig ... Das habe ich jetzt nicht als Grund genannt, weil das fand ich jetzt auch nicht plausibel und hab' mir auch überlegt, wem sage ich was. Aber natürlich ist das 'ne Auflösung gewesen. Ganz klar.").

Frau C. berichtet davon, bei den ersten Stresssymptomen zunächst versucht zu haben, sich durch Wellness zu entspannen („Da hab' ich dann mal mit Chi-Gong angefangen und quasi hab' ich mir sehr viel Wellness erkauft, was jetzt auch so, ja die Wellness-Mode, hab' sehr viel gemacht. Hab' aber nicht noch Termine gestrichen, sondern das noch dazu gemacht."). Sie greift aber auch zu esoterisch wirkenden Methoden und arbeitete beispielsweise intensiv mit einer Heilpraktikerin zusammen („Ich war dann aber soweit, dass ich durch meine Übungen teilweise das selber wieder hingekriegt habe. Selbstheilung. Ich wusste genau, runterfahren, machst deine Rückenübungen und das ging dann.").

Lange Zeit wirkt Frau C. sehr darauf bedacht, weiterhin die Kontrolle zu behalten und hat auch in der Krise zunächst Schwierigkeiten, Unterstützung anzunehmen. Dann erfolgt allerdings ein recht radikaler Umschwung, wo sie das Zepter aus der Hand gibt und sich auf die Hilfe und Expertise anderer verlässt („Im Grunde hat die dann gesagt, sie arbeitet mit Horoskopen und sie arbeitet mit einer bestimmten Therapieform und auch mit Globuli, also wir haben da auf einer homöopathischen Ebene, hat sie mir erst mal erklärt, wo ich stehe, wie ich bin, warum ich so reagiere.").

Bereits in der Krise beginnt Frau C. mit therapeutischer Unterstützung ihre Persönlichkeitsstruktur zu explorieren und zu reflektieren („Also da habe ich mich selber noch mal kennen gelernt und auch meine Stärken und Schwächen, meine Angriffspunkte und hab' da auch erkannt, im Grunde ja, warum mir das auch passiert ist."; „Heute weiß ich viel mehr, wie ich strukturiert bin."). Allerdings neigt sie zunächst immer noch zu einer externalen Attribution der Ereignisse, was wahrscheinlich in der Scham begründet ist, welche sie empfand („Ich war ja jetzt stationär nicht bei irgendeinem Verhaltenstherapeuten, ich hab' das alles privat bezahlt."). Frau C. wirkt sehr bemüht, nach außen eine normale Fassade aufrecht zu erhalten („Nach sechs Wochen kam ich dann zurück, weil die Kur war ja nicht genehmigt und da hab' ich gesagt, okay, ich zieh' jetzt durch. Da hat mich kaum einer gefragt, wie es mir geht."). In ihrem privaten sozialen Umfeld scheint sie aber trotzdem eine gewisse Unterstützung gefunden zu haben („Da habe ich dann 'ne Freundin angerufen").

Als es ihr während ihrer längeren Krankschreibung nicht mehr möglich ist, ihre Dekompensation zu leugnen, scheint in Frau C. die Erkenntnis zu reifen, dass auch sie einen Eigenanteil an dieser Situation hat („Von da an hab' ich aber gesagt, so, es ist egal, ob du in dieser Firma was änderst oder in einer anderen. Du kannst nicht alles hinschmeißen, weil das bist nicht du. Du musst lernen, jetzt nein sagen zu können, du musst dein Arbeitsgebiet anders gestalten."). Diese Einsicht ermöglicht ihr wieder handlungsfähig zu sein und öffnet den Blick auf ihre Einflussmöglichkeiten („Du hast jetzt die Chance, in deinem bekannten Bereich, ich hatte ja auch ein bisschen Einfluss, das zu lösen. Dann hatte ich da auch mit dem Personalchef gesprochen, hab' ich gesagt, so geht es nicht mehr weiter."). Frau C. berichtet, dass sie sich bemüht hat, ihren Arbeitsstil mit Hilfe ihres Vorgesetzten zu verändern („Dann habe ich gesagt, stimmt ich schaffe das ja gar nicht. Dann habe ich noch probiert, auch mal ‚nein' zu sagen, hab' meine Tage anders geplant und das ging, also das war auch mit seiner Hilfe.").

Ob diese Anpassungen langfristig ausreichend gewesen wären, lässt sich nicht beurteilen, da Frau C. dann recht zeitnah die Entscheidung traf, gemeinsam mit ihrem Vorgesetzten das Unternehmen zu verlassen. Sie wirkt sehr stolz über diese Entscheidung, scheint aber auch die Überraschung im Unternehmen ein Stück weit genossen zu haben (Ich war total stolz danach, da hab' ich ihm gesagt, nee, ich möchte gehen. Da ist dem echt die Kinnlade runter gefallen."). Als sich die Geschäftsführung zunächst nicht kooperativ zeigt, reagiert sie wieder einmal recht drastisch und droht ihm („Wissen Sie was, ich kann auch morgen zum Arzt gehen und dann bin ich erst mal nicht mehr da. Sie wissen, wie es mir geht, ich war jetzt auch krank. Ich krieg' das hier hin, ich liebe meinen Job, ich werde die Firma nicht hängen lassen, aber wenn wir uns nicht in Ruhe unterhalten können, dann brauche ich morgen nur zum Hausarzt zu gehen und dann müssen wir gucken.").

Frau C. scheint in ihrem Reflexionsprozess ihre Verhaltensmuster jedoch recht gut analysiert zu haben, sodass sie sich sehr sicher war, was für sie in dieser Situation angemessen war („Das war für mich das allerbeste, diese fünf Monate frei zu haben und 'ne Sicherheit mit Einkommen. Eine Abfindung ohne sofortige Freistellung wäre für mich überhaupt nichts gewesen, dann wäre ich wahrscheinlich wieder in irgendwelche Ängste gerutscht.").

Im Trennungsprozess hat sich Frau C. vorgenommen, in Zukunft besser auf ihre Bedürfnisse und Belastungsgrenzen zu achten („Du musst aufpassen, du musst dich um dich selber kümmern. Also da ist keiner, der das sieht, sondern ich muss sagen, ich bin jetzt müde, ich geh' ins Bett."; „Ich hab' aufgeräumt in meinem Leben mit Menschen, wo ich gemerkt habe, die saugen mich aus."). Erleichtert wurde ihr dieser Lernprozess vermutlich dadurch, dass sie bemerkte, dass das Unternehmen auch ohne sie weiterhin existiert („Ich hatte auch 'ne wichtige Position, hab' dann aber gemerkt, okay, es geht ja auch ohne mich. Das fand ich auch ganz interessant.").

4.1.3.1.5 Zentrale Kategorien

In einem weiteren Verdichtungs- und Abstraktionsschritt wurden anhand der Logik des zirkulären Dekonstruierens aus den auffälligen Passagen des Interviews zentrale Kategorien abgeleitet (Jaeggi, Faas, & Mruck, 1998), die den ‚Kern‘ der Beschreibung erfassen sollen.

zentrale Kategorie	Beschreibung
Überlastung	Frau C. schildert durchgängig eine als extrem hoch empfundene Arbeitsbelastung, wodurch sie sich häufig überfordert gefühlt hat.
Ehrgeiz & Leistungsorientierung	Frau C. berichtet, stets sehr ehrgeizig und perfektionistisch gewesen zu sein. Sie legt großen Wert auf eine bestmögliche Erledigung ihrer Aufgaben und strebt so einen hierarchischen Aufstieg an.
Wunsch nach Anerkennung	Der größte Antreiber von Frau C. ist ihr ständiger Wunsch nach Anerkennung und Lob für ihre Leistung. Dies bringt sie auch dazu, regelmäßig über ihre Belastungsgrenzen hinaus zu gehen.
Druck & Erwartungen	Frau C. beschreibt sich als sehr pflichtbewusst und stellt hohe Erwartungen an die eigene Leistungsfähigkeit. Schwächen gesteht sie sich nicht zu.
Erfolg	Durch ihre hohe Einsatzbereitschaft sowie anscheinend guten Leistungen kann Frau C. zunächst zahlreiche berufliche Erfolge verbuchen.
Mangelnde Akzeptanz	Frau C. berichtet von zahlreichen Akzeptanzschwierigkeiten mit ihren neuen Kollegen nach der Fusion. Es scheint ihr nicht gelungen zu sein, sich in das Team zu integrieren.
Veränderungen	Das Umfeld und die Unternehmenskultur der Organisation, in der Frau C. tätig war, haben sich in ihrer Einschätzung, nach einer Fusion grundlegend verändert. Sie schildert zudem Schwierigkeiten, sich mit wechselnden Führungskräften zu arrangieren.

Verdrängung / Unverständnis	Frau C. scheint wenig Zugang zu ihrem inneren Erleben zu haben und steht ihren körperlichen sowie psychischen Belastungssymptomen lange relativ ratlos gegenüber und vermag es scheinbar nicht, diese einzuordnen.
Ignoranz von Warnsignalen	Frau C. ignoriert viele körperliche Symptome, obwohl sie sowohl von ihren Ärzten als auch ihrem privaten Umfeld scheinbar mehrfach gewarnt wird.
Kränkung	In ihren Schilderungen wirkt Frau C. oft verzweifelt und hilflos. Sie scheint sehr nach Aufmerksamkeit anderer zu suchen und fühlt sich stellenweise von ihrem Umfeld schlecht behandelt.
Dekompensation	Frau C. berichtet von einer deutlichen Dekompensation. In dieser Phase durchlebte sie zahlreiche körperliche Symptome und war mehrere Wochen krankgeschrieben.
Reflexion	Bereits in der Krise hat sich Frau C. mit externer Unterstützung mit ihrer Persönlichkeitsstruktur auseinandergesetzt und im Nachgang einige destruktive Verhaltensmuster erkannt.

4.1.3.2 Deduktive Analyse

Wenn man die Schilderungen von Frau C. auf die in der Literatur beschriebenen Ursachen eines Derailments untersucht, ergeben sich folgende Ergebnisse.

4.1.3.2.1 Persönlichkeitsstruktur

Am ausgeprägtesten erscheint in den Darstellungen von Frau C. ihre sehr hohe Gewissenhaftigkeit. Sie schildert sich selbst als sehr strukturiert („Der hatte ein ähnliches Denken. War auch sehr ordentlich und strukturiert.") und ehrgeizig („Da musste ich mich noch mal beweisen."). Frau C. beschreibt sich als perfektionistisch („Ich arbeite sehr genau.") und lässt ein hohes Anspruchsniveau erkennen („Habe keine Mittagspause gemacht, wenig gegessen, nur Kaffee getrunken."). Diese hohen

Erwartungen, die Frau C. an sich richtet („Ich erwarte sehr viel von mir"), können zu einer Überforderung führen, welche Frau C. im Interview schilderte („Hab' aber keine Termine gestrichen, sondern das noch dazu gemacht.").

Frau C. beschreibt, dass sie gute Erfahrungen mit einer hohen Offenheit gemacht hat („Wenn ich mich öffne, öffnen sich auch andere Türen.") und berichtet auch im Interview sehr ausführlich von ihren Erlebnissen. Darüber hinaus scheint sie neuen Aufgaben zunächst einmal interessiert gegenüber zu stehen und Freude daran zu haben, ihre Ideen umzusetzen („Ich durfte vieles machen, Ideen umsetzen."). In Summe kann man daher eine hohe Offenheit vermuten.

Weiterhin kennzeichnet Frau C. ihr hohes Engagement („Ich krieg' das alles hin, aber das hat mich sehr viel Kraft gekostet."), wofür sie sich aber in erster Linie Anerkennung und Lob erhofft („Habe mir immer Anerkennung gewünscht."; „Ich bin jetzt über sieben Jahre hier. Meinen Sie, Sie hätten mich mal loben können?"). Wenn dieses Bedürfnis nach Anerkennung nicht erfüllt wird, neigt Frau C. dazu, unsicher zu werden und sich selbst stark zu hinterfragen („Immer prüfen, prüfen, prüfen. Ich bin zu dick, was hab' ich für Sachen an.").

4.1.3.2.2 Kognitive Fähigkeiten & Problemlösefähigkeit

Aufgrund ihres Ausbildungsniveaus und ihre abgeschlossenen Hochschulstudiums kann man bei Frau C. eine leicht überdurchschnittliche Intelligenz vermuten.

4.1.3.2.3 Zentrale Selbstbewertungen

Frau C. berichtet, früher einen geringeren Selbstwert besessen zu haben, sodass sie ihre eigenen Erwartungen häufig nicht erfüllen konnte („Du bist ja irgendwie ein Schlappi und Weichei, andere schaffen noch viel mehr."). Sie beschreibt, inzwischen an Selbstbewusstsein und Selbstwirksamkeitserwartung hinzu gewonnen zu haben („Ich weiß jetzt, dass ich sehr sehr viel kann.").

4.1.3.2.4 Selbstreflexionsfähigkeit und Selbsterkenntnis

In Frau C's. Schilderungen wird zunächst eine wenig ausgeprägte Selbstreflexion deutlich („Das war ein Gefühl, was ich überhaupt nicht kannte. Es war nichts, was ich fassen konnte.("). Die ersten physische Belastungssymptome hat sie zunächst geleugnet („Ich bin doch nicht krank.") und diese verdrängt („Habe dann einfach weiter meinen Trott gemacht."). Frau C. berichtet, die Belastung zunächst nicht erkannt zu haben und ihre Grenzen regelmäßig überschritten zu haben („Ich bin immer an meine Grenzen gegangen."; „Habe selbst nicht auf meine Grenzen geachtet. Mittwochnachmittags war auf.").

Im Rückblick scheint Frau C. jedoch einige der Mechanismen, welche zu ihrem Derailment geführt haben, reflektiert zu haben („Ich habe mir sehr viel Wellness erkauft.") und hat offensichtlich erkannt, dass sie für sich die Verantwortung übernehmen sollte („Ich weiß, dass ich selbst für das verantwortlich bin, was mir passiert ist.") und attribuiert ihr Derailment nicht mehr nur external.

4.1.3.2.5 Anpassungsfähigkeit an Veränderungen

Das Unternehmen, in dem Frau C. tätig war, fusionierte in der Zeit vor ihrem Derailment mit einem Konzern („Wir wurden aufgekauft. Dadurch war sehr viel Fahrerei, sehr viel Unsicherheit."). Frau C. berichtet, dass ihre persönliche Belastung durch zusätzliche Fahrzeit zugenommen habe. Sie schildert aber auch eine recht große Angst, die für sie mit der Veränderung an sich einherging („Da waren natürlich sehr viel Ängste. Was passiert, was kommt.").

Frau C. berichtet von ihren Schwierigkeiten, sich einerseits auf die neue Unternehmenskultur („Früher war das richtig toll. Aber dann war es ganz anders.") aber auch auf ihren Vorgesetzten einzustellen („Wir haben einen neuen Chef bekommen, den konnte ich nicht leiden.").

In Summe lässt sich daher vermuten, dass es Frau C. schwer fällt, sich auf veränderte Rahmenbedingungen einzulassen sowie sich auf neue Personen einzustellen.

4.1.3.2.6 Motivstruktur

Frau C. scheint ein ausgesprochen hohes Leistungsmotiv zu besitzen. Sie beschreibt sich selbst als sehr ehrgeizig („Ich arbeite sehr gerne.") und berichtet, ihren Beruf sehr gerne auszuüben („Ich habe super gerne gearbeitet. Habe meinen Job geliebt. Deshalb war ich auch erfolgreich."; „Leistung wurde bedient, anerkannt.").

Gleichzeitig ist es Frau C. aber auch wichtig Einfluss nehmen zu können und sie scheint es zu genießen, im Mittelpunkt zu stehen („Ich hab' das sehr genossen, so im Mittelpunkt zu stehen."). Daher kann man von einem überdurchschnittlich ausgeprägten Machtmotiv ausgehen.

Im beruflichen Kontext berichtet Frau C. wenig von bedeutsamen Beziehungen oder Kontakten, sondern scheint diese eher im privaten Bereich zu pflegen. Konflikte mit Kollegen oder deren Ablehnung scheinen sie nicht übermäßig belastet zu haben. Dementsprechend kann man ein durchschnittlich ausgeprägtes Anschlussmotiv vermuten.

4.1.3.2.7 Soziale Fertigkeiten

Frau C. berichtet von Schwierigkeiten, bei ihren Kollegen Akzeptanz zu finden („Die wollten mich dann auch nicht, da hatte ich dann schon keinen Schreibtisch mehr.") und hatte scheinbar Schwierigkeiten, sich ins Team zu integrieren. Dementsprechend scheint es auch immer wieder zu Auseinandersetzungen mit Kollegen und Vorgesetzten gekommen zu sein („Mit dem kam ich gar nicht klar. Ich war für den wohl eine riesen Gefahr."). Man kann daher vermuten, dass Frau C's. soziale Fertigkeiten eher unterdurchschnittlich ausgeprägt sind.

4.1.3.2.8 Führungsstil

Über ihren Führungsstil berichtet Frau C. von sich aus kaum. Insgesamt scheint sie sich wenig mit ihrer Führungsrolle zu identifizieren und diese vermutlich auch im Alltag wenig einzunehmen.

Deutlich wird jedoch aus ihren Schilderungen, dass sich Frau C. in ihrer Krise von ihrem Vorgesetzten mehr Fürsorge und Unterstützung gewünscht hätte („Ein bisschen Fürsorge wäre schon schön gewesen. Ich hätte da anders gehandelt."). Sie nimmt für sich in Anspruch, dass sie in einer vergleichbaren Situation mitarbeiterorientierter gehandelt hätte.

4.1.3.2.9 Konfliktbewältigung

In Konfliktsituationen neigt Frau C. dazu, sich eher defensiv zu verhalten („Der ist zum Glück von selbst gegangen.") und Auseinandersetzungen auszuweichen („Da bin ich dann stumpf."; „Ich habe nie nein gesagt.").

Frau C. schildert sich als eher harmoniebedürftig und scheint Schwierigkeiten zu haben, Konflikte auszuhalten („Das war schon sehr hart."). Dies führt vermutlich auch dazu, dass sie in Konfrontationen recht schnell nachgibt („Die Kur wurde abgelehnt und ich hatte nicht den Mut, sie nochmal zu beantragen, auch wenn das üblich ist.").

Wenn Frau C. allerdings unter Druck gerät, kann dieses eher defensive Verhalten auch umschlagen und sie berichtet, ihre Interessen auch einmal hartnäckig vertreten zu können („Das war die härteste Woche für mich, diese Verhandlungen durchzuhalten."). Allerdings greift sie dann auch zu recht drastischen Mitteln, wie Erpressung („Entweder wir unterhalten uns in Ruhe, oder ich gehe morgen zu meinem Hausarzt und bin bis auf weiteres krank.").

4.1.3.2.10 Komplexität und Dynamik der Arbeitswelt

Frau C. berichtet, dass von ihr erwartet wurde, ständig erreichbar zu sein, was sie mitunter sehr belastet hat („Da haben die mich übers private Handy angerufen. Da war ich soweit, da habe ich fast das Blackberry und meinen Laptop gegen die Wand gedonnert."). Darüber hinaus schildert sie, dass sie durch unterschiedliche Unternehmensstandorte recht viel Zeit im Auto verbringen musste und so viel Zeit verloren hat („Es war halt sehr viel Fahrerei.").

4.1.3.2.11 Unternehmenskultur

Frau C. schildert, dass die Kultur ihres Unternehmens sich durch eine Fusion massiv gewandelt habe („Also es war eine super Unternehmenskultur, jeder hat jedem geholfen, wir hatten tolle Sommerpartys, Weihnachtspartys, die Geschäftsführung war jung. [...] Ja, und dann kam die [Unternehmensname] und äh, da war irgendwie dann alles anders.") und aus ihrer Sicht unklare Strukturen und Zuständigkeiten herrschten („Zu der Zeit hatte ich dann drei Rollen inne."). Hinzu kamen häufig personelle Wechsel, welche Frau C. als zermürbend und anstrengend empfand („Ich hab' keine

Lust mehr auf ständig neue Geschäftsführer.") womit ihrer Meinung nach auch ein schlechtes Wissensmanagement einherging („Dem ist dann erst aufgefallen, oh, da geht ja Wissen weg.").

Für sich persönlich hatte Frau C. den Eindruck, wenig Unterstützung zu erhalten („Musste alles selber machen, mein Job war neu.") und stellenweise mit zu hohen Anforderungen konfrontiert zu werden („In meinem Jahresgespräch wurde mir gesagt, ich müsste mich in meiner Freizeit mehr fortbilden."). Darüber hinaus äußert Frau C. Entsetzen über die Einstellung mancher Kollegen, welche sie im Rahmen einer Stellenbesetzung erfuhr („Bulimie-Kranke sind sehr ehrgeizig und können sehr viel leisten. Das meinten die ernst. Ja, die klappen irgendwann zusammen, aber bis das passiert, geben die alles.").

Frau C. berichtet, dass ihre Krankheit zunächst ignoriert wurde („Als ich nach sechs Wochen zurück kam, hat mich kaum einer gefragt, wie es mir geht. Mein Chef hat mir gesagt, ich hab' das ja gesehen, dass du da irgendwann mal zusammenbrichst, was sollte ich dir denn helfen?") und es lange gebraucht hat, bis sie von ihrem Vorgesetzten Unterstützung erfahren hat („Dann hat er mir auch geholfen.").

4.1.3.3   Quantitative Daten

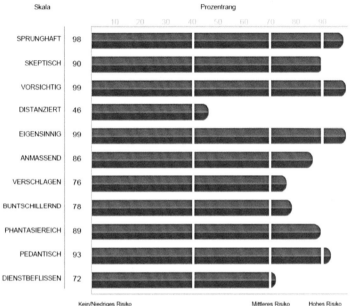

Abbildung 8: HDS-Profil von Frau C.

Das Profil von Frau C. enthält Elemente aus zwei prototypischen HDS-Profilen. Zum einen finden sich Elemente des ,moving-away'-Profil, welches Personen charakterisiert, die oft als Einzelgänger beschrieben werden. In Frau C's. Profil beschreibt dies beispielsweise die Skala ,sprunghaft'. Personen mit hohen Werten in dieser Skala neigen zu häufig wechselnden Launen und Stimmungen und sind für ihre Umwelt schwer einschätzbar. Darüber hinaus weist Frau C. hohe Werte in der Skala ,vorsichtig' auf. Solche Personen sind häufig, trotz des eventuell selbstsicheren Äußeren, eher unsicher.

Ein hohes Risiko in der Skala ,eigensinnig' beschreibt nachtragende Persönlichkeiten, die schnell gekränkt sind. Dies ist auch ein Element des streitsüchtigen HDS-Profils, ebenso, wie eine hohe Ausprägung der Skala ,pedantisch', was bei Frau C. ebenfalls der Fall ist. Zusammenfassend beschreibt dieses Profil eine unsichere Person, die auf andere unbeständig in ihrer Stimmung und detailfixiert wirken kann.

Im eingesetzten Screening-Fragebogen für Persönlichkeitsstörungen erhielt Frau C. einen Wert von 2,63, sodass von einer gravierenden strukturellen Beeinträchtigung ausgegangen werden kann. Allerdings wären für eine differenzierte Diagnose weitere Testverfahren erforderlich.

4.1.3.4 Zusammenfassung

Bei der Auswertung der quantitativen Testverfahren wurde deutlich, dass Frau C. mit großer Wahrscheinlichkeit über eine Persönlichkeitsstörung verfügt. Ihr HDS-Profil beschreibt sie als launenhafte und misstrauische Einzelgängerin, welche schnell gekränkt reagiert, aber eigentlich eher verunsichert ist, trotz eines vielleicht selbstsicheren Auftretens. Jene Impulsivität erkennt man besonders deutlich in Frau C.'s. Konfliktverhalten, welches meist eher ausweichend scheint; unter Druck jedoch neigt Frau C. dazu überraschend impulsiv und aggressiv zu reagieren.

In der deduktiven und der induktiven Analyse ergaben sich Ergebnisse, welche gut zusammenpassen und in ihrer Kombination einen Mehrwert liefern. Das Derailment von Frau C. wird von ihr selbst als ‚schleichender Prozess' beschrieben, welcher in Abbildung 9 schematisch dargestellt ist.

In der deduktiven Analyse zeigte sich, dass Frau C. wahrscheinlich über eine sehr hohe Gewissenhaftigkeit verfügt. Dies passt sehr gut zu dem in der induktiven Analyse wahrgenommenen hohen Anspruch an sich selbst, ihrem Pflichtbewusstsein aber auch ihren Schwierigkeiten, Unterschiede zum Beispiel im Arbeitsstil mit ihrem Vorgesetzten auszuhalten.

Erfolg
- Aufbau einer Abteilung
- Aufstieg zur Abteilungsleiterin

Warnsignale
- erster "Schwächeanfall"
- zahlreiche phyische Symptome wie Halsschmerzen, Verspannungen, Kopfschmerzen
- Scheidung

Veränderung
- Fusion mit einem größeren Unternehmen
- geringere Identifikation mit Unternehmenskultur
- Einschränkung von Freiheitsgraden

Widerstände
- massive Meinungsverschiedenheiten mit neuem Vorgesetztem
- mangelnde Akzeptanz bei den Kollegen

Stabili-sierung
- neue Führungskraft
- Anerkennung ihrer Leistungen und Beförderung
- zahlreiche neue Aufgaben

Dekom-pensation
- zunehmende Belastung durch viel Fahrzeit, Hotelübernachtungen etc.
- permanente Erschöpfung, physische Symptome wie Blasenentzündung, Wirbelblockaden

Krise
- sechswöchige Krankschreibung
- Ablehnung einer Kur
- Behandlung durch Heilpraktikerin

internales Derailment
- Aushandlung eines Auhebungsvertrags, als Chef das Unternehmen ebenfalls verließ

Abbildung 9: Verlaufsmodell Frau C.

Deduktiv kann man auch auf einen recht geringen Selbstwert von Frau C. schließen. Dies korrespondiert mit ihrem induktiv sichtbar gewordenen großen Bedürfnis nach Anerkennung und Lob. Dieser Wunsch nach Anerkennung treibt Frau C. jedoch wahrscheinlich auch häufig dazu, über ihre Belastungsgrenzen hinauszugehen und das Auftreten körperlicher Symptome zunächst zu ignorieren.

Als ihr Arbeitgeber mit einem anderen Unternehmen fusioniert, beschreibt Frau C., dass ihr bis dahin recht stabiles System erschüttert wurde. Aufgrund ihrer vermutlich gering ausgeprägten sozialen Fertigkeiten gelingt es ihr nicht, bei ihren neuen Kollegen Akzeptanz zu finden. Frau C. berichtet von einer enormen Unzufriedenheit, die sie aufgrund ihrer Scheu vor Konflikten und Auseinandersetzungen jedoch lange nicht nach außen trug.

Frau C. scheint grundsätzlich in der Lage zu sein, sich und ihre Verhaltensweisen zu reflektieren und kritisch zu hinterfragen. Sie beschreibt, sich in der Zeit nach ihrem Derailment intensiv mit ihrer Persönlichkeit auseinander gesetzt zu haben; zu der Zeit ihres Scheiterns allerdings, hat sie diese Fähigkeiten offenbar nicht eingesetzt, Probleme nicht hinterfragt und eher passiv auf Einflüsse von außen reagiert.

4.1.4 Herr D.

Herr D. ist Mitte 40, absolvierte eine technische Ausbildung und war ca. 15 Jahre in einer internationalen Beratungsgesellschaft tätig. Das Interview wurde am 09. Juli 2012 in den Räumen des ifp in Köln durchgeführt.

4.1.4.1 Induktive Analyse

Die Auswertung erfolgte auch für dieses Interview, wie bereits unter 4.1.1.1 beschrieben.

4.1.4.1.1 Paraphrasierung

Herr D. erlebt zum Zeitpunkt des Interviews, wie alle Rahmenparameter und strukturgebenden Aspekte seines Lebens sich verlieren. Er hat bei seinem Arbeitgeber einen Auflösungsvertrag unterzeichnet, da er durch andauernde Restrukturierungen sehr frustriert ist. Zudem hat er private Schwierigkeiten, da ihn seine Frau mit den beiden gemeinsamen Kindern verlassen hat sowie starke gesundheitliche Probleme. Herr D. fühlt sich von seinem Arbeitgeber in schwierigen Situationen, wenn beispielsweise Zielvorgaben nicht erreicht werden sowie bei Widerständen und Konflikten mit seinen Mitarbeitern alleine gelassen und er hat kein Vertrauen mehr in das obere Management. In einer Trotzreaktion nahm er einen Aufhebungsvertrag an, da ihn manche Entscheidungen des Managements stark gekränkt haben, nachdem er mehrfach versuchte, seinen Standpunkt deutlich zu machen, es ihm jedoch anscheinend nicht gelang, andere zu überzeugen. In seiner Insensitivität gegenüber sozialen Prozessen und seiner Überforderung kam es auch zu Mobbing-Vorwürfen durch seine Mitarbeiter. Herr D. bemüht sich, seine Kränkung und seine Frustration mit einer Art Pseudo-Normalität und Rechtfertigungen zu überdecken, was ihm jedoch nicht glaubhaft gelingt.

4.1.4.1.2 *Selbstpräsentation und Kontaktgestaltung*

Im Erstkontakt mit Herrn D. fällt auf, dass er körperlich lädiert erscheint und einen kranken Eindruck hinterlässt. Darüber hinaus ist es ihm ein großes Bedürfnis, seine Geschichte zu schildern, wobei recht schnell deutlich wird, dass ihm auch daran gelegen ist, die aus seiner Sicht verheerenden Umstände bei seinem ehemaligen Arbeitgeber anzuprangern. Er begibt sich recht stark in eine Opferrolle und es scheint ihm wichtig zu sein, dass seinen Gesprächspartnern das Ausmaß seines Leidens und seine empfundene Ungerechtigkeit bewusst werden.

Auffallend ist weiterhin sein etwas wirres, stellenweise unstrukturiertes Kommunikationsverhalten. Zudem spricht Herr D. bei schwierigen Entscheidungen, von denen er selbst vielleicht auch nicht vollständig überzeugt ist, von sich selbst in der dritten Person („Er ist es aber trotzdem in den Augen der Führungskraft, der nicht mehr zum Portfolio passt oder nicht den Leistungsansprüchen der Zukunft gerecht werden wird."), vermutlich, um diese ich-dystonen Entscheidungen dennoch in sein Selbstkonzept integrieren zu können.

Herr D. scheint heute noch mit der beruflichen Richtung, in die sein Vater ihn seiner Meinung nach gedrängt hat, zu hadern („Völlig bekloppt der Ansatz, weil mein alter Herr mir einfach gesagt hat, als Kaufmann kannst du doch alles tun und ich dort als Kind von meinem Vater wahrscheinlich so geprägt wurde, dass ich den Kaufmann machen musste. Heute weiß ich, ich hätte zum Beispiel Abitur machen können.") und das Gefühl zu haben, sein Potenzial nicht vollständig ausgeschöpft zu haben. Dies könnte eine Motivation sein, warum es ihm wichtig zu sein scheint, als Gestalter seiner Karriere zu wirken („Und hab' dann irgendwann mal beschlossen im Laufe der Zeit, als bei uns im Unternehmen auch mal wieder eine Restrukturierung anstand, die ja quasi alle zwei Jahre vor der Tür stand, aber eben mal heftiger oder weniger heftig und diese war 'ne richtig große Restrukturierung. Was tust du, wenn du ein bisschen familiärer werden willst?") und diese eigeninitiativ zu lenken.

Seine Motivation für eine Führungslaufbahn beschreibt Herr D. eher als eine Weg-Motivation von der internationalen Reisetätigkeit („Ähm, denn es gibt nur zwei Varianten, entweder in die Führungslaufbahn einsteigen, sprich ins Line-Management hieß das bei uns damals so, oder du gehst weiter ins Projektmanagement und bist dann aber weltweit unterwegs und hast dann nichts von deiner Frau oder möglichen Kindern und so weiter. Dann habe ich mich eben für das Line-Management, sprich die Führungsrolle entschieden."). Allerdings erscheint es für Außenstehende etwas naiv, sich durch einen Aufstieg mehr Zeit für die Familie zu erhoffen und diesen einfach zu ,beschließen'. Auch bei anderen Entscheidungen wird die Weg-Motivation von Herrn D. deutlich, die einer seiner wesentlichen Antreiber zu sein scheint („Bin dann halt, weil ich es ja nun wirklich aufgegeben habe in der Region, dann eben in die Software-Entwicklung als Führungskraft gegangen. Und dort hat keiner, ich sag' mal platt ausgedrückt, sich die Vita von mir angeguckt und geschaut, wofür können wir den eigentlich brauchen.").

Im Vorfeld der Übernahme seiner ersten Führungsposition scheint sich Herr D. Gedanken über seinen Führungsstil gemacht zu haben („Weil ich eben auch 'nen anderen Anspruch an die Führungsrolle hatte, wie ich es bisher von meinem alten Chef selbst als Mitarbeiter erlebt habe… Also das war die Variante Aussitzen. Wenn irgendetwas stressig wurde oder kompliziert wurde, dann hat er auch toter Mann gespielt und das ist so ein Ding, wo ich gesagt habe, das passt einfach nicht. Ich muss mich jeder Situation als Führungskraft stellen. Egal ob angenehm oder unangenehm.") und bestrebt zu sein, sich von der im Unternehmen von ihm bis dato erlebten Führungspraxis abzugrenzen („Erst mal bin ich davon überzeugt, dass eine Restrukturierung nach der anderen nicht das Heilmittel ist. Ich bin auch davon überzeugt, dass man mit Menschen anders umgehen sollte, als ich es erlebt habe, wie es hier getan wurde.").

Herr D. konnte schließlich die Leitung der Abteilung übernehmen, in der er bis zu diesem Zeitpunkt als Mitarbeiter beschäftigt gewesen war. Er berichtet jedoch, keinerlei Vorbereitung für seine Führungsrolle erhalten zu haben („Dass ich dann quasi meine eigene Abteilung so platt ausgedrückt übernehmen konnte. Also aus der eigenen Abteilung als Führungskraft aufgegangen bin mit 33 Mitarbeitern.") und scheint sich insbesondere zu Beginn häufig überfordert gefühlt zu haben („Bin in den ersten Monaten, quasi ich denke mal, was vielen passiert, so in ein Fettnäpfchen rein getreten. Man ist immer noch so im Projekt verhaftet, weil das doch alles sehr sehr schnell geht, da sind keine Einarbeitungszeiten, sondern Sie kriegen quasi so eine Abteilung auf den Tisch geworfen und morgen bist du Führungskraft."). Er versucht jedoch, diesen schlechten Einstieg zu verharmlosen und zu rechtfertigen.

Auch bei seinem Team berichtet Herr D. zunächst von Akzeptanzschwierigkeiten („Und Mitarbeiter sich dann eben in den ersten Monaten einfach noch nicht betreut genug gefühlt haben durch die neue Führungskraft. Also da fängt schon der erste Stressfaktor an.") und Neidern („Das waren sogar mehrere, das war nicht nur einer. Es gibt auch immer solche Baustellen, dass es einem nicht gegönnt wird, warum der und nicht die oder jene, das kennt man irgendwann."). Durch die Beschreibung unzufriedener Mitarbeiter als ‚Baustellen‘ wirkt er hier jedoch überraschend distanziert und scheint diese zu depersonalisieren, obwohl ihn das Thema sichtlich beschäftigt.

Herr D. scheint die Führungsrolle jedoch wenig anzunehmen, sondern wirkt immer noch recht solidarisch mit den ‚normalen‘ Mitarbeitern („Und in der Zeit stand das gesamte Management, was aus einem Dreigestirn bestand, immer auf Personalveranstaltungen vorne auf der Bühne und hat gesagt, wir wollen, wir tun, wir machen, wir gehen und kriegte man später dann eben mit, das war eine komplette Verarschung, also man fragt sich wirklich, welchen Glauben soll man dann so einem Management dann eben noch geben oder schenken."). Dies scheint ihn auch zu hemmen, wenn es darum geht, seinen Mitarbeitern Grenzen zu setzen und einen Rahmen vorzugeben („Ich hab' mich aber dafür entschieden, dass das kontraproduktiv ist in meinen Augen, weil ich will nicht meinen Mitarbeitern, die ich dann als alte Kollegen habe, plötzlich erzählen, du hast deinen Job so oder so zu machen.‟). Herr D. scheint als Führungskraft zu große Freiheiten zu lassen und eher einen Laissez-faire Führungsstil zu vertreten („Also sag' ich mal, ich hab' dann so einen Selbstläufer-Führungsstil, wo ich weiß, auf die kann ich mich verlassen.‟).

Herrn D. scheint es wichtig zu sein, herauszustellen, dass er aus seiner Sicht, häufig komplexe Situationen schneller durchschaut als andere („Und ich hab' ja schon bei der Übernahme der Abteilung ganz schnell festgestellt, 60% meiner Mitarbeiter arbeiten nicht in der eigenen Region, sondern außerhalb der Region, für die sie eigentlich angestellt sind.‟). Dementsprechend geht er mit vermeintlichen eigenen Leistungsdefiziten auch sehr großzügig um, während er dazu neigt, anderen recht schnell Vorwürfe zu machen und diese abzuwerten („Mir geht das zumindest so – dann frage ich mich, wer hat denn da seine Hausaufgaben vorher nicht gemacht.‟).

Herr D. berichtet davon, Kontakt zu seinem ehemaligen Vorgesetzten und Mentor gehalten zu haben („Der mich ja nun auch schon lange genug kannte, definitiv gesagt, das kann so nicht sein, da gehe ich mit rein ins Gespräch und versuche Sie zu unterstützen.‟), scheint ansonsten aber wenig unterstützende Kontakte im Unternehmen gehabt zu haben. Eine Ursache davon könnte sein, dass er unbekannten Personen zunächst einmal skeptisch gegenüber steht und viel Zeit benötigt, um zu einer belastbaren Einschätzung zu kommen („Ja und mein jetziger Chef, der Kontakt ist gut, weil das ist 'ne Personalie, die kann ich schwer einschätzen. Also da bin ich echt oft am hadern, ist er ehrlich oder ist er nicht ehrlich. Und das habe ich bis heute noch nicht so richtig durchblickt, sozusagen.‟). Auch inhaltlichen Veränderungen scheint Herr D. eher abwehrend zu begegnen („Ich bin dann in eine völlig andere Welt gekommen, in der ich mich vorher nie bewegt habe, in der ich mich selbst auch nicht bewegen wollte.‟).

Herr D. scheint sich häufig benachteiligt und mit besonders undankbaren Aufgaben betraut zu fühlen („Mitarbeiter, die einen Aufhebungsvertrag angeboten bekommen haben, ihn nicht angenommen haben, in diese Abteilung geschoben wurden. Und das sah für die Betriebsräte aus, wie ein Sammelpool, den man abwickeln sollte.‟). Dabei gelingt es ihm meist nicht, auch positive Aspekte zu erkennen, sondern er fokussiert recht stark auf negative Gesichtspunkte und fühlt sich von anderen schnell im Stich gelassen, wenn diese keine sofortige Lösung anbieten können („Sie merken dann auch dort, dass die Personalabteilung und auch das Management Sie dann im Regen stehen lässt. Also keiner von denen unterstützt Sie darin."). Es gelingt Herrn D. nicht, kritische Situationen ausreichend zu reflektieren und seinen potenziellen eigenen Anteil daran zu erkennen, sodass er dazu neigt, sich für Misserfolge ausgiebig zu rechtfertigen („Sie können in so einem Konzern nicht alle Betriebsvereinbarungen kennen, zudem die auch nicht immer kundgetan werden. Ja, da passiert das eben, dass Sie etwas tun, was Sie hinterher nicht tun dürfen.").

Herr D. beschreibt sich selbst als aufbrausend und wirkt emotional nicht stabil („Das ärgert mich fürchterlich in dem Moment. Das macht die Stimmung zwischen mir und meinen Mitarbeitern auch nicht unbedingt besser."). Er scheint zu polarisieren und wenig verträglich zu agieren („Ich kann hier kein Mobbing erkennen. Ich kann hier nur meine Fürsorgepflicht erkennen und wäre ich der nicht nachgekommen, wärt ihr mir auch an den Karren gefahren.").

4.1.4.1.3 Erleben der Krise

Herr D. erscheint als wenig stressresistent und berichtet, dass sich bei ihm frühzeitig erste körperliche Symptome einstellten, als die Arbeitsbelastung zunahm („In den ersten dann richtig herausragenden Projekten – so würde ich es mal bezeichnen – quasi so erste gesundheitliche Anzeichen, Schlagseite bekommen."). Herr D. nimmt diese Symptome zwar wahr („Das sind so die ersten Stressfaktoren, die dann auftreten, wo ich letztes Jahr… im Herbst letzten Jahres dann angefangen mit ‘nem Hörsturz das nächste Thema hatte. Und Hörsturz, das habe ich auch gelernt, ist rein stressbedingt."), erkennt Stress als Ursache („Zum Beispiel Gürtelrose, was Sie sich dann einfangen, wenn der Stressfaktor einfach zu hoch wird und so weiter und sofort."), unternimmt aber zunächst einmal nichts. Die Vermutung liegt nahe, dass er seine Belastung somatisiert („Das ist jetzt, sag' ich mal, in den letzten drei Monaten noch additiv dazu gekommen. Hab' gerade ‘ne Gallenblasen-OP hinter mir, danach zwei Komplikationen. Also ich bin jetzt fast 20 Tage im Krankenhaus drei Mal gewesen in Summe. Ähm, wo ich sage, das sind Faktoren, die kommen nicht einfach durch meinen Lebensstil oder durch meine Vergangenheit, das sind reine Stressfaktoren.") und sich daher zahlreiche ernsthaft physische Symptome manifestieren.

Herr D. berichtet davon, sich selbst im Umbruch gefühlt zu haben, als gleichzeitig auch bei seinem Arbeitgeber zahlreiche Umstrukturierungen anstanden („Da eben ja nicht nur ich im Umbruch war, sondern die ganze Firma im Umbruch war – es waren viele Kollegen, die rausgegangen sind, wo ich dann auch sofort mit involviert war in den Gesprächen."). Herr D. scheint von diesen Veränderungen etwas überfordert zu sein, die aus seiner Sicht mit extrem hoher Geschwindigkeit ablaufen („Also das erlebt man auch mit einer unheimlich hohen Geschwindigkeit, dass die eigenen Kollegen plötzlich nicht mehr Kollegen sind, sondern mit einem nichts mehr zu tun haben wollen, weil man ja jetzt der Chef ist, also man wird wirklich sofort geschnitten, das geht ganz schnell.").

Es scheint ihm nicht zu gelingen, sich zu seinem Team eine gute Beziehung und ein vertrauensvolles Verhältnis aufzubauen („Da muss man über den Dingen stehen, sag' ich einfach mal, weil das Management entscheidet, wer die Führungsrolle übernimmt und nicht irgendwelche Kollegen."). Herr D. scheint über wenig soziales Geschick zu verfügen und bei seinen Kollegen nicht sonderlich beliebt gewesen zu sein („Da hat mein damaliger direkter Chef mir einfach nur gesagt, du gehst ihm auf den Keks, der hat die Schnauze voll von dir."). Er berichtet davon, sich im Laufe der Zeit mit dieser Ausgrenzung abgefunden zu haben, es scheint ihn aber sehr viel Kraft gekostet zu haben. Hinzu kam, dass er mit jeder Restrukturierung auch Teile seines Teams abbauen musste („Muss man auch mit leben. Ist auch normal. Ja, dann in die Führungsrolle und auch dort nicht verschont geblieben von zwei jährlichen Restrukturierungsmaßnahmen."; „Du pass mal auf, 10% der Belegschaft musst du abbauen. Dann muss man auch quasi von den Guten den Schlechten finden."). Herr D. berichtet recht lapidar davon, dass er mit ernsthaften Mobbing-Vorwürfen konfrontiert wurde („Wo es Ihnen passieren kann, dass Sie plötzlich 'nen Mobbing-Vorwurf als Führungskraft auf den Tisch bekommen.").

Herr D. konnte scheinbar seine Zielvorgaben und die Erwartungen des Managements nicht erfüllen („Und zwar ist es ganz oft so, dass Sie ständig damit konfrontiert werden, wenn Zahlen nicht stimmen, warum sie nicht stimmen. Sie können das aber belegen…"). Als er damit konfrontiert wurde, scheint er sich jedoch eher rebellisch verhalten zu haben („Ich muss nicht alles mitmachen, was das Management von oben herab quasi aufgibt."). In seinen Schilderungen wirkt Herr D. sehr aufgebracht und berichtet, sich ungerecht behandelt gefühlt zu haben („Sie müssen also investieren in Ausbildung. Die können Sie aber ja keinem Kunden in Rechnung stellen, das funktioniert heute nicht mehr. Das hat mal vor 10 Jahren geklappt, da konnte man das machen, heute klappt das nicht mehr."). Er scheint Kritik schlecht aushalten zu können und über eine geringe Selbstregulation zu verfügen, wenn er sich schlecht behandelt fühlt („Und sowas wurde ständig hinterfragt und dann bin ich irgendwann echt wie so ein HB-Männchen an die Decke gegangen und hab' gesagt, hört auf mich zu nerven, ihr wisst ganz genau, was wir für Herausforderungen haben. Ich hab' keine Lust, jeden Monat erneut zu erklären, dass drei oder fünf meiner Mitarbeiter halt eben zurzeit kein Projekt haben."). Er neigt jedoch auch zu einem etwas selbstgefälligen Auftreten und der Abwertung anderer, um seinen Selbstwert zu erhöhen („Also wenn du dann massiv… drei, vier, fünf, sechs Mal hinterfragt und so die letzte Woche im Monat fangen die echt an, E-Mail-Krieg zu spielen und das sind so Dinge, wo ich sage, was soll der Quatsch, können die sich nicht anders beschäftigen?").

Wenn er von seinem Derailment berichtet, wählt Herr D. zahlreiche kriegerische Metaphern. So berichtet er beispielsweise, sich bei Fehlern ‚unter Beschuss' gefühlt zu haben („Und das sind immer wieder so rotierende Dinge, immer wenn es eng wurde, dann wurde es kurz vorher auf die direkte Führungskraft eröffnet."). Es scheint ihm nicht gelungen zu sein, seine Vorgesetzten von seinen Vorstellungen zu überzeugen, was bei ihm eine enorme Frustration auslöste („Das Management entscheidet einfach, nein, machen wir nicht, Portfolio gestrichen. Und dann erleben Sie einfach ein halbes Jahr später, dass händeringend genau solche Personen eben gesucht werden, für genau diesen Kunden, wo sie sich zum Anderen fragen, ja was sollen wir noch alles anstellen? Das sind so Dinge, wo ich mich dann hinein steiger' und sage, dass Management muss auch mal ein bisschen Vertrauen in die Truppe stecken.").

Herr D. beschreibt zahlreiche Kränkungen und fühlt sich unter anderem von seiner direkten Führungskraft im Stich gelassen („Das war alles abgesegnet. So, wenn dann von oben quasi der Ruf kam, warum sind die Zahlen so schlecht, dann ist der umgefallen. Das hat mich fürchterlich geärgert. Ich hab' gesagt, gerade er muss den Allerwertesten in der Hose haben und dann auch gegenüber seinem Management das vertreten können. Er kann nicht mir gegenüber sagen, ja das ist in Ordnung, du machst das super gut, dass passt so, ich vertraue dir vollkommen und dann kommt von oben die Nachfrage und dann fallen sie alle um."). Herr D. beschreibt ein Umfeld, welches er als unfair wahrgenommen hat („Also wenn Sie da zwei, drei Mal 'ner Führungskraft ein bisschen blöd gekommen sind, dann waren Sie auf der Abschlussliste."). Er scheint sich häufig unter Druck gesetzt gefühlt zu haben („Denn ich habe hier nur den Motivationsfaktor Angst erlebt. Das funktioniert meiner Meinung nach auch nicht.") und sich als Person wenig geschätzt gefühlt zu haben („Weil das Management sich nicht mit mir als Person beschäftigt.").

Aber auch bei seiner Familie scheint er wenig Unterstützung zu finden („Macht man so eine Familienzusammenführung, weil meine Frau damals gesagt hat, sie bewegt sich dort nicht weg, also kein Stück Richtung Arbeitsplatz oder so."; „Wenn Sie dann aber auch davor stehen, dass Sie mit ihrem Partner oder mit ihrer Partnerin keine Möglichkeit haben, das Ganze zu eruieren oder zu diskutieren, dann ist irgendwann der Akku leer."), sondern dort noch einer zusätzlichen Belastung ausgesetzt zu sein („Weil ich jetzt auch familiär 'ne massive Baustelle habe, weil meine Frau im März ausgezogen ist mit den zwei Kindern. Dass es alles zu viel wird dieses Jahr… Ich hab' da jetzt noch ganz ganz viel zu regeln, auch privat halt Themen, dass ich erst mal gucken muss, wie kann ich es angehen nächstes Jahr, welche Pläne kann ich noch verfolgen, was gesteht man mir noch zu.").

4.1.4.1.4   Bewältigungsstrategien

Herr D. scheint nach Auswegen aus der Belastungssituation zu suchen („Auch vor der Frage stehst, wie lange tust du dir selbst noch Restrukturierungen an oder willst du nicht irgendwann selbst auch das Unternehmen verlassen."), wirkt aber stellenweise wenig rational in seinem Entscheidungsverhalten („Ich hab' damals schon gesagt, also bei der dritten Restrukturierung will ich nicht als Führungskraft mitmachen, gehe ich auch. Und das war dann letztes Jahr soweit."; „Also musste ich die Entscheidung treffen, da hab' ich einfach irgendwann gesagt, ähm dann ist es einfach so, dass ich das Unternehmen verlasse.").

Herr D. hat bemerkt, dass er mit dem Wechseln in einen anderen Fachbereich eine Fehlentscheidung getroffen hat („Ich hab' echt innerlich gehadert mit mir und habe auch dann irgendwann gemerkt, schon nach glaube sechs Monaten, das war 'ne Fehlentscheidung von mir, das zu tun. Denn ich habe mich auch diesen Themen überhaupt nicht gestellt und mich diesen Themen auch nicht angenommen."). Trotzdem gelingt es ihm nicht, etwas an der Situation zu verändern. Er scheint über wenig konstruktive Bewältigungsstrategien zu verfügen („Das äh war 'ne bittere Pille damals für mich. Friss oder stirb. Kurz ausgedrückt, wo ich schon gehadert habe.").

Herr D. scheint permanent um Anerkennung zu kämpfen („Aber wenn man sich dann anguckt, so hast du irgendwann die Entscheidung getroffen, das zu tun und das ist bei mir auch 'ne Weg-Motivation gewesen, dass ich gesagt habe, ich will davon weg. Und die ist nicht schlimm, also wie gesagt, Arnold Schwarzenegger ist das beste Beispiel dafür, der wollte einfach in der Steiermark nicht mehr sein, er wollte da weg."). Als ihm diese aus seiner Sicht verwehrt wird, beginnt er sich Gedanken über den weiteren Verlauf seiner Karriere zu machen („Und da können Sie sich dann ja schon anfangen, selbst Gedanken über sich selbst zu machen."). Er scheint viel Sicherheit und Einschätzbarkeit in seinem Umfeld zu benötigen („Das ist also eine Entscheidung gewesen, dass ich wirklich sage, so will ich nicht weitermachen, da bin ich überzeugt davon. Und eben was ich vorhin andeutete, wenn ich ein Management habe, wo ich ganz klar im Laufe der Zeit mitbekommen habe, dass man sich ver... 'tschuldigung wenn ich es so ausdrücke... verarscht. Dann kann ich dem nicht mehr folgen.").

Für Herrn D. scheint es sehr wichtig zu sein, dass letztlich er die Entscheidung getroffen hat, das Unternehmen zu verlassen („Ich glaube, er war nicht amused darüber, dass ich gekündigt habe. Weil ich hätte das Angebot nicht annehmen brauchen und das war so eine Entscheidung, eine freiwillige Sache. Sie kriegen zwar was unterbreitet, brauchen es aber nicht annehmen."). Diese war allerdings auch zu einem großen Teil von der Angst motiviert, dass man ihm in einem nächsten Schritt kündigen könnte („Wenn man mir vom Arbeitgeber unterbreitet, dann stehe ich auf einer Liste, wenn irgendwann später 'ne Restrukturierung kommt, würden die überlegen, der stand schon mal auf einer Liste, der hat schon mal ein Angebot bekommen, das tue ich mir nicht an.").

Herr D. scheint sich bei seinem Ausstieg erstmals in einer Machtposition zu fühlen („Das Größte, was mich natürlich tierisch gefreut hat, aber etwas irritierte, sag' ich auch mal wieder, ist einfach, meine Firma hat mir die Abschiedsparty bezahlt. Das habe ich bisher noch nie erlebt. Wo ich sage, da muss man aber was falsch gemacht haben, das passt dann auch wieder nicht zueinander.") und empfindet große Genugtuung („Er war in der Lage zu entscheiden, wer ein Abfindungsangebot bekommt und wer nicht. Und da hab' ich dann gesagt, dann hast du was falsch gemacht. Wenn du mir erst eines zukommen lässt und hinterher mich dann anrufst und sagst, unterschreib nicht. Hättest du dir das besser vorher überlegt.").

Plötzlich scheint Herr D. auch Rückhalt bei Kollegen zu finden, welchen er vorher vermisst hat („Wenn Sie mit solchen Kollegen dann sprechen und die sagen, wie du hast ein Angebot bekommen, sind die denn bekloppt?").

Herr D. gibt sich betont selbstbewusst hinsichtlich seiner beruflichen Zukunft („Und ich hab' das mal damit verglichen, wenn ich mich als Unternehmer selbstständig machen will und den Businessplan vorlege, dann wird der sicherlich nach einem Jahr bereits schwarze Zahlen ausweisen.") und schildert ehrgeizige Pläne („Ich möchte aber auch nicht überall als eigener Kämpfer oder Einzelkämpfer agieren, sondern meine Idee ist wirklich, ein Unternehmen aufzubauen."). Dennoch wirkt Herr D. mitunter auch etwas angestrengt und betont bemüht, in seiner Situation noch positive Aspekte zu entdecken („Das sind dann so Punkte, wo ich sage, das hört sich verdammt noch mal alles gar nicht so schlecht an für den Moment.").

Darüber hinaus wird deutlich, dass sich Herr D. zunächst kaum mit seiner Persönlichkeit auseinandergesetzt hat („Das merke ich auch selbst, wenn Sie so ein Persönlichkeitsprofil durchlaufen, merken Sie irgendwann dann auch selbst, wie Sie ticken und das ist definitiv so, ich kann die Dinge nicht zu Ende bringen, ich muss irgendwann etwas übergeben an jemanden.") und dies erst im Nachgang seines Derailments tat. Er hat im Nachhinein zahlreiche Weiterbildungen absolviert („Ja, aber nur durch die ganzen Ausbildungen, die ich seitdem gemacht habe. Und da lernen Sie auch extrem viel über sich selbst und das ist ja auch mit ein Hintergedanke, dass Sie gar nicht unbedingt lernen, wie tickt Ihr Gegenüber, sondern dass Sie eigentlich lernen, wie ticken Sie selbst.") und kann im Rückblick beschreiben, wo er selbst Fehler gemacht hat

(„Ich glaube, das ehrlich zu beantworten, wenn ich sage, ich würde das nächste Mal nicht aus meiner Heimat heraustreten. Ich glaube, das war echt nicht förderlich. Für mich selbst auch nicht."), sodass er sein Derailment nicht mehr nur rein external attribuiert.

4.1.4.1.5 Zentrale Kategorien

In einem weiteren Verdichtungs- und Abstraktionsschritt wurden anhand der Logik des zirkulären Dekonstruierens aus den auffälligen Passagen des Interviews zentrale Kategorien abgleitet (Jaeggi, Faas, & Mruck, 1998), die den ‚Kern' der Beschreibung erfassen sollen.

zentrale Kategorie	Beschreibung
Schlechte Leistung	Herr D. scheint mit seiner Abteilung mehrfach die vorgegebenen Ziele nicht erreicht zu haben.
Unwissenheit / Überforderung	In seine erste Führungsrolle kam Herr D. ohne Vorbereitung oder Vorwissen und war dementsprechend zunächst überfordert.
Widerstände/ mangelnde Akzeptanz	Herrn D. ist es nicht gelungen, die Akzeptanz und die Anerkennung seiner Mitarbeiter zu erhalten. Er fühlt sich ausgeschlossen und nicht als Teil des Teams.
Kränkung	Herr D. fühlt sich von seinem Umfeld häufig ungerecht sowie unfair behandelt und seine Leistungen nicht ausreichend anerkannt.
Trotz/ Rebellion	Es scheint Herrn D. nicht zu gelingen, andere von seinen Ideen zu überzeugen. Er reagiert dann jedoch wenig konstruktiv, sondern neigt zu einem aggressiven, rebellischem Verhalten.

Insensitivität ggü. sozialen Prozessen	Herr D. scheint zu polarisieren und daher häufig mit anderen in Konflikt zu geraten. Er hat Schwierigkeiten, seine Gegenüber treffsicher einzuschätzen und begegnet anderen zunächst misstrauisch.
Rechtfertigung / externale Attribution	Herr D. neigt in schwierigen Situationen zu einer externalen Attribution der Ereignisse. Seinen Eigenanteil erkennt er wenig und er nimmt schnell eine erklärende und rechtfertigende Haltung ein.
Veränderung	Bei Herrn D's. Arbeitgeber standen regelmäßige Restrukturierungen an, von denen auch er und sein Team betroffen waren. Herr D. hatte Schwierigkeiten, sich auf die veränderten Rahmenbedingungen und Personen einzustellen.
Ignoranz von Warnsignalen	Herr D. berichtet von zahlreichen physischen Belastungssymptomen wie Hörsturz oder Gürtelrose, welche er zunächst aber nicht wahrzunehmen scheint. Er scheint den wahrgenommenen Stress zu somatisieren.
Private Probleme	Das berufliche Scheitern von Herrn D. wurde durch die Trennung von seiner Frau noch verstärkt. Er berichtet, in seiner Familie ebenfalls wenig Rückhalt und Unterstützung gefunden zu haben.

4.1.4.2 Deduktive Analyse

Wenn man die Schilderungen von Herrn D. auf die in der Literatur beschriebenen Ursachen eines Derailments untersucht, ergeben sich folgende Ergebnisse.

Persönlichkeitsstruktur

Herr D. berichtet von einer geringen Detailorientierung („Ich kann die Dinge nicht zu Ende bringen, ich muss irgendwann an jemanden übergeben.") und bezeichnet sich selbst als Generalisten („Ich kann neue Themen definieren und herausbringen, ich will gar nicht in die Themen rein."), sodass man von einer eher niedrig ausgeprägten Gewissenhaftigkeit ausgehen kann.

Des Weiteren zeichnet Herr D. ein eher rebellisches Bild von sich („Ich muss nicht alles mitmachen, was das Management vorgibt.") und berichtet, sich häufiger nicht an Regeln gehalten zu haben („Ist mir doch egal. Aber da werden Sie dann immer eingebremst."). Daher kann man eine geringer ausgeprägte Verträglichkeit sowie eine hohe Unabhängigkeit vermuten.

Herr D. schildert sich selbst als recht emotional („Da habe ich mich fürchterlich geärgert.") und scheint schnell beleidigt zu sein und sich gekränkt zu fühlen („Das wird einem nicht gegönnt, das kennt man irgendwann."). Auf diese von ihm empfundenen Kränkungen reagiert er mitunter recht aggressiv („Da bin ich an die Decke gegangen.") und berichtet von einer gewissen Schadenfreude, wenn er sich revanchieren kann („Hättest du dir besser vorher überlegt."; „Das hat mich tierisch gefreut, aber auch etwas irritiert."), sodass man höhere Neurotizismuswerte vermuten kann.

4.1.4.2.1 Kognitive Fähigkeiten & Problemlösefähigkeit

Aufgrund seines Ausbildungsniveaus kann man bei Herrn D. durchschnittlich ausgeprägte kognitive Fähigkeiten vermuten. Er behauptet von sich, die Marktsituation erkannt und darauf reagiert zu haben („Habe die Abteilung auf vier neue Säulen gestellt."). Dennoch scheint seine Abteilung keine zufriedenstellenden Ergebnisse erreicht zu haben, was Herr D. allerdings rein external attribuiert.

In seiner Problemlösefähigkeit sowie seiner Entscheidungsfindung wirkt Herr D. in seinen Schilderungen wenig systematisch, sondern scheint zu Kurzschlussentscheidung zu neigen („Da hab' ich einfach irgendwann gesagt, dann ist es einfach so, dass ich das Unternehmen verlasse.").

4.1.4.2.2 Zentrale Selbstbewertungen

Herr D. scheint über eine geringe Selbstwirksamkeitserwartung und einen externalen locus of control zu verfügen. Dies zeigt sich in seinen Schilderungen in dem Eindruck, Geschehnisse nicht beeinflussen zu können und ihnen hilflos ausgeliefert zu sein („Das ist halt so, das kann ich doch eh nicht beeinflussen.").

4.1.4.2.3 Selbstreflexionsfähigkeit und Selbsterkenntnis

Herr D. scheint über eine gering ausgeprägte Fähigkeit zur kritischen Selbstreflexion zu verfügen und attribuiert sein Derailment rein external („Das sind alles nur äußere Faktoren, das liegt nur am Stress.").

Er scheint Schwierigkeiten zu haben, Kritik auszuhalten („Wenn man dann so massiv hinterfragt wird.") und neigt dazu, schnell in eine Rechtfertigungshaltung zu verfallen („Das können Sie gar nicht alles wissen.").

Inzwischen berichtet Herr D. allerdings, sich durch unterschiedliche Weiterbildungen mehr mit seiner Persönlichkeit auseinandergesetzt zu haben („Gelingt mir langsam durch Ausbildungen und Seminare."), lässt jedoch auch wieder eine etwas überhebliche Tendenz erkennen („Ich habe unheimlich viel Menschenkenntnis gewonnen.").

4.1.4.2.4 Anpassungsfähigkeit an Veränderungen

Herr D. vermittelt wenig Interesse oder Freude an Veränderungen und berichtet von Schwierigkeiten, sich in ein neues Fachgebiet einzuarbeiten („Das hatte gar nichts mit dem zu tun, was ich vorher gemacht habe. Der Wechsel war eine bittere Pille. Da habe ich schon geschluckt."). Er scheint solchen Veränderungen jedoch eher passiv und abwartend zu begegnen und wenig nach Gestaltungsmöglichkeiten zu suchen. Dies äußert sich auch in recht radikalen und wenig durchdacht wirkenden Entscheidungen („Bei der dritten Restrukturierung gehe ich auch.").

Darüber hinaus berichtet Herr D. auch von Schwierigkeiten, sich an seinen neuen Chef zu gewöhnen und eine vertrauensvolle Beziehung aufzubauen („Den kann ich ganz schwer einschätzen. Da bin ich echt oft am Hadern.").

4.1.4.2.5 Motivstruktur

Herr D. scheint über ein durchschnittlich ausgeprägtes Leistungsmotiv zu verfügen. Er legt zwar einerseits Wert darauf, dass Aufgaben pünktlich erledigt werden („Da bleibt man halt auch mal 'ne Stunde länger, weil etwas fertig werden muss."), wirkt aber recht unberührt, wenn Leistungsziele in seiner Abteilung über einen längeren Zeitraum hinweg nicht erfüllt werden.

Der wesentliche Antreiber von Herrn D. scheint jedoch sein Affiliationsmotiv zu sein, was er einerseits in seinem Anspruch formuliert, mitarbeiterorientiert führen zu wollen („Mit Personal sollte man anders umgehen, wie ich es erlebt habe. Ich motiviere Menschen anders."), sich andererseits aber auch in seiner stetigen Suche nach Anerkennung und Respekt äußert („Habe dem dann mal ganz klar gesagt, was ich in der Vergangenheit für das Unternehmen geleistet habe.").

Wenn dieser Wunsch nach Anerkennung nicht erfüllt wird, neigt Herr D. zu einer ausgeprägten Weg-Motivation, aus der heraus er mitunter impulsiv wirkende Entscheidungen trifft („Die meisten Entscheidungen habe ich aus einer Weg-Motivation heraus getroffen.").

4.1.4.2.6 Soziale Fertigkeiten

Herr D. scheint über wenig soziales Gespür zu verfügen („Das kann ich gar nicht einschätzen."). Dies äußert sich beispielsweise darin, dass er Schwierigkeiten hatte, sein Management von seinen Ideen zu überzeugen („Da wird man dann ausgebremst. In solche Dinge steigere ich mich dann hinein. Das Management muss doch auch mal ein bisschen Vertrauen in die Truppe haben."). Er berichtet, auch von seinen Kollegen entsprechendes Feedback zu seinem eher ungeschickten Verhalten erhalten zu haben („Du gehst dem auf den Keks und nervst den. Der hat die Schnauze voll von dir.").

Auch in seinem Team berichtet Herr D. von einem geringen Zusammenhalt mit seinen Kollegen („Da wird man wirklich sofort geschnitten."), welche ihm seine Beförderung nicht gegönnt zu haben scheinen. Insbesondere in der Anfangszeit fühlte er sich wenig unterstützt und angenommen („Das waren mehrere. Es gibt auch immer solche Baustellen, dass es einem nicht gegönnt wird...").

4.1.4.2.7 Führungsstil

Herr D. berichtet, sich für die Führungslaufbahn entschieden zu haben, um weniger reisen zu müssen. In seiner ersten Führungsaufgabe übernahm er die Abteilung, in der er bisher als Mitarbeiter tätig gewesen war („Aus der eigenen Abteilung als Führungskraft aufgegangen mit 33 Mitarbeitern.").

Er scheint mit hoher Motivation und Leistungsanspruch in diese Rolle gegangen zu sein („Hatte anderen Anspruch an die Rolle, als ich es von meinem Chef bisher kannte. Wollte nicht einfach nur Aussitzen. Ich muss mich jeder Situation stellen."; „Ich will meine Mitarbeiter motivieren."). Dennoch scheint er in den ersten Monaten wenige Erfolgserlebnisse gehabt zu haben („Bin in den ersten Monaten so in ein Fettnäpfchen rein getreten.") und sich nicht ausreichend in seine Rolle eingefunden zu haben („Die Mitarbeiter haben sich nicht betreut genug gefühlt.").

Herr D. wollte eine rein steuernde Rolle einnehmen („Ich hab' mein Fachthema echt an den Nagel gehangen und war komplett in der Führungsrolle."), was allerdings in einen gewissen Widerspruch zu seinem Widerwillen steht, seinen Mitarbeitern „reinzureden", sodass er seinen Führungsstil als „Selbstläufer-Führungsstil" bezeichnet. In Summe kann man daher vermuten, dass Herr D. nicht zu einem situativen und transformationalen Führen in der Lage war.

4.1.4.2.8 Konfliktbewältigung

Herr D. scheint eine recht polarisierende Person zu sein, die häufiger in Konflikte gerät. So berichtet er beispielsweise von Mobbing-Vorwürfen, welche einer seiner Mitarbeiter gegen ihn erhob („Wir müssen hier bitte auch miteinander diskutieren, ich kann kein Mobbing erkennen."). Er verbalisiert zwar den Anspruch, Konfliktsituationen klären und lösen zu wollen („Die kann ich nicht einfach aussitzen."), was ihm anscheinend aber häufig nicht gelang („Das war dann so schwebend.").

Ein Grund dafür könnten seine geringe Kompromissbereitschaft sowie seine Schwierigkeiten, Kritik anzunehmen, sein („Habe keine Lust, das jeden Monat neu zu erklären."). Wenn er kritisiert wird, scheint er zu einem eher eskalierenden und aggressiven Verhalten zu neigen („Da bin ich wie ein HB-Männchen an die Decke gegangen. Hört auf mich zu nerven.").

4.1.4.2.9 Komplexität und Dynamik der Arbeitswelt

Herr D. berichtet an vielen Stellen des Interviews von einer hohen wahrgenommenen Belastung und viel Stress in seinem beruflichen Alltag („Das ist alles rein stressbedingt. Da gibt es keine andere Ursache."). Dies scheint ihm mitunter jedoch auch als willkommene Ausrede für schlechte Leistungen zu dienen.

4.1.4.2.10 Unternehmenskultur

Herr D. schildert, dass bei seinem Arbeitgeber regelmäßig Restrukturierungen stattgefunden hätten („Die standen bei uns alle zwei Jahre vor der Tür."), sodass für ihn der Eindruck entstand, dass sich das Unternehmen permanent im Umbruch befand („Die ganze Firma war im Umbruch."). Herr D. hat diese als ‚Portfoliobereinigung' titulierten Maßnahmen jedoch als eher chaotisch („Das war ohne Rahmen. Jedes Jahr wurde aufs Neue überlegt.") und zu radikal erlebt („Der Bereich ist komplett nieder gemacht worden, alle Leute raus geschmissen.").

Im Rahmen dieser Umstrukturierungen, kam es einerseits zu einer hohen selbstgewählten Fluktuation („Die hätten ja mit Geld gehen können, aber innerhalb eines Jahres hat die halbe Abteilung gekündigt."), andererseits war Herr D. aber auch in zahlreiche Entlassungen involviert („Jedes Jahr 10% raus, dafür wieder 10% neu einstellen."; „Da war ich sofort mit involviert; wenn man nur gute Leute hat, dann muss man von den Guten den Schlechten finden.").

Darüber hinaus berichtet Herr D., dass er wenig Ausbildung oder Vorbereitung für seine Rolle als Führungskraft erhalten habe („Sie kriegen quasi so eine Abteilung auf den Tisch geworfen und morgen bist du Führungskraft.").

Herr D. schildert, dass er sich von seinem oberen Management wenig unterstützt gefühlt habe („Das Management wusste genau, was es tut. Wenn es eng wurde, wurde trotzdem zuerst das Feuer auf die direkte Führungskraft eröffnet."), sondern der Fokus rein auf den Ergebnissen gelegen habe („Sie werden ständig damit konfrontiert, wenn Zahlen nicht stimmen.“). Er scheint sich stark unter Druck gesetzt gefühlt zu haben („Hier habe ich nur Angst als Motivator erlebt.“). Aufgrund einiger Entscheidungen scheint Herr D. zudem das Vertrauen in die Unternehmensleitung verloren zu haben („Das war eine komplette Verarsche.“).

4.1.4.3 Quantitative Daten

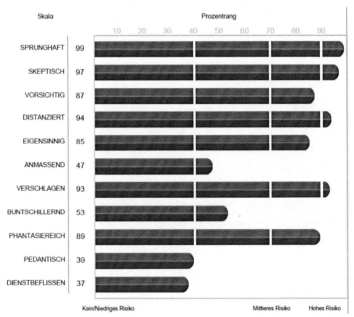

Abbildung 10: HDS-Profil von Herrn D.

Das HDS-Profil von Herrn D. weist große Ähnlichkeiten mit einem typischen ‚moving-away'-Profil (Hogan & Hogan, 1997), also dem eines Einzelgängers auf. Personen mit einem solchen Profil neigen zu starken Emotionsschwankungen zwischen Enthusiasmus und Abneigung, sie sind sehr aufmerksam für Anzeichen von Vertrauensbruch oder Missbilligung und können aufbrausend reagieren, wenn sie diesbezüglich Vermutungen hegen. In solchen Situationen reagieren jene Personen zunächst herausfordernd oder anschuldigend, ziehen sich aber letztendlich zurück und vermeiden den weiteren Kontakt zu ihrem Gegenüber. Darüber hinaus weist das Profil von Herrn D. hohe Werte auf der Verschlagenheitsskala auf. Personen mit hohen Werten in dieser Dimension treffen schnelle Entscheidungen, gehen dabei hohe Risiken ein, erwarten aber, dass über eventuelle negative Konsequenzen hinweggesehen wird.

Der IPO-16 Wert von Herrn D. beträgt 1,56, sodass nicht vom Vorliegen einer Persönlichkeitsstörung ausgegangen werden kann.

4.1.4.4 Zusammenfassung

Im Vergleich der beiden qualitativen Auswerteschritte, kommen sowohl die induktive als auch die deduktive Analyse zu vergleichbaren Ergebnissen, sodass eine Kongruenz in allen drei Analysemethoden erkennbar ist, da bei Herrn D. die Erkenntnisse aus den qualitativen Analysen exakt mit seinem HDS-Profil übereinstimmen.

Dort erhielt er ein als ‚moving-away' tituliertes Profil, welches einen Einzelgänger beschreibt, der zu starken emotionalen Schwankungen neigt und häufig aufbrausend reagiert. Dies zeigte sich auch in der induktiven Analyse, wo Herr D. mehrfach beschrieb, dass er Schwierigkeiten hatte, bei seinen Vorgesetzten, Kollegen und Mitarbeitern Akzeptanz zu finden. Darüber hinaus neigt er zu trotzigen, mitunter aggressiven Reaktionen, wenn er sich gekränkt und seine Leistungen nicht ausreichend wertgeschätzt fühlt. Dies stimmt ebenfalls mit seinem HDS-Profil überein. Personen mit einem moving-away-Profil sind anderen gegenüber grundsätzlich misstrauisch eingestellt und neigen zu aufbrausenden Reaktionen, wenn sie sich ungerecht behandelt fühlen.

Wie bereits der Titel besagt, werden Personen mit einem moving-away Profil durch sozialen Rückzug, insbesondere in Konfliktsituationen, welche sie häufig selbst auslösen, charakterisiert. Dies entspricht ebenfalls der Selbstbeschreibung von Herrn D., welcher berichtet, häufig aus einer Weg-Motivation heraus gehandelt zu haben.

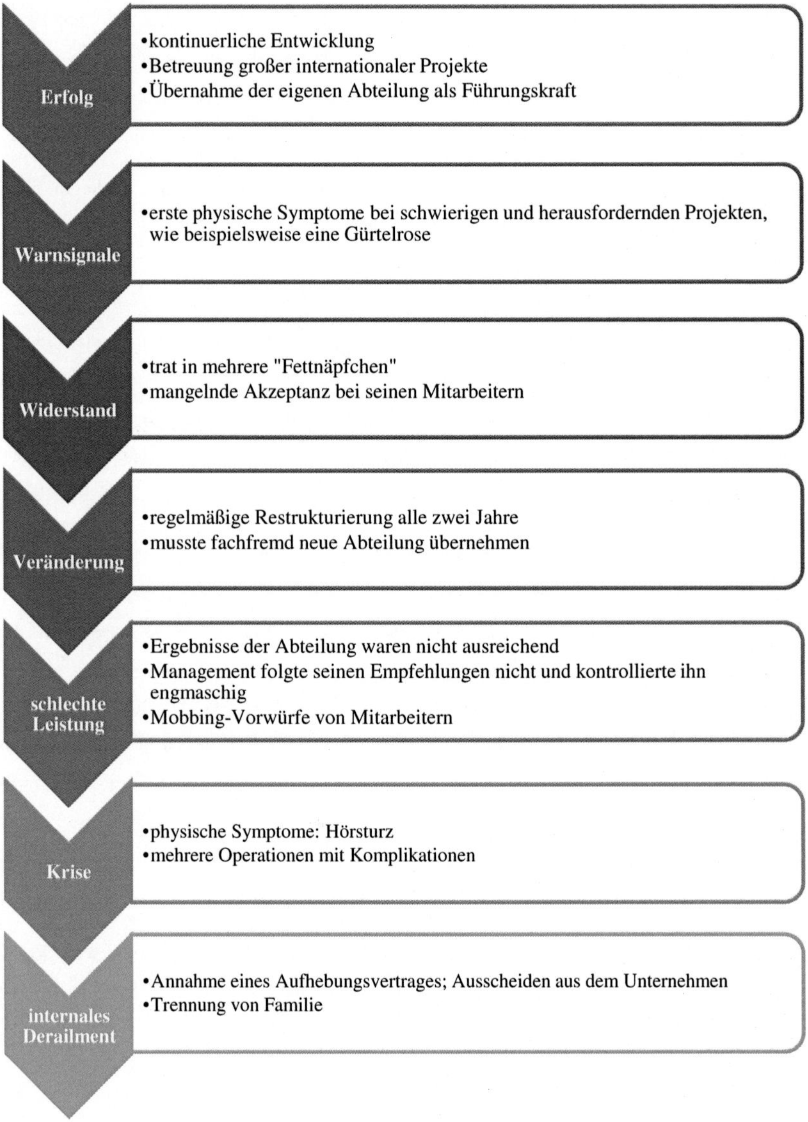

Erfolg
- kontinuerliche Entwicklung
- Betreuung großer internationaler Projekte
- Übernahme der eigenen Abteilung als Führungskraft

Warnsignale
- erste physische Symptome bei schwierigen und herausfordernden Projekten, wie beispielsweise eine Gürtelrose

Widerstand
- trat in mehrere "Fettnäpfchen"
- mangelnde Akzeptanz bei seinen Mitarbeitern

Veränderung
- regelmäßige Restrukturierung alle zwei Jahre
- musste fachfremd neue Abteilung übernehmen

schlechte Leistung
- Ergebnisse der Abteilung waren nicht ausreichend
- Management folgte seinen Empfehlungen nicht und kontrollierte ihn engmaschig
- Mobbing-Vorwürfe von Mitarbeitern

Krise
- physische Symptome: Hörsturz
- mehrere Operationen mit Komplikationen

internales Derailment
- Annahme eines Aufhebungsvertrages; Ausscheiden aus dem Unternehmen
- Trennung von Familie

Abbildung 11: Verlaufsmodell Herr D.

Auch das hohe Risiko von Herrn D. auf der HDS Skala Verschlagenheit findet sich in der qualitativen Analyse wieder: Herr D. berichtet mehrfach von impulsiv und wenig durchdacht wirkenden Entscheidungen, wie beispielsweise der trotzigen Annahme eines Aufhebungsvertrages, mit der er als Familienvater ein recht hohes Risiko eingegangen ist. In Abbildung 11 ist der Verlauf des Derailments von Herrn D. beschrieben.

Aus Herrn D's. Schilderungen lässt sich schließen, dass er sicherlich durch sein für andere schwer einschätzbar wirkendes Verhalten einen eigenen Anteil an seinem beruflichen Scheitern hatte. Allerdings scheint es auch eine negative Interaktion mit der Unternehmenskultur bzw. den zahlreichen Veränderungen im Unternehmen gegeben zu haben, welche Herrn D's. Copingstrategien und Anpassungsvermögen deutlich überfordert haben. Bei seinem Arbeitgeber herrschte eine ausgeprägte Hochleistungskultur, in welcher Umstrukturierungen und Neuerungen an der Tagesordnung waren. Herr D. war jedoch nicht in der Lage, diese hohen Ansprüche zu erfüllen.

4.1.5 Herr E.

Herr E. ist Ende 40 und ist nach langjähriger Tätigkeit im öffentlichen Dienst heute in einer Non-Profit Organisation tätig. Das Interview fand am 08. August 2012 in den Räumlichkeiten des ifp in Köln statt.

4.1.5.1 Induktive Analyse

Die Auswertung erfolgte auch für dieses Interview, wie bereits unter 4.1.1.1 beschrieben.

4.1.5.1.1 Paraphrasierung

Herr E. beschreibt sich als einen sozial engagierten Menschen, der sich hohen Idealen wie unter anderem Gerechtigkeit und Hilfsbereitschaft verschrieben hat. Er übt seine Tätigkeit mit viel Engagement und Ehrgeiz aus, da er Veränderung als seine Lebensaufgabe ansieht. Als er durch die Unterstützung seines Netzwerks in eine neue Rolle gewählt wird, stößt er auf Widerstände bei seinem Vorgesetzten. Herr E. fühlt sich von ihm unter Druck gesetzt sowie ungerecht behandelt. Er berichtet, dass er versucht habe, allen Anforderungen gerecht zu werden, was ihm jedoch aufgrund seines Unverständnisses der Situation nicht ausreichend gelingt. Es kränkt ihn sehr, dass seine Arbeit in seinen Augen nicht ausreichend anerkannt wird. Herr E. fühlt immer mehr unter Druck und überschreitet konstant seine persönliche Belastungsgrenze. Unter dieser Überforderung dekompensiert er schließlich, obwohl er lange versucht die Symptome zu leugnen. Er spornt sich selbst zum Durchhalten an und fügt sich mit einem gewissen Fatalismus in die Gegebenheiten. Nach einem Aufenthalt in einer Burnout-Klinik, gelingt es Herrn E. sich zu stabilisieren und sich anscheinend besser abzugrenzen. Dennoch erleidet er einen Rückfall, als er sich in einer herausfordernden Situation persönlich angegriffen fühlt.

4.1.5.1.2 *Selbstpräsentation und Kontaktgestaltung*

Herr E. präsentiert sich als interessierter und offener Gesprächspartner, welcher viel von sich preis gibt. Er ist bestrebt, ein bodenständiges und robustes Bild von sich zu kreieren und stark zu wirken. Er berichtet, an der Studie teilzunehmen, weil er anderen ‚Leidensgenossen' helfen möchte („Da hoffe ich, dass man auch wirklich vielen Menschen hilft, die das frühzeitig einsehen, weil das ist ja auch sowas von gefährlich.").

Herr E. beschreibt sich als idealistischen Menschen, der die Gesellschaft besser machen und einen bleibenden Eindruck hinterlassen möchte („Und irgendwann glaube ich einfach auch, wenn wir das mit unserem Leben nicht mehr schaffen, wird das so sein, dass die Menschen sich auch mal ein bisschen umstellen."). Er scheint sich viel für andere einzusetzen, dabei aber auch früh Misserfolge erlebt zu haben („Bin aber schon irgendwie sozial vorgeprägt, weil ich war in der Schule fast immer Klassensprecher, war Schulsprecher und ähm habe mein Mandat als Schulsprecher schmerzlich abgeben müssen, weil ich mich halt auch für die Gerechtigkeit meiner Leute eingesetzt habe und musste mich dann einfach mal prügeln mit jemanden.").

Herr E. berichtet jedoch auch, sich von der Gesellschaft überfordert und als Opfer ihrer Anforderungen zu fühlen („Was die Gesellschaft da abfordert von den Menschen auch in den Berufsgruppen und ich bin ja auch ein Opfer davon geworden."). Er schildert, sich mitunter machtlos gegenüber dem ‚System' zu fühlen („A) Wird es einem nicht bewusst und B) hat man gar keinen Einfluss darauf, weil das sind Faktoren, die im Betrieb sind.").

Herr E. scheint sehr belastet zu sein, da er sich mit seiner idealistischen Lebenseinstellung häufig alleine gelassen zu fühlen scheint („Da kommt natürlich auch, sag' ich mal, so eine Grundeinstellung dazu. Also ich bin mir ziemlich sicher, dass meine Lebensaufgabe Veränderung ist, das ist das eine. [...] Und das zweite ist, wenn man absolut idealistisch ist und aus dem Betrieb kommt und weiß, wo überall tatsächlich das nicht so läuft, wie es laufen müsste. Man kommt in die Führungsverantwortung nach Berlin und denkt jetzt so, wie kannst du den Laden jetzt verändern."). Dies geht sogar so weit, dass er sich gemobbt fühlt, wenn er sich mit seinen Vorstellungen nicht durchsetzen kann („Ich sag' das ganz bewusst auch in dieser Art und Weise, weil dieses Führen war dahingehend, dass mein Chef mich als absoluten Idealisten versuchen wollte, tatsächlich zu gängeln und ich bezeichne das heute auch ganz bewusst als Mobbing.").

Es scheint ihm wichtig zu sein, deutlich zu machen, wie schwierig er seine Rolle wahrgenommen hat („Dort ist natürlich dann auch ein Gremium, was ich zu betreuen habe, wo wirklich nur Fürsten drin sitzen oder Könige. Also die setzen sich ein, aber haben natürlich auch eigene Vorstellungen, was gut ist, aber oftmals passen die einfach nicht in das Kollektiv, weil sie einfach ihre eigenen Interessen durchsetzen und nicht für die Sache arbeiten."). Darüber hinaus betont er mehrfach die Ernsthaftigkeit seiner psychischen Krankheitssymptome, vermutlich aus dem Antrieb heraus sicherzustellen, dass sein Gegenüber versteht, wie ernsthaft die Krise erlebt hat („Ich finde das super schrecklich, weil wenn man selber in diesem tiefen Loch saß, was ganz dunkel ist und bis man da wieder raus ist, das ist also wirklich schon ein Szenario.").

Herr E. präsentiert sich selbstbewusst und berichtet, bei seinen Kollegen anerkannt gewesen zu sein („Die haben versucht, mich rüber zu holen, weil sie mit ihrem Abteilungsleiter absolut unzufrieden waren und auf der anderen Seite gesagt, wir wollen dich drüben haben."). Er stellt sich als mutig und einflussreich dar („Ja, das kann einen auch schnell den Kopf kosten. Aber das hatte ich einkalkuliert. Ich hab' gesagt, wenn diese Organisation nicht bereit ist, neue Wege zu gehen, dann ist die Zeit noch nicht reif für dich."), wertet aber auch gleichzeitig andere ab, die nicht seiner Meinung sind.

Herr E. beschreibt sich als Harmoniemenschen, was in seinen Augen nicht mit den Anforderungen seiner beruflichen Rolle zusammen passt („Ich bin ein absoluter Harmoniemensch, aber ich kann das in meiner Rolle nicht immer gebrauchen und da muss ich auch meine Rolle, muss ich auch mal schauspielern."; „Habe da so eine Karte bekommen: „Wir können uns nicht vorstellen, dass man sich mit dir streiten kann.").

Er scheint jedoch auch zu polarisieren und regelmäßig in Konflikte involviert gewesen zu sein („Da sind erst mal andere dran, bevor der dahin kommt und so geriet ich dann auch da wieder zwischen die Mühlsteine."). Herr E. berichtet immer wieder von impulsiven Reaktionen und emotionalen Auseinandersetzungen („Ich wusste gar nicht, wann und wie ich das Signal erkenne und da habe ich jetzt festgestellt, da ist mir eine Mitpatientin sowas von auf die Nerven gegangen. […] Da habe ich das Signal gemerkt, weil da hab' ich einen dicken Hals gekriegt. Und habe diese Frau vor allen 70 Patienten da sowas von zusammen geschissen, hab' auf den Tisch gehauen, bin aufgestanden und habe mich so scheiße gefühlt."). Er berichtet zwar, sich von seinen Emotionen eigentlich nicht beeinflussen lassen zu wollen („Das hat mir sehr weh getan, aber hab' da auch in der Zeit gar nicht so drüber nachgedacht."), scheint jedoch wenig Zugang zu seinem inneren Erleben zu haben und seine Emotionen nur schlecht analysieren zu können.

Herr E. scheint ein hohes Verantwortungsgefühl zu besitzen und sich bei Fehlern seinerseits enorme Vorwürfe zu machen („Ich habe mich super scheiße gefühlt."; „Ich weiß das auch, aber das tut so weh. Und man sitzt da und dann denkt man, das ist wirklich jetzt […]. Hoffentlich sehen die mir nicht an, dass es mir gerade so schlecht geht."). Er berichtet von dramatisch wirkenden Reaktionen, insbesondere, wenn er für sein Verhalten kritisiert wird („Und mir ging das wirklich so schlecht, ich hab' gedacht, hoffentlich ändert sich nicht deine Gesichtsfarbe und das ist schon so, also ich achte schon sehr auf mich und arbeite sehr viel mit mir auch, für Verhandlungen, gerade in solchen Situationen, da hat man ja auch die inneren Faktoren.").

Herr E. scheint Wert darauf zu legen, klar zu stellen, dass er von seinen Eltern zwar in eine berufliche Richtung gedrängt worden sei („Du musst zur Bundeswehr, da waren alle unsere Verwandten und da holst du dir deine Rente ab."), er seinen Weg von da an aber selbst gestaltet habe und wichtige Entscheidungen unabhängig von seiner familiären Prägung getroffen habe („Ich also aus einer ganz normalen Familie komme und in keinster Weise vorgeprägt, so sozial."). Dies spiegelt sein hohes Streben nach Unabhängigkeit („Wir sagen hier, wo es lang geht und wir finanzieren doch seine Stelle. Und also auch mit dem Instrument Macht gearbeitet.") aber auch das Bestreben Einfluss zu nehmen („Auch für mich gab's den klaren Auftrag, da musst du was verändern. So, wenn man da was verändern will, dann muss man Mehrheiten schaffen.").

Der Impuls, seine aktuelle berufliche Richtung einzuschlagen, kam letztlich nicht von Herrn E., sondern von seinen Kollegen („Da kam dann auch so der Sinn danach, weil Kollegen fragten, Mensch du könntest doch aus unserem Bereich in den Betriebsrat einziehen."). Ebenso kam er durch Zufall sowie die Ermunterung seiner Kollegen in seine erste Führungsrolle („Mein Freund und Kollege ist mit ganz jungen Jahren, mit 41 Jahren, gestorben. Und ich war zweiter Mann, wir beide haben als auch [Unternehmensname] alles zusammen organisiert und im Betrieb und so kam natürlich der Anspruch der Leute auch sofort, es gibt gar nichts anderes, du musst das machen."). Herr E. schildert, dass er lange gezögert habe, sich in diese berufliche Richtung zu entwickeln („Musste sehr viel überlegen, ob ich wirklich diesen Job auch kriege, weil das hieß, Job aufgeben, in die Freistellung gehen. Ja klar, das war so und dann war ich auch zu idealistisch unterwegs und hab' gesagt, Mensch, wenn du das jetzt nicht machst und keiner von uns das übernimmt, dann geht wahrscheinlich die ganze Arbeit wieder kaputt."), diese letztlich aus einem Verpflichtungsgefühl heraus jedoch doch angenommen habe.

Herr E. berichtet, sich damals von seiner neuen Rolle zunächst überfordert gefühlt zu haben („Ich bin ganz ehrlich, ich war völlig jungfräulich, wusste gar nicht, was das ist und war auch sehr überrascht, als ich dann nachher gewählt wurde und in das Gremium rein kam und so erstaunt war, boar, die können alle reden, ob das das Richtige für dich ist?").

Es entsteht der Eindruck, dass Herr E. seine berufliche Entwicklung wenig zielgerichtet geplant hat („Da haben natürlich auch viele Zufälle eine Rolle gespielt."; „Das ist auch durch Zufall geschehen.") und sich auch sein hierarchischer Aufstieg eher durch Zufall ergeben hat („So kam dann auch irgendwann der Ruf von [Unternehmensname]."). Auffällig ist jedoch, dass er den Schritt, welcher letztlich zu seinem Derailment führte, aktiv gestaltet und initiiert hat („Dann habe ich mich eigentlich ziemlich schnell entschieden und habe gesagt, du willst dann auch dahin, wo die Politik bei [Unternehmensname] gemacht wird, und mich entschieden, nach Berlin zu gehen.").

4.1.5.1.3 Erleben der Krise

Erste Schwierigkeiten treten bei Herrn E. auf, als er in seiner neuen Rolle mit einem Vorgesetzten konfrontiert wird, von welchem er sich ungerecht behandelt und gemobbt fühlt („Da habe ich die ersten Erfahrungen gemacht, was es heißt, als Mitarbeiter geführt zu werden."). Herr E. scheint Schwierigkeiten zu haben, sich in die Hierarchie einzufügen und Grenzen, welche ihm gesetzt werden, zu akzeptieren („Diese Dinge, die ich mir nie hätte vorstellen können in einer Organisation oder in einem Arbeitsumfeld, das man 'ne gute Arbeit macht und trotzdem irgendwo jemand ist, der sagt, so will ich das nicht und ich bin hier der Chef."). Er berichtet von recht trotzigen und patzigen Reaktionen seinerseits auf die Forderungen seines Vorgesetzen („Er hat gesagt, das gibt es nicht, das musst du dir genehmigen lassen bei mir und es hat also zu vielen vielen Verwerfungen geführt und die mich natürlich auch nachher sehr krank gemacht haben."), sodass der Konflikt weiter eskaliert zu sein scheint.

Herr E. war in einem von politischen Entscheidungen geprägten Umfeld tätig („Das heißt Abstimmung und und und. Da ist natürlich viel viel menschlicher Umgang auch gefragt."; „Das ist ja auch ein bisschen so ein Intrigenspiel.") wo er auch als Abteilungsleiter nur über eine fachliche Weisungsbefugnis verfügte („Auch ein Abteilungsleiter hat indirekt fachliche Führungsinstrumente, wo er sagen kann, das läuft hier fachlich nicht [...]. Aber die Kultur und die Struktur der [Unternehmensname] lässt es nicht zu, dass man personell eingreift.").

Herr E. berichtet davon, sich ungerecht handelt gefühlt zu haben, wirkt in seinen Schilderungen aber auch etwas naiv in seiner Verwunderung, dass man ihn nicht frei nach seinem Willen gewähren ließ („Er hat versucht, Druck auszuüben, also mit Personalgesprächen, einfach auch versucht, den Apparat Personalabteilung da auch mit einzubinden und hat das auch mit eingebunden. Es haben also Personalgespräche stattgefunden, so unter dem Motto, ich wüsste, wenn ich zwei Aufgaben hätte, müsste ich mich für eine entscheiden. Das habe ich als Idealist überhaupt nicht verstanden."). Er schildert, sich durch sein Wahlamt im Recht für sein Handeln zu fühlen („Es haben mich Leute gewählt, und auch [Unternehmensname] hat ja bestimmte Voraussetzungen, dass Leute überhaupt zugelassen werden für diese Wahl."). Gleichzeitig scheint er aber auch bemüht, die Ernsthaftigkeit der Situation herunter zu spielen und diese zu verharmlosen („Also meine Arbeit funktionierte gut, also ich hatte wirklich 'nen tollen Bereich in [Ortsname] und eigentlich hat alles funktioniert.").

Herr E. stellt dar, dass er zunächst Schwierigkeiten gehabt habe, von seinen Kollegen in seiner neuen Rolle anerkannt und akzeptiert zu werden („Dann bin ich jetzt in der [Unternehmensname] unterwegs, wo man mich ja auch kennt [...] in einer ganz anderen Rolle."; „Da sind natürlich auch viele Dinge gelaufen, dass die Kollegen dann unseren Bundesvorsitzenden angeschrieben haben, meinen Kopf gefordert haben und gesagt haben, der ist nicht tragbar."). Eine mögliche Ursache dafür könnte sein, dass er seine Kollegen durch frühzeitige und tiefgreifende Änderungsvorschläge innerhalb seines Bereiches verärgerte („Dann werden die Ärmel hoch gekrempelt und dann geht das los. Und dann rennt man gegen die ersten Wände aus Glas. Wo die Leute sagen, was will der denn jetzt?").

Es scheint so, dass Herr E. in seiner neuen Machtposition einen recht autoritären Führungsstil verwendete, welchen er zuvor bei seinen eigenen Vorgesetzten kritisiert hatte („Ich weiß ja, dass ich Recht habe in vielen Dingen, aber da als Führungskraft auch wirklich mit den Fingerspitzen zu führen ist äußerst schwierig, wenn man auch irgendwann Ergebnisse sehen will."). Mitunter scheint er sich insgeheim die disziplinarischen Führungsinstrumente der freien Wirtschaft zu wünschen („Da kann man nicht mal eben mit 'ner Abmahnung rum rennen und sagen, wenn du das nicht machst, dann fliegst du raus."), um seine Vorstellungen durchzusetzen.

Trotz dieser Konflikte berichtet Herr E. davon, weiterhin vom Inhalt seiner Tätigkeit überzeugt gewesen zu sein. Er scheint bestrebt gewesen zu sein, allen Anforderungen gerecht zu werden und hat dabei vermutlich die Grenzen seiner persönlichen Belastbarkeit aus dem Blick verloren („Auch da bin ich weiter gelaufen, immer schön in meinem Hamsterrädchen. Hab' weiter meine Arbeit gemacht, hab' versucht, alles zu erledigen und auch dort allem gerecht zu werden."). Herr E. schildert depressive Symptome wie beispielsweise sozialen Rückzug, welche er zu dieser Zeit aber nicht bewusst wahrzunehmen scheint und auch nicht einordnen kann („Und irgendwann saß ich in [Ortsname] bei meiner Freundin und wollte auch mit ihr nicht wirklich was zu tun haben. Ich hätte mich am liebsten eingeschlossen, in ein dunkles Zimmer und hätte von nichts mehr hören wollen. Ich wusste nicht, was mit mir los war.").

Die Dekompensation scheint für Herrn E. sehr unerwartet aufzutreten („Nein, irgendwann kam der Zusammenbruch, dass ich auch körperlich völlig am Ende war und wurde sofort aus dem Verkehr gezogen von meinem Arzt. Das ging von Rückenproblemen über Nackenschmerzen, Kopfschmerzen und natürlich war ich völlig ausgelaugt."). Er berichtet von zahlreichen physischen Symptomen, welche sich plötzlich und schlagartig geäußert hätten („Die Krankheit und die Symptome haben sich wirklich alle auf einen Schlag geäußert, ich weiß aber heute, dass ich auch viel ignoriert habe."). Zunächst scheint er versucht zu haben diese Symptome zu ignorieren („Ich doch nicht, nee. Und so ein Quatsch, was ist das denn?! Ja und wenn dann das Wort dann kommt, mit was weiß ich, ob Depressionen oder sonst was, das will man gar nicht hören."). Herr E. scheint sich in der Krise machtlos und gewissermaßen seinem Körper und dessen Grenzen ausgeliefert zu fühlen („BUMM und dann fällt man um und sagt, was ist denn jetzt los?! Kannst du etwa nicht mehr?"; „Man findet nicht den Punkt, der einem zeigt, der einem sagt, der Körper oder was auch immer gerade passiert, dass man Signale empfängt, hallo du musst jetzt zurück.").

Herr E. ignoriert zunächst die Empfehlungen seines Arztes („Habe auch überhaupt keine Zeit gefunden, dem auch zu folgen, was der Arzt meinte. Gymnastik machen, Sport machen und so weiter. Hab' das alles ignoriert und ja.") sowie seines sozialen Umfelds („So, und über diese Grenzen geht man immer wieder hinaus, bis irgendwann der Knall kommt. Man weiß beim ersten Mal überhaupt nicht, was los ist und das ist so schlimm, dass man da sitzt und denkt und man will das gar nicht hören, was Freunde, Freundin sagen, die Psychologin.ʺ). In Summe scheint er wenig achtsam mit sich und seiner Gesundheit umzugehen („Das hat mich sehr erschrocken, dass ich dann noch einen Bandscheibenvorfall im Nacken hatte oder habe und das ist tatsächlich so, ich habe wieder mal ignoriert. Ich habe nicht gemerkt, dass mein Arm viel dünner geworden ist, hab' immer gedacht, du hast so ein Kribbeln in den Fingern.ʺ).

So scheint es logisch, dass Herr E. nach seinem ersten Burnout bei der nächsten belastenden beruflichen Situation erneut eine Krankheitsphase und Dekompensation erleidet („Weil ich war ein zweites Mal krank, bloß da war das nicht so heftig. Ich hab' bei der ersten Krankheit, beim ersten Burnout – ich mag den Begriff nicht irgendwie und spreche den auch schwer aus – und, weil ich finde ja, das ist heute so ein… ja, manche meinen auch, das muss man heute haben.ʺ), welche ihm aber schwer fällt zuzugeben.

Erneut scheint er physische Warnsignale zu spät zu bemerken, wobei er sich insbesondere durch von ihm als persönlich empfundene Angriffe seiner Kollegen belastet zu fühlen schein („Hab' ich im letzten Jahr wieder gemerkt, weil da läuft man natürlich auch mal mit über 200% die ganze Zeit und auch am Wochenende. Da hab' ich dann gemerkt, das geht wieder in die Richtung, du hältst das nicht durch.ʺ). Herr E. berichtet, sich keine Blöße geben und keine Schwäche zugeben zu wollen („Mensch, scheiße, du kannst nicht aufgeben, wenn du jetzt auch noch zusammen brichst, womöglich gibt das noch mehr Öl auf die Dübel, die Leute sagen, siehst du, haben wir doch gesagt, schafft er eh nicht.ʺ).

Als seine Dekompensation nicht mehr zu leugnen ist, kämpft Herr E. um eine stationäre Rehabilitation, wo sich seine Symptome zunächst verschlimmern („Ich war drei Tage in der Reha in [Ortsname] und kriegte Schmerzen, die habe ich noch nie in meinem Leben gehabt.ʺ).

4.1.5.1.4 Bewältigungsstrategien

Herr E. beginnt im Konflikt mit seinem Vorgesetzten recht früh, sich abzusichern („Ich habe zu der Zeit schon immer so gearbeitet, ich hab' mir von jedem Gespräch mit ihm einen Vermerk gemacht, habe mir zuletzt auch Kollegen dazu geholt, zu dem Gespräch.") und erscheint grundsätzlich sehr gut in der Lage, seine Interessen entschieden zu vertreten („Da habe ich mich dann mit der Deutschen Rentenversicherung angelegt und hab' gesagt, ich muss hier raus, ich muss aus meinem Umfeld raus.").

In der Krise zeigt sich Herr E. jedoch bereit, Hilfe anzunehmen („Ich war dann in der stationären Reha. Erst mal war es ganz schwierig, sich auch damit abzufinden, was ist das überhaupt."). Nach anfänglichen Akzeptanzschwierigkeiten scheint es ihm gelungen zu sein, seine Symptomatik zu akzeptieren. Er berichtet, sich intensiv mit seiner Dekompensation auseinandergesetzt zu haben („Hab' aber dann auch selber viel Engagement gehabt, hab' sehr viel gelesen und das Schlimmste war, es selber zuzugeben, ja dass man tatsächlich aufgrund der Arbeit und der Einflüsse von außen tatsächlich schlapp macht."), attribuiert die Ursachen aber zunächst external.

In der Rehabilitation scheint er durch psychotherapeutische Unterstützung an Selbsterkenntnis hinzugewonnen zu haben und gibt im Nachgang einige Fehler zu, welche er aber auch recht schnell zu relativieren und verharmlosen versucht („Bei diesem Prozess, der bei uns jetzt stattgefunden hat, da sind natürlich auch mir Fehler passiert, wo ich heute sagen kann, Gott sei Dank waren sie so klein, dass sie keine Konsequenzen haben.").

Unterstützt durch seine Netzwerke ist es ihm gelungen, einen Stellen- und Ortswechsel vorzunehmen („Da habe ich mich da ausgeklinkt und natürlich muss man wissen, dass parallel zu dem Job, den ich in [Ortsname] hatte, meine alten Netzwerke schon daran gearbeitet haben, zu versuchen, mich rüber zu holen in den Bundesvorstand."), wodurch er dem aus seiner Sicht destruktiven Umfeld entfliehen kann, was er als große Erleichterung empfindet („Ich steh' da heute zu und ich weiß auch, wie gefährlich das ist und bin dann ja auch im Zuge meiner ganzen Heilverfahren auch, hat dann tatsächlich der Wechsel stattgefunden, raus aus meinem alten Job. Das war erst mal 'ne riesen Rettung.").

Seine neue Rolle scheint er wieder mit großer Begeisterung anzugehen („Was ist jetzt mache, das ist auch eine verrückte Geschichte. Mein absoluter Traumjob, also ich bin wieder zuhause."), wobei er insbesondere die großen Gestaltungsspielräume („Ich reise die ganze Woche durch die Weltgeschichte, mein großer Vorteil ist jetzt, dass ich selber planen kann, dass ich selber verantwortlich bin.") und Eigenständigkeit zu schätzen scheint („Ansonsten keiner mehr und er sagt der Laden muss laufen, wo du arbeitest, wie du arbeitest, plan' selber.").

Als erneut Anzeichen einer Dekompensation auftreten, gelingt es Herrn E. sich Unterstützung zu suchen, welche er unter anderem bei seinem Hausarzt („Jetzt klinkst du dich erst mal aus, ansonsten geht das wieder schief. Ich habe einen sehr guten Arzt, muss ich auch sagen, der ist sehr aufmerksam. [...] Da habe ich mit der Rentenversicherung dann erreicht, dass ich wieder in die Reha ging."), bei Psychotherapeuten („Das war der klassische Aufhänger für meine Psychotherapeutin, die sagte, das ist jetzt mal das Zeichen. Das Zeichen, wie sehr Sie sich Ihre Schultern in den letzten Jahren vollgeladen haben.") aber auch in seinem privaten Umfeld („Habe ein hervorragendes und schönes privates Umfeld.") zu finden scheint.

Herr E. berichtet, insbesondere von der Psychotherapie profitieren zu können, weil es ihm anscheinend gelang, sich zu öffnen („Was da entstanden ist, war 100% psychosomatisch. Da bin ich felsenfest überzeugt, weil als wir uns mit der Firma befasst haben und ich richtig offen darüber gesprochen habe, kann ich jetzt nicht sagen, ob das jetzt die Tablette war, die ich drei Tage genommen habe, oder wirklich, dass ich mich geöffnet habe und das hat geholfen.") und einige dysfunktionale Verhaltensmuster zu erkennen („Ich bin direkt in die Falle getrappt. In dieselbe Falle, in die ich wahrscheinlich, ohne es wirklich zu merken, schon x Mal getappt bin.").

Herr E. stellt dar, dass er sich vorgenommen habe, in Zukunft besser auf Belastungssymptome zu achten („Da hab' ich gesagt, verdammt noch mal, also da willst du jetzt sicher auf dich aufpassen, was nicht immer einfach ist, aber durchaus auch mir deutlich gemacht hat, das kann auch mal richtig schief gehen. Ich will auch noch ein bisschen was von der Rente genießen, da muss man wirklich auf sich aufpassen. Das wichtigste ist, glaube ich für uns, für Leute, die davon betroffen sind oder betroffen sein könnten, die Signale überhaupt zu erkennen.") und sich regemäßige Erholungsphasen zu gewähren („Ich versuche mir jetzt meine Freiheiten zu nehmen."; „Macht man ja heute alles zwischendurch. Und dass ich mir versuche, Auszeiten zu nehmen auch in diesen Wochen.").

Er scheint für sich reflektiert zu haben, auf welche Faktoren in seinem beruflichen Umfeld er Einfluss nehmen kann („Also gerade was mich persönlich betrifft, also meinen Zustand, meinen Gesundheitszustand, meinen körperlichen Zustand. All das Idealistische kann ich einfach nicht bremsen, das geht nicht. Ich denke viel und bereite mich auf vieles vor, aber das kriege ich nicht gebremst.") und erscheint bemüht, sich künftig stärker abzugrenzen („Und wenn man das zulässt, ist man nonstop bei denen. Nonstop haben die dich irgendwie in Beschlag. Ja und deswegen versuche ich mir einfach, dann auch in solchen Tagen einfach mal was Privates einzubauen."; „Ich habe meine Arbeitsstruktur geändert.").

4.1.5.1.5 Zentrale Kategorien

In einem weiteren Verdichtungs- und Abstraktionsschritt wurden anhand der Logik des zirkulären Dekonstruierens aus den auffälligen Passagen des Interviews zentrale Kategorien abgeleitet (Jaeggi, Faas, & Mruck, 1998), die den ‚Kern' der Beschreibung erfassen sollen.

zentrale Kategorie	Beschreibung
Engagement / Begeisterung	Herr E. geht seiner beruflichen Tätigkeit mit ausgesprochen großem Engagement und aus authentisch wirkender Überzeugung nach. Er vermittelt Begeisterung für seine Themen und eine hohe Identifikation mit seiner Aufgabe.
Mangelnde Akzeptanz	In seiner Rolle als Führungskraft berichtet Herr E. von Schwierigkeiten, bei seinen Vorgesetzten, Kollegen und Mitarbeitern Akzeptanz und Anerkennung zu finden.
Konflikte	Herr E. scheint zu polarisieren und obwohl er sich selbst als Harmoniemenschen tituliert, häufig in Konflikte involviert zu sein.

Veränderung	Die personellen Konstellationen bei Herrn E's. Arbeitgeber ändern sich aufgrund von Wahlen regelmäßig. Herr E. scheint diesem Wandel aber grundsätzlich positiv gegenüberzustehen und unterstützt ihn teilweise aktiv.
Überlastung	Herr E. schildert mehrfach, sich von der Gesellschaft und den Anforderungen seiner Rolle überfordert und belastet gefühlt zu haben.
Ehrgeiz	Es scheint Herrn E. wichtig gewesen zu sein, als er erste physische Belastungssymptome erkannte, diese zunächst nicht zuzugeben, sondern nach außen Härte und Stärke zu signalisieren, um seinen Widersachern keine Angriffsfläche zu bieten.
Gute Netzwerke	Herr E. scheint gut in der Organisation vernetzt zu sein und eine interne ,Lobby' zu haben, was es ihm nach seiner ersten Dekompensation beispielsweise ermöglicht, eine neue Position anzutreten.
Kränkung	In seinen Schilderungen wird deutlich, dass sich Herr E. von seinen Kollegen und Vorgesetzten nicht ausreichend wertgeschätzt und seinen hohen Einsatz nicht gewürdigt fühlt, sodass er häufige Kränkungen erleidet.
Dekompensation	Herr E. dekompensiert im Verlauf seines Derailments zwei Mal und berichtet von zahlreichen physischen und psychischen Symptomen.
Ignoranz von Warnsignalen	Herr E. hat physische und psychische Warnsignale und Symptome zunächst nicht beachtet, wie beispielsweise einen Bandscheibenvorfall, der mehrere Wochen nicht diagnostiziert wurde.

Reflexion	Im Nachgang scheint Herr E. eine gewisse Einsicht in seine Verhaltensmuster erhalten zu haben und sich bestimmter Gefahrenquellen und Fehler der Vergangenheit bewusst geworden zu sein.

4.1.5.2 Deduktive Analyse

Wenn man die Schilderungen von Herrn E. auf die in der Literatur beschriebenen Ursachen eines Derailments untersucht, ergeben sich folgende Ergebnisse.

4.1.5.2.1 Persönlichkeitsstruktur

Herr E. beschreibt einen gewissenhaften Arbeitsstil („Hab' versucht alles zu erledigen und allem gerecht zu werden.") sowie ein hohes Engagement („Dann werden die Ärmel hochgekrempelt und los geht's."). Er berichtet von einem hohen Anspruch an die Qualität seiner Arbeitsergebnisse („Da läuft man dann mit über 200% die ganze Zeit.") sowie einem ausgeprägten Durchhaltevermögen („Du kannst jetzt nicht aufgeben, wo alles zusammenbricht."). In Summe kann man daher von einer hohen Gewissenhaftigkeit ausgehen.

Herr E. berichtet, Eigenständigkeit in der Gestaltung seiner Arbeitstage zu schätzen („Das ist mein großer Vorteil, ich kann jetzt selber planen."). Darüber hinaus scheint er mit Kollegen und Vorgesetzten immer wieder in Konflikt zu geraten und sich häufig angegriffen zu fühlen („Da hat man mich natürlich wieder massiv angegriffen und es hat Beschwerden gegeben."). Zudem scheint es ihm schwer zu fallen, Kritik anzunehmen („Da muss man durch, aber das tut so weh."). Diese Punkte lassen eine eher niedrig ausgeprägte Verträglichkeit vermuten.

Herr E. berichtet von einem starken Verantwortungsgefühl gegenüber seinen Kollegen („Wenn du das nicht machst, geht die ganze Arbeit wieder kaputt.") und fühlt sich diesen stark verbunden, sodass er immer wieder von Schwierigkeiten berichtet, sich abzugrenzen („Man ist Situationen oder äußeren Einflüssen ausgesetzt, wo man gar nicht wirklich sagen kann, ich mache das jetzt nicht."). Dementsprechend neigt er dazu, immer wieder seine Belastungsgrenzen zu überschreiten („Über diese Grenzen geht man immer wieder hinaus, bis der große Knall irgendwann kommt.“). Der Antreiber für diese ausgeprägte Hilfsbereitschaft liegt wahrscheinlich in Herrn E‘s. hoch ausgeprägter Empathie begründet.

4.1.5.2.2 Kognitive Fähigkeiten und Problemlösefähigkeit

Basierend auf seinem Ausbildungsniveau kann man bei Herrn E. durchschnittlich ausgeprägte kognitive Fähigkeiten vermuten. Er berichtet von seiner Präferenz, sich für komplexe Entscheidungssituationen gerne ausreichend Zeit zu nehmen, um letztlich zu durchdachten und wohlüberlegten Schlüssen kommen zu können („Musste sehr intensiv überlegen.“).

4.1.5.2.3 Zentrale Selbstbewertungen

Hinsichtlich seiner zentralen Selbstbewertungen zeichnet Herr E. ein widersprüchliches Bild von sich. Einerseits gibt er sich betont selbstbewusst, wenn er beispielsweise riskante, politische Einflussnahme schildert („Das kann einen in so einer Organisation schnell mal den Kopf kosten. Das hatte ich aber einkalkuliert.“). Andererseits scheint es ihm jedoch schwer zu fallen, etwaige negative Konsequenzen, wie persönliche Angriffe, selbstbewusst auszuhalten oder abzuwehren („Das hältst du nicht durch, wieder so persönlich angegriffen zu werden; Das schlimmste ist es, es selbst zuzugeben.“).

4.1.5.2.4 Selbstreflexionsfähigkeit und Selbsterkenntnis

Herr E. scheint sich beispielsweise hinsichtlich seiner Außenwirkung viel zu überprüfen und in dieser Hinsicht weiterentwickeln zu wollen („Ich arbeite schon sehr viel mit mir. Hoffentlich ändert sich deine Gesichtsfarbe nicht.“). Trotz dieser grundsätzlich erkennbaren Bereitschaft zur Selbstreflexion war er zunächst ratlos, als er die ersten Symptome seines Derailments bemerkte („Ich wusste gar nicht, was mit mir los war.“). Er verleugnete („Beim ersten Mal will man das gar nicht hören, was alle sagen.“) und verdrängte diese zunächst („Das kam alles ganz plötzlich, ich weiß aber heute, dass ich auch viel ignoriert habe.“). Erst nach seiner Dekompensation beginnt ein Erkenntnisprozess („Bin ich immer schön weiter gelaufen in meinem

Hamsterrädchen."), in dem Herr E. sich einiger Konsequenzen seines Verhaltens bewusst wird („Bin direkt in die Falle getappt, ohne es wirklich zu merken.").

4.1.5.2.5 Anpassungsfähigkeit an Veränderungen

Herr E. berichtet von einer sehr hoch ausgeprägten Veränderungsbereitschaft („Meine Lebensaufgabe ist Veränderung; wie kannst du den Laden verändern.") und scheint eine konstante Weiterentwicklung als wichtigen Wert zu erachten. Dennoch scheinen ihn Anpassungen an veränderte Rahmenbedingungen, insbesondere, wenn er diesen Prozess nicht initiiert hat, jedoch mitunter auch zu belasten („Der Veränderungsprozess, der bei uns jetzt stattgefunden hat, der hat mich sehr viel Kraft gekostet.").

4.1.5.2.6 Motivstruktur

Herr E. wird insbesondere durch ein hoch ausgeprägtes Anschlussmotiv gekennzeichnet. Es ist ihm wichtig, sich für andere einzusetzen und mit diesen ein positives Verhältnis zu pflegen („Die Verwerfungen haben mich krank gemacht."). Er besitzt mit hoher Wahrscheinlichkeit ebenfalls ein hoch ausgeprägtes Machtmotiv, da er es genießt, Einfluss nehmen und seine Vorstellungen umsetzen zu können. Sein Leistungsmotiv („Das war mein absoluter Traumjob.") und der inhaltliche Anspruch an seine Tätigkeit scheinen durchschnittlich ausgeprägt zu sein („Nach diesem Fehler habe ich mich super scheiße gefühlt.").

4.1.5.2.7 Soziale Fertigkeiten

Herr E. beschreibt sich seit frühester Jugend als Kämpfer für Gerechtigkeit sowie für Benachteiligte und Schwächere („War in der Schule Klassensprecher, Schulsprecher etc. Habe mich immer für die Leute eingesetzt."). Er hat erkannt, dass es für ihn hilfreich ist, sich mit anderen zu verbünden und Allianzen zu bilden, um seine Ziele zu erreichen („Wenn man was verändern will, dann muss man Mehrheiten schaffen und Vertraute finden."). Dementsprechend scheint er sich ein gutes Netzwerk aufgebaut zu haben („Bin überzeugt davon, dass ich sehr gut vernetzt bin."), welches ihn unterstützt („Bin über meine alten Verbindungen gewählt worden.").

4.1.5.2.8 Führungsstil

Herr E. berichtet, eher zufällig in eine Führungsposition gekommen zu sein („Mein Kollege ist mit 41 gestorben, ich war zweiter Mann."). In seinem Führungsstil scheint er seinen Mitarbeitern viele Freiheiten zu lassen („Der Laden muss laufen. Wo du arbeitest und wie du arbeitest, kannst du selber planen."), solange diese gute Ergebnisse erreichen. Wenn dies nicht der Fall ist, scheint er auch zu einer engeren und direktiveren Führung bereit zu sein („Als Führungskraft auch wirklich mit Fingerspitzengefühl zu führen ist äußerst schwierig, wenn man auch irgendwann Ergebnisse sehen will.").

4.1.5.2.9 Konfliktbewältigung

Herr E. beschreibt sich selbst als sehr harmoniebedürftigen Menschen („Bin ein absoluter Harmoniemensch. Das kann ich in meiner Rolle nicht immer gebrauchen, da muss ich also auch mal schauspielern."), der häufig lange braucht, um in die Auseinandersetzung zu gehen („Da ist so ein Punkt, wo man wirklich mal streiken muss und nicht schlucken, sondern raus lassen.").

Dennoch berichtet er auch von regelmäßigen Konflikten mit Kollegen und Vorgesetzten („Musste mein Amt schmerzlich abgeben."; „Also gibt es auch Konflikte auszutragen. Da wird mit dem Instrument Macht gearbeitet."). Dann zeigt er anscheinend eine überraschend große Auseinandersetzungsbereitschaft („Das war auch wieder viel Kampf; große Konflikte müssen auch ausgetragen werden.") und ist bereit, für seine Überzeugungen einzutreten („Da rennt man erst mal gegen Wände.").

Darüber hinaus schildert Herr E., den Eindruck gehabt zu haben, von seinem Chef gemobbt zu werden („Mein Chef hat versucht mich zu gängeln.") und scheint wenig Unterstützung im Kollegenkreis erlebt zu haben („Da geriet ich wieder zwischen die Mühlsteine.").

4.1.5.2.10 Komplexität und Dynamik der Arbeitswelt

Herr E. berichtet von einer hohen Dynamik bei seinem Arbeitgeber und der Erwartung, permanent erreichbar sein zu müssen („Das geht ja auch alles Business und hier und Telefon und Mail und so weiter."). Jedoch bringt er seine etwas idealistisch wirkende Hoffnung zum Ausdruck, dass sich im Laufe der Zeit die Veränderungen der letzten Jahrzehnte wieder rückgängig machen lassen („Auch wenn wir das mit unserem Leben nicht mehr schaffen, wird das so sein, dass sich die Menschen irgendwann ein bisschen umstellen.").

4.1.5.2.11 Unternehmenskultur

Herr E. schildert eine Unternehmenskultur, welche er einerseits als von autoritärem Verhalten („Ich bin hier der Chef und ich will das so nicht.") geprägt wahrnimmt, in welcher anderseits aber auch politische Intrigen regelmäßig stattzufinden scheinen („Das ist immer auch so ein bisschen ein Intrigenspiel."). Herr E. berichtet von Machtkämpfen („Da finden natürlich auch überall große Machtkämpfe statt.") und wenig konstruktiven Gremiensitzungen („Da sitzen wirklich nur Fürsten und Könige drin, die haben natürlich auch ihre eigenen Vorstellungen, was gut ist.").

Die Einflussmöglichkeiten als Führungskraft nimmt Herr E. als deutlich eingeschränkt wahr („Die Kultur und die Struktur lassen es nicht zu, dass man personell eingreift."), da Entscheidungen meist in langwierigen Abstimmungsrunden getroffen werden müssen („Entscheidungen werden in Gremien getroffen.").

Darüber hinaus berichtet Herr E. von tiefgreifenden personellen und strukturellen Veränderungen („Hier findet gerade ein Umbruch statt."), welche er prinzipiell gut heißt („Diese kleinen machtsüchtigen Leute sind jetzt endlich alle weg."), die ihn aber auch viel Kraft gekostet haben.

4.1.5.3 Quantitative Daten

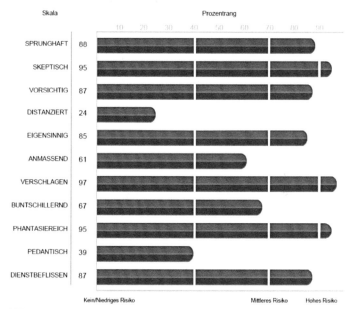

Abbildung 12: HDS-Profil von Herrn E.

Das HDS-Profil von Herrn E. entspricht keinem prototypischen Muster. Er weist hohe Werte in der Skala skeptisch auf, was misstrauische aber auch rachsüchtige Personen beschreibt. Darüber hinaus sind die Dimensionen verschlagen und phantasiereich stark ausgeprägt. Dies charakterisiert Persönlichkeiten, die hohe Risiken eingehen, sich nicht an die gängigen Normen halten und unkonventionell erscheinen.

Der IPO-Wert von Herr E. beträgt 1,56, sodass man nicht von einer strukturellen Persönlichkeitsbeeinträchtigung ausgehen kann.

4.1.5.4 Zusammenfassung

Die induktive und deduktive Analyse des Interviews von Herrn E. kommen zu ähnlichen Ergebnissen. Sein HDS-Profil lässt Rückschlüsse auf die Ursachen mancher beobachteten Verhaltensweisen zu.

Herr E. verfügt über eine hohe Gewissenhaftigkeit sowie eine ausgeprägte Identifikation mit seinen Aufgaben und damit über eine hohe Anstrengungsbereitschaft bei der Ausübung seiner Berufstätigkeit. Dies birgt das Risiko, dass er seine Belastungsgrenzen nicht ausreichend beachtet. Darüber hinaus weist er eine niedrige Verträglichkeit und hohe Unabhängigkeit auf. Es ist ihm wichtig, anhand seines klar definierten Wertekonstrukts zu handeln und Dinge so zu erledigen, wie er es für richtig hält. Wenn dies kritisiert oder in seinen Augen nicht ausreichend gewürdigt wird, neigt Herr E. zu emotionalen und eskalierenden Verhaltensweisen, sodass er häufig in Konflikte gerät. Allerdings fällt es Herrn E. schwer, das eigene Verhalten kritisch zu reflektieren und seine Wirkung auf andere realistisch einzuschätzen. Zudem ist es für Herrn E. wichtig, von anderen akzeptiert und gemocht zu werden, da er über ein hohes Anschlussmotiv verfügt.

Herr E. hat viel Freude an Veränderungen und fasst dies als seine Lebensaufgabe auf. Er kann durch seine Begeisterung mitunter Gefahr laufen, zu schnell vorzugehen und andere zu überfordern. Trotz dieser Begeisterung kostet auch ihn die Anpassung an neue Strukturen und Personen viel Kraft.

Sein HDS-Profil beschreibt Herrn E. als jemanden, der anderen misstrauisch begegnet, häufig hohe Risiken eingeht und sich nicht an geltende Regeln und Normen hält. Dieses Verhalten zeigt Herr E. insbesondere bei ihm unbekannten Personen, wodurch es ihm häufig schwerfällt, Akzeptanz zu finden und andere von sich und seinen Vorstellungen zu überzeugen.

In Abbildung 13 ist der Verlauf des Derailments von Herrn E. dargestellt. Auch das Derailment von Herrn E. verlief in mehreren Stufen. Die Ursache lag hauptsächlich daran, dass er zunächst Schwierigkeiten hatte, sich seine Dekompensation einzugestehen und seine Verhaltensmuster anzupassen.

Erfolg
- kontinuierlicher Aufstieg in höhere Gremien
- Anerkennung und Unterstützung; wird in höhere Ämter gewählt
- Übernahme von Aufsichtsratsmandaten

Veränderung
- regelmäßige Wahlen von Gremien
- Ausschüsse permanent in neuen personellen Konstellationen
- Schwierigkeiten Netzwerke und Beziehungen aufzubauen

Kränkung
- massive Meinungsverschiedenheiten mit neuem Vorgesetztem
- fühlt sich gegängelt und gemobbt
- findet keine Lösung für Konflikt; steigende Belastung

Warnsignale
- physische Symptome: Nacken- und Kopfschmerzen, Rückenprobleme
- zunächst Ignoranz von Warnsignalen

Dekom-pensation
- Krankschreibung
- sechswöchige stationäre Rehabilitation inklusive Psychotherapie

Stabili-sierung
- Rückkehr in andere Führungsposition durch Netzwerk

Widerstände
- findet keine Akzeptanz bei Mitarbeitern und Kollegen
- mehrere Beschwerden bei seinem Vorgesetzten über ihn

Krise
- konstruktive Konfliktlösung gelingt nicht
- konnte seine Themen aufgrund mangelnder Zustimmung nicht mehr in die Umsetzung bringen

Dekom-pensation
- erneut stationäre Reha in Burnout-Klinik
- Bandscheibenvorfall

internales Derailment
- freiwillige Aufgabe der Führungsverantwortung
- Rückkehr in Spezialistenfunktion in der Heimat

Abbildung 13: Verlaufsmodell Herr E.

4.2   Komparative Darstellung und Interpretation

Neben einer intensiven fallbezogenen Analyse der Daten ist die Gegenüberstellung von typischen Merkmalen und möglichen auslösenden Faktoren besonders interessant, um Gemeinsamkeiten und übergeordnete Faktoren herausarbeiten zu können. Da die IPO-16 ein einskaliges, individuelles Screening-Instrument ist, werden diese Ergebnisse im folgenden Abschnitt nicht näher beleuchtet.

4.2.1   Quantitative Analyse: Skalen mit erhöhten Mittelwerten der HDS

Bei der Auswertung der Hogan Development Survey spricht man ab einem Prozentwert von größer gleich 71% von einem hohen Risiko auf der jeweiligen Skala. Über alle Teilnehmer hinweg finden sich sechs HDS-Skalen, die einen Mittelwert über alle fünf Teilnehmer hinweg größer als 71% aufweisen.

Skala	1	2	3	4	5	6	7	8	9	10	11	Mittel -wert
Frau A.	69	83	15	24	97	47	76	87	69	93	55	**65,0**
Herr B.	33	58	80	24	32	47	64	67	25	39	55	**47,6**
Frau C.	98	90	99	46	99	86	76	78	89	93	72	**84,2**
Herr D.	99	97	87	94	85	47	93	53	89	39	37	**74,6**
Herr E.	88	95	87	24	85	61	97	67	95	39	87	**75,0**
Mittel -wert	**77,4**	**84,6**	**73,6**	**42,4**	**79,6**	**57,6**	**81,2**	**70,4**	**73,4**	**60,6**	**61,2**	

Tabelle 2. *Übersicht HDS-Werte.*

Legende: 1 = sprunghaft; 2 = skeptisch, 3 = vorsichtig, 4 = distanziert, 5 = eigensinnig, 6 = anmaßend, 7 = verschlagen, 8 = buntschillernd, 9 = phantasiereich, 10 = pedantisch, 11 = dienstbeflissen.

Skalen mit erhöhten Mittelwerten sind sprunghaft, skeptisch, vorsichtig, eigensinnig, verschlagen und phantasiereich. Die einzelnen Skalen und ihre phänotypischen Ausprägungen wurden bereits unter 3.3.2.2 beschrieben. Zusammenfassend beschreiben diese Skalen eher distanzierte Persönlichkeiten, welche in sozialen Interaktionen zurückhaltend und misstrauisch auftreten. Sie orientieren sich an eigenen Standards und Ideen und gehen zu hohe Risiken ein, um ihre Vorstellungen umzusetzen. Bei einer Stichprobengröße von fünf Personen, wäre es vermessen, diese Eigenschaften als besonders relevant für ein Derailment im Allgemeinen zu betrachten, insbesondere, da die individuellen Werte stark differieren.

Eine Ausnahme von diesem Bild stellt Herr B. dar, dessen HDS-Ergebnisse mit einem Mittelwert von 47,6 zunächst einmal kein ausgeprägtes Derailment-Risiko vermuten lassen.

Es lässt sich konstatieren, dass sich aus den HDS-Werten der Teilnehmer dieser Studie kein weitergehendes Risikoprofil ableiten lässt.

4.2.2 Komparative qualitative Analyse

In diesem Kapitel sollen die Ergebnisse sowohl der induktiven qualitativen als auch der deduktiven qualitativen Analyse der Einzelfälle verglichen und Parallelen aber auch Unterschiede aufgezeigt werden.

4.2.2.1 Komparative induktive qualitative Analyse

In diesem Abschnitt werden die mittels des zirkulären Dekonstruierens gewonnen Ergebnisse verglichen und Gemeinsamkeiten sowie Unterschiede zwischen den Einzelfällen herausgearbeitet.

4.2.2.1.1 Vergleich der zentralen Kategorien

Es bietet sich an, die induktiven zentralen Kategorien der Interviews, welche mit der Technik des zirkulären Dekonstruierens herausgearbeitet wurden, genauer zu betrachten. Der Übersichtlichkeit halber sind Tabelle 3 nur die Kategorien aufgeführt, die in mehr als einem Interview vorhanden sind. Diese sind entsprechend der Häufigkeit ihres Auftretens angeordnet.

Zentrale Kategorien mit Ankerbeispielen	Frau A.	Herr B.	Frau C.	Herr D.	Herr E.
Veränderung/ Umstrukturierung					
– „Gefühlte 90% des Managementteams wurden damals raus gekegelt."					
– „Da wurde noch ein Unternehmen dazu gekauft, das habe ich dann auch noch mit betreut."					
– „Da war eben nicht nur ich im Umbruch, sondern die ganze Firma."					
– „Alle zwei Jahre Restrukturierungsmaßnahmen."					
– „Der Umbruch, der hier stattfindet."					
Kränkung					
– „Umstände, die ich als höchst unfair empfunden habe."					
– „Das hat mich getroffen."					
– „Das war ein Schlag in die Magengrube."					
– „Ich wurde über Jahre hinweg wegdelegiert."					
– „Was läuft denn hier ab? Die meinen das ja ernst."					
– „Das war komplette Verarschung."					
– „Das hat mich fürchterlich geärgert."					
– „Das war eine bittere Pille für mich."					
– „Das habe ich schmerzlich abgeben müssen."					
– „Das hat mir sehr weh getan."					

mangelnde Akzeptanz					
– „Die Kollegen glaubten, sie wären jetzt dran."					
– „Wir wurden erst mal ignoriert und irgendwann tauchte der Name auf der Streichliste auf."					
– „Ich war für den eine riesen Gefahr."					
– „Da musste ich mich erst noch mal beweisen."					
– „Da steht dann auch einmal so ein Mobbing-Vorwurf im Raum."					
– „Die haben sich nicht betreut gefühlt."					
– „Es wird einem nicht gegönnt."					
– „Da rennt man gegen die ersten Wände."					
– „Man hat mich massiv angegriffen."					
Ignoranz von Warnsignalen/ Verdrängung					
– „Man hätte es sehen können."					
– „Es ist einfach so weiter geplätschert."					
– „Das staute sich über Jahre auf. Es gibt da immer einen Vorwand."					
– „Das ist ja auch normal und passiert bei vielen."					
– „Immer schön in meinem Hamsterrädchen."					
Leistungsorientierung/ Ehrgeiz					
– „Das muss ich jetzt schaffen."					
– „Disziplin und Struktur habe ich natürlich auch auf meiner Agenda."					
– „Ich bin ein sehr ehrgeiziger Mensch."					
– „Leistung wurde anerkannt und belohnt."					

Dekompensation					
– „Da habe ich die Segel gestrichen und bin ein halbes Jahr ausgefallen."					
– „Das war meine Bankrotterklärung."					
– „Ich kann nicht mehr, ich weiß, mit mir ist etwas nicht in Ordnung. Ich bemühe mich, aber ich brauche Hilfe."					
– „Da habe ich Schlagseite bekommen."					
– „Bumm und da fällt man um."					
Überlastung /Erschöpfung					
– „Auf einmal ging bei mir gar nichts mehr."					
– „Ich konnte nicht mehr wach bleiben."					
– „Da habe ich gemerkt, wie erschöpft ich war."					
– „Ich habe viel geweint."					
– „Der Stressfaktor war einfach zu hoch."					
– „Was lasse ich liegen?"					
– „Da war der Akku leer."					
– „Da läuft man natürlich auch mit über 200% die ganze Zeit."					
Reflexion					
– „Ich hätte kündigen müssen damals."					
– „Da habe ich selber immer noch nicht die Reißleine ziehen können."					
– „Gelernt, Signale zu erkennen."					

Frustration & Verzweiflung – „Der frustische Druck ist gestiegen." – „Da habe ich nur noch die Augen gerollt." – „Da habe ich mal auf den Tisch gehauen." – „So geht das hier alles nicht." – „Die Frustration war einfach zu hoch, weil der Glaube nicht mehr da war."	▓		▓	
Erfolg – „Sukzessive mehr Verantwortung übertragen bekommen." – „Eine Reputation erarbeitet." – „Da habe ich mir die erste Stelle erkämpft."	▓		▓	
Engagement & Loyalität – „Irgendwie weggehen geht nicht." – „Schon ganz lange mit dem Unternehmen verbunden." – „Das war mein absoluter Traumjob." – „Meine Lebensaufgabe."	▓			▓
Private Probleme – „Privat kam dann auch noch meine Scheidung dazu." – „Man hat dann nichts mehr von seiner Frau oder möglichen Kindern." – „Meine Frau ist dann mit den Kindern ausgezogen."			▓	▓

Tabelle 3: Übersicht zentraler induktiver Kategorien mit Ankerbeispielen

Als ein zentrales Thema stellt sich bei allen Personen dieser Stichprobe das Element der Veränderung dar, was sich sowohl in weitreichenden Umstrukturierungen im Unternehmen aber auch in kleineren Aspekten, wie dem Wechsel der eigenen

Position manifestieren kann. Die Teilnehmer berichten von Schwierigkeiten, sich auf veränderte Aufgaben und Zuständigkeiten, aber insbesondere auch auf neue Personen, mit welchen sie zusammenarbeiten müssen, einzustellen. Für die theoretische Annahme, dass die mangelnde Anpassungsfähigkeit an Veränderungen ein wesentlicher Risikofaktor für Entgleisungen ist (Shackleton, 1995; Westermann & Birkhan, 2012), wird somit auch in dieser Studie ein Beleg gefunden.

Darüber hinaus haben alle Befragten eine Kränkung erlebt. Diese kann entweder darin liegen, dass die eigenen Leistungen nicht entsprechend honoriert wurden, wie dies von den Teilnehmern als angemessen empfunden worden wäre, aber auch an ungerechtfertigt erscheinenden Sanktionen wie Degradierung oder Kündigung. Die Teilnehmer der Untersuchung berichten, sich als Person abgewertet, nicht anerkannt oder wertgeschätzt gefühlt zu haben. Diese wahrgenommene Kränkung löste bei den Teilnehmern meist die Abwertung anderer aus, vermutlich als Kompensation und zur Stabilisierung des eigenen Selbstwertes. Wenn man davon ausgeht, dass eine Kränkung immer dann erlebt wird, wenn das persönliche Selbstkonzept der Personen von der Fremdwahrnehmung abweicht, dann wird dieses Phänomen auch bereits in der Literatur als kritisch für Führungserfolg thematisiert (Hiller & Hambrick, 2005).

Ebenfalls berichteten vier der interviewten Führungskräfte von Widerständen gegen ihre Person innerhalb der Organisation; bei Herrn B. liegt die Vermutung nahe, dass er diesen aufgrund seines ausgeprägten Selbstbewusstseins nicht wahrgenommen haben könnte. Dies liegt unter anderem wahrscheinlich in den schlechteren beruflichen Netzwerken begründet, über die die meisten Befragten verfügten, da sie aufgrund ihrer geringer ausgeprägten sozialen Fähigkeiten nicht in der Lage waren, ausreichend Beziehungen zu knüpfen und sich innerhalb der Organisation eine ‚Lobby' aufzubauen. Dabei sind, wie im Fall von Frau A., nicht nur die sozialen Fähigkeiten an sich, sondern auch die Passung von Auftreten und Beziehungsgestaltung zum sozialen Umfeld von besonderer Bedeutung. Insbesondere bei Herrn B. mag dies aber auch an einem sehr dominanten, wenig kompromissbereitem Verhalten in Konflikten liegen, sowie dem Bestreben, eigene Fehlentscheidungen und Unzulänglichkeiten zu vertuschen. Auch dies ist ein Beleg, für die in der Literatur beschriebenen negativen Auswirkungen von gering ausgeprägten sozialen Fertigkeiten auf den Führungserfolg von Managern (Burke, 2006; Hogan, Hogan, & Kaiser, 2010; Leslie & Van Velsor, 1996).

Vier der fünf Befragten berichten, dass sie körperliche und psychische Warnsignale zunächst nicht wahrgenommen haben, diese nicht einordnen konnten und daher ignoriert haben. Dies untermauert die theoretische Vermutung, dass kein Derailment plötzlich auftritt, sondern dass es immer einen Prozess gibt, den häufig allerdings weder Betroffene noch ihr Umfeld als bedrohlich einschätzen (Bäcker, 2010). Ein Grund dafür könnte das häufig hoch ausgeprägte Leistungsmotiv der Betroffenen sein. Gerade diese sehr ehrgeizigen Führungskräfte überschreiten ihre persönlichen Belastungsgrenzen über einen längeren Zeitraum hinweg kontinuierlich, was zunächst zu physischen Symptomen wie Kopfschmerzen, Rückbeschwerden oder Gürtelrose, mittelfristig bei drei von fünf Befragten aber auch zu Erschöpfungszuständen und letztendlich zur Dekompensation führte. Diese Phänomen wurde bereits von Spreier, Fontaine und Malloy (2010) beschrieben. Ausgenommen von dieser Symptomatik war nur Herr B., der in seinen Schilderungen eine stärkere Neigung zur Fremdaggression erkennen lässt.

In drei von fünf Interviews fand sich ein sehr hoch ausgeprägtes Leistungsmotiv der Führungskräfte. Auch dies bestätigt die theoretischen Annahmen, dass eine hohe Leistungsmotivation zwar die Basis für beruflichen Erfolg legen kann, in zu extremer Ausprägung aber auch kontraproduktiv sein kann, wie auch von Leslie und Van Velsor (1996) dargestellt. Dies zeigt sich beispielsweise bei Frau A. und Frau C. in einem von anderen als verbissen und übermäßig ehrgeizig wahrgenommenen Verhalten.

4.2.2.1.2 Vergleich wesentlicher auslösender Faktoren

Auch wenn sich zahlreiche Gemeinsamkeiten in den zentralen Kategorien der Interviews finden lassen, erscheint es lohnenswert, die individuellen Dynamiken der einzelnen Fälle noch einmal im Vergleich zu betrachten.

Frau A. zeigte sich in ihren Beschreibungen sehr selbstkritisch und mit einer Neigung zur Selbstabwertung. Gleichwohl betrachtet sie aber auch ihre Kollegen sowie Vorgesetzten eher skeptisch und sucht nach Unterschieden sowie Kontrasten. Eine wesentliche Ursache für ihr Scheitern scheint ihr geringes Anpassungsvermögen an äußere Rahmenbedingungen zu sein, was auch dazu führt, dass sie zahlreiche Entscheidungen der Unternehmensführung nicht nachvollziehen kann. Hinzu kommt gleichzeitig auch ein geringes Einstellungsvermögen auf andere Personen, wodurch sie

Schwierigkeiten hat, tragfähige Beziehungen aufzubauen. Daraus ergibt sich eine destruktive Dynamik aus fast schon verzweifelt wirkender Suche nach Anerkennung, welche sie häufig von anderen nicht im erhofften Maße erhält und darauf folgender Selbstabwertung. Um letztlich das Selbstwertgefühlt wieder zu erhöhen, folgt eine Abwertung anderer.

Herr B. neigt im ersten Schritt zu einer Abwertung anderer Personen, aber insbesondere auch des ‚Systems' der Gesellschaft im Allgemeinen sowie der Unternehmensführung seines Arbeitgebers im Speziellen. Auch er hat Schwierigkeiten, Entscheidungen des Managements nachzuvollziehen und sich mit diesen zu arrangieren. Durch seinen sehr positive, fast schon selbstherrliche Darstellung sieht er Fehler und auch die Schuld seines Derailments fast ausschließlich bei anderen und attribuiert die Geschehnisse rein external. Da er diese Haltung deutlich nach außen trägt, gerät er immer wieder in Konflikte mit Kollegen und Vorgesetzten.

Frau C. beschreibt vordergründig, wie viel Spaß ihr ihre Berufstätigkeit gemacht habe, was allerdings nur dann der Fall gewesen zu sein scheint, wenn sie für ihre Leistungen die in ihren Augen angemessene Belohnung erhält. Ähnlich wie bei Frau A. wird hier eine fast schon verzweifelte Suche nach Anerkennung deutlich, für die sie bereit ist, sich sehr stark zu verausgaben. Wenn sie diese Wertschätzung nicht erhält, erhöht Frau C. ihren Einsatz recht verbissen, wodurch sie in eine Negativspirale aus immer mehr Anstrengung, häufigeren Fehlern und somit weniger Anerkennung gerät.

Auch Herr D. neigt zu einer Abwertung anderer, insbesondere der Unternehmensleitung seines Arbeitgebers. Er wird ebenfalls vom Wunsch nach Anerkennung getrieben. Wenn dieser nicht erfüllt wird und er eine Kränkung erlebt, neigt er jedoch zu einem eher aggressiven sowie impulsiven Verhalten, welches sich häufig in einer Weg-Motivation äußert.

Herr E. tendiert zu einer recht pauschalen Abwertung des ‚Systems' und den Anforderungen der Gesellschaft an Arbeitnehmer im Allgemeinen. Ihm fällt es schwer, von außen gesetzte Grenzen zu akzeptieren und sich in diese zu fügen. Diesbezüglich gibt es Parallelen zu Herrn B., Herr E. neigt jedoch bei einer Kränkung nicht zu einem fremdaggressiven Verhalten, sondern attribuiert den Misserfolg eher internal, wodurch seine empfundene Belastung steigt.

In Summe zeigt sich bei allen Befragten ein starker Wunsch nach Anerkennung und Wertschätzung ihrer Leistungen. Wenn diese in ihren Augen nicht ausreichend erfüllt wird, neigen sie entweder zu einem fremd- oder autoaggressiven Verhalten. Abhängig davon sind wiederum die sichtbaren Symptome und das Außenbild des Scheiterns. Drei der fünf Betroffenen beklagen deutlich, dass ihr Umfeld nicht früher eingeschritten sei und sie unterstützt habe.

4.2.2.2 Komparative deduktive qualitative Analyse

Die Methode der deduktiven Analyse wurde angewendet, um die durchgeführten Interviews auf in der Literatur bereits thematisierte Risikofaktoren für Derailment zu überprüfen. In diesem Kapitel sollen die Ergebnisse für jeden potenziellen Risikofaktor dargestellt und zusammengeführt werden.

4.2.2.2.1 Persönlichkeitsstruktur

Vier Befragte berichten von regelmäßigen Konflikten in ihrem beruflichen Umfeld, sodass man von einer niedrigen Verträglichkeit ausgehen kann. In der Literatur wird bislang eher eine zu hohe Verträglichkeit als Risikofaktor für Derailment von Führungskräften thematisiert, da diese zu einem konfliktvermeidenden Verhalten führen kann (Judge, Piccolo, & Kosalka, 2009). In dieser Untersuchung deutet sich jedoch an, dass bei allen Persönlichkeitsfaktoren extreme Ausprägungen Risikofaktoren darstellen können. Eine niedrige Verträglichkeit kann von anderen als zu dominant und wenig anpassungsbereit wahrgenommen werden, was wiederrum den Aufbau konstruktiver und positiver sozialer Beziehungen erschwert.

Bei drei von fünf Teilnehmern kann man aufgrund ihrer Detailorientierung sowie ihres hohen Anspruchs von einer hohen Gewissenhaftigkeit ausgehen. Bei diesen zeigen sich exakt die in der Literatur beschriebenen Auswirkungen, dass die Betroffenen zu sehr an Bewährtem festhalten, sich auf irrelevante Details fokussieren und Schwierigkeiten haben, sich von ihren Fachthemen zu lösen (Judge, Piccolo, & Kosalka, 2009).

4.2.2.2.2 Kognitive Fähigkeiten & Problemlösefähigkeit

Die kognitiven Fähigkeiten der Teilnehmer dieser Stichprobe sind durch ihren Bildungsabschluss nur sehr grob einzuordnen. Man kann vermuten, dass beispielsweise Frau A. über überdurchschnittliche kognitive Fähigkeiten verfügt, während diese bei Herrn B. sowie Herrn D. eher durchschnittlich ausgeprägt sind. Es lässt sich in der kleinen Stichprobe dieser Studie jedoch kein einheitliches Bild eines Risikofaktors für Derailment erkennen.

4.2.2.2.3 Zentrale Selbstbewertungen

Hinsichtlich ihrer zentralen Selbstbewertungen unterscheiden sich die Teilnehmer dieser Studie. Eine Besonderheit stellt Herr B. dar, welcher sich extrem selbstbewusst, stellenweise fast selbstherrlich präsentiert. Frau A., Frau C. und Herr D. berichten von einem eher geringen Selbstbewusstsein, wobei Frau C. jedoch über eine durchschnittliche Selbstwirksamkeitserwartung verfügt.

Herr D. fällt durch einen externalen Locus of Control und eine geringe Selbstwirksamkeitserwartung auf. In der Literatur geht man davon aus, dass sich Personen mit einem externalen Locus of Control seltener in Führungspositionen befinden (Judge & Bono, 2001).

Es zeigt sich zudem, dass positive Selbstbewertungen positiv mit Führungserfolg und insbesondere transformationaler Führung korrelieren. Dies scheint sich auch für die Teilnehmer dieser Studie zu bestätigen, welche keinen transformationalen Führungsstil verwendet zu haben scheinen (Erez & Judge, 2001; Judge, Erez, & Bono, 1998; Judge T. A., Locke, Durham, & Kluger, 1998; Hiller & Hambrick, 2005).

4.2.2.2.4 Selbstreflexionsfähigkeit und Selbsterkenntnis

Alle Teilnehmer scheinen zunächst über wenig Bereitschaft und Fähigkeit zur adäquaten kritischen Selbstreflexion zu verfügen. Dies spiegelt sich auch darin wieder, dass alle fünf ihr berufliches Scheitern zunächst external attribuieren und wenig Eigenanteil erkennen sowie auftretende Belastungssymptome erst einmal ignorieren.

Vier von fünf Befragten berichten jedoch, sich im Nachgang ihres Derailments intensiver mit ihrer Persönlichkeit auseinandergesetzt zu haben. Unterstützt durch Psychotherapie oder Coaching-Ausbildungen scheinen sie eine gewisse Selbsterkenntnis gewonnen zu haben. Eine Ausnahme davon stellt Herr B. dar, welcher trotz einer Coaching-Ausbildung wenig Bereitschaft erkennen lässt, sich kritisch zu hinterfragen.

Dies bestätigt die theoretische Annahme, dass eine gering ausgeprägte Reflexionsfähigkeit ein Risikofaktor für das Derailment von Führungskräften ist, unter anderem, weil sich im Laufe der Zeit Selbst- und Fremdbild immer weiter auseinander entwickeln (Hogan & Warrenfeltz, 2003).

4.2.2.2.5 Anpassungsfähigkeit an Veränderungen

Alle Befragten schildern, dass sich in ihrem beruflichen Umfeld im Vorfeld ihres Derailments tiefgreifende Veränderungen wie beispielsweise Restrukturierungen oder Fusionen ereignet haben. Vier von fünf Befragten berichten zudem, dass es ihnen schwer gefallen sei, sich einerseits auf neue Aufgaben und Strukturen aber insbesondere auch auf veränderte handelnde Personen einzustellen.

Eine Ausnahme stellt Herr E. dar, welcher Veränderung als seine Lebensaufgabe begreift, obwohl er auch davon berichtet, dass es ihn trotz dieser positiven Einstellung viel Kraft kostet, sich auf die veränderten Rahmenbedingungen einzustellen.

Dies untermauert die theoretische Annahme, dass die Anpassungsfähigkeit an Veränderungen ein wesentlicher Risikofaktor für das Derailment von Führungskräften ist (Shackleton, 1995). Was darüber hinaus in den Interviews jedoch deutlich wurde, dass es lohnenswert zu sein scheint, zwischen Anpassungsschwierigkeiten an neue Aufgaben und Funktionen sowie unbekannten Personen zu unterscheiden, da dafür jeweils grundlegend andere Fertigkeiten erforderlich sind.

4.2.2.2.6 Motivstruktur

Hinsichtlich der Motivstruktur der fünf Befragten in dieser Studie ergibt sich ein sehr heterogenes Bild, sodass keine eindeutige Aussage möglich ist. Es scheinen sich jedoch die theoretischen Annahmen wider zu spiegeln, dass insbesondere ein hohes

Leistungsmotiv zu einer hohen Belastung führen kann (Spreier, Fontaine, & Malloy, 2010), weil sich die Betroffenen zu vieler Themen gleichzeitig annehmen. Ein hohes Machtmotiv scheint hingegen eher mit einem zu dominanten Auftreten einherzugehen (Kets de Vries & Engellau, 2010).

4.2.2.2.7 Soziale Fertigkeiten

Für alle Teilnehmer dieser Untersuchung kann man eingeschränkte soziale Fertigkeiten vermuten, welche sich in zahlreichen Konflikten mit Kollegen sowie Vorgesetzten und wenig wahrgenommener Akzeptanz in ihrer Führungsrolle widerspiegeln. Einzig Herrn E. scheint es gelungen zu sein, sich im Laufe der Zeit ein gutes Netzwerk aufzubauen, welches ihm letztlich auch zu einer neuen Position in der Organisation verholfen hat.

Dies stützt die theoretische Annahme, dass mangelnde soziale Fertigkeiten ein wichtiger Risikofaktor für das Derailment von Führungskräften sind (Burke, 2006; Ferris, Witt, & Hochwarter, 2001; Hogan & Shelton, 1998).

4.2.2.2.8 Führungsstil

Interessanterweise scheinen alle Befragten zu einem wenig steuernden Führungsverhalten bis hin zu einem Laissez-faire Führungsstil zu neigen. Dies korrespondiert mit der theoretischen Annahme, dass das Risiko für ein Scheitern von Führungskräften steigt, wenn sie nicht zu einem transformationalen Führungsstil in der Lage sind, wozu auch gewisse soziale Fertigkeiten von Nöten sind (Cavazotte, Moreno, & Hickmann, 2012; Harms & Credé, 2010).

Keine der interviewten Personen scheint zu einer guten Balance aus Aufgaben- und Mitarbeiterorientierung sowie einem inspirierenden und somit transformationalen Führungsverhalten fähig gewesen zu sein, was mit der wahrgenommenen mangelnden Akzeptanz korrespondiert.

4.2.2.2.9 Konfliktbewältigung

Hinsichtlich ihres Verhaltens in Konfliktsituationen lassen sich die Befragten in zwei Gruppen teilen. Frau A., Frau C. und Herr E. beschreiben sich als eher harmoniebedürftig und neigen zu einem konfliktvermeidenden Verhalten. Herr B. und

Herr D. hingegen scheinen zu polarisieren und Konflikte als Teil ihres Alltags akzeptiert zu haben bzw. mitunter sogar eine gewisse Befriedigung bei der Provokation anderer zu empfinden.

Auch dies geht einher mit den theoretischen Annahmen, dass die konstruktive und erfolgreiche Konfliktbewältigung ein Prädiktor von Führungserfolg ist (Berkel, 2009; Glasl, 2010).

4.2.2.2.10 Komplexität und Dynamik der Arbeitswelt

Vier der fünf Befragten berichten von einer hohen Arbeitsbelastung, wodurch sie sich belastet und gestresst gefühlt haben. Des Weiteren scheint die wahrgenommene Erwartung, ständig erreichbar sein zu müssen, Druck ausgelöst zu haben.

Bei Herrn D. allerdings scheint dies mitunter auch als Ausrede für schlechte Leistungen zu dienen, während Herr B. von keinerlei externen belastenden Faktoren berichtet.

Die theoretischen Annahme, dass die heutige ‚entgrenzte' Arbeitswelt ein Risikofaktor für Derailment sein kann, trifft daher auf einige der Teilnehmer dieser Studie zu (Hogan & Hogan, 2001; Schütte & Köper, 2013; Voß, 1998).

4.2.2.2.11 Unternehmenskultur

Alle Teilnehmer dieser Untersuchung berichten von einschneidenden strukturellen und personellen Veränderungen in ihrem Arbeitsumfeld vor ihrem Derailment. Darüber hinaus schildern Frau A. sowie Herr D., dass sie auf ihre Führungsaufgabe sehr wenig vorbereitet worden wären. Frau A. und Herr B. haben zudem einen wenig konstruktiven Umgang mit Fehlern im Unternehmen wahrgenommen. Es finden sich zahlreiche Aspekte dysfunktionaler Unternehmenskulturen, wie von Kets de Vries und Miller beschrieben (1984).

4.3 Übergreifende Ergebnisse

Abschließend sollen in diesem Kapitel die wesentlich Erkenntnisse der Analysen der Studie zusammengefasst und dargestellt werden.

4.3.1 Formen von Derailment

In der Theorie werden unterschiedliche Ausprägungen und Formen des Scheiterns von Führungskräften bislang kaum beschrieben. In den in dieser Studie geführten Interviews lassen sich jedoch deutliche Unterschiede im Phänotyp des Derailments sowie den Auswirkungen auf die betroffenen Personen feststellen. Daher soll an dieser Stelle die Unterscheidung zwischen zwei Formen von Derailment vorgeschlagen werden.

Am Fall von Herrn B. wird deutlich, dass eine Konsequenz eines Derailments ein fremdaggressives, nach außen gerichtetes Verhalten sein kann. In dieser Derailment-Form richten sich die Wut sowie Frustration der Betroffenen nach außen und treffen Mitarbeiter, Kollegen oder das Unternehmen an sich. Für diese Variante wird daher die Bezeichnung ‚externales Derailment‘ vorgeschlagen.

Für alle anderen Befragten zeigte sich jedoch ein eher autoaggressives, nach innen gerichtete Derailment, für welches die Bezeichnung ‚internales Derailment‘ vorgeschlagen wird. Diese Betroffenen leider unter zahlreichen psychischen und physischen Krankheitssymptomen und scheinen die durch das Scheitern wahrgenommene Belastung zu somatisieren. Dementsprechend neigen sie nicht zu fremdaggressivem Verhalten.

Durch diese Unterscheidung ist es möglich, die Vielfalt der Derailment-Symptome grob zu clustern sowie zu systematisieren. Selbstverständlich müsste dieser Vorschlag in weiteren Untersuchungen überprüft und ggf. erweitert werden. Darüber hinaus könnte es lohnenswert sein, auslösende Faktoren und Symptome für beide Formen zu vergleichen und auf Unterschiede sowie Gemeinsamkeiten zu untersuchen.

4.3.2 Vorschlag eines Verlaufsmodells von Derailment

Wenn man die zentralen Ergebnisse der Interviews sowie der quantitativen Daten in einen größeren Zusammenhang setzt und auch situative Faktoren einbezieht, ergibt sich ein Modellvorschlag für einen möglichen Verlauf von Derailments, welcher aber noch durch umfangreiche quantitative Forschung überprüft werden müsste. Dieses Modell ist in Abbildung 14 dargestellt.

Der allgemeine Wandel der Arbeitswelt, aber auch spezifische Veränderungen in Unternehmen können den ersten Auslöser für ein Derailment von Führungskräften darstellen. Besonders kritisch sind weitreichende Veränderungen, wie sie beispielsweise durch Fusionen, Umstrukturierungen oder Standortschließungen/-verlagerungen entstehen können. Diese erhöhen die generelle Wahrscheinlichkeit von Derailments im Unternehmen. Für einzelne Führungskräfte, kann aber auch Übernahme einer anderen Funktion, beispielsweise durch eine Beförderung, die Versetzung in einen anderen Fachbereich oder an einen anderen Standort das Risiko für ein Scheitern des Managers deutlich erhöhen.

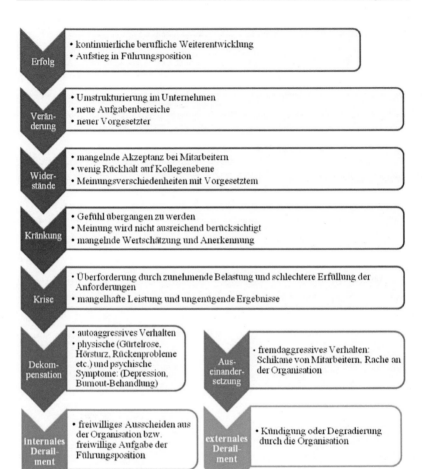

Abbildung 14: Vorschlag eines Verlaufsmodells von Derailment

Die fünf Teilnehmer der Studie berichten alle von einer instabilen Unternehmenskultur, die durch zahlreiche Restrukturierungen und Veränderungen geprägt war. Diese führte häufig zu unklaren Strukturen, zu neuen Aufgaben und Anforderungen, auf die die Manager häufig nicht vorbereitet waren, sowie zu massiven personellen Veränderungen. Mit den neuen Aufgaben waren häufig auch neue

Vorgesetzte oder Teams verbunden, sodass auch soziale Beziehungen neu aufgebaut werden mussten.

Jede Veränderung im Unternehmen oder der eigenen Position geht automatisch mit veränderten Anforderungen an die betroffene Führungskraft einher. Dies können zum einen neue fachliche Aufgaben sein, die bisher nicht, oder nur am Rande zum Aufgabenspektrum gehörten, zum anderen aber auch andere soziale Anforderungen, beispielsweise durch neue Kollegen oder unbekannte Mitarbeiter. Wenn ein Manager nicht gut genug in der Lage ist, sich auf diese veränderten Anforderungen einzulassen und sie in angemessener Zeit erfolgreich zu bewältigen, erhöht sich das Risiko für ein Derailment.

Hohe berufliche Anforderungen erhöhen zunächst die Leistung und auch die Zufriedenheit von Personen, ab einem gewissen Punkt allerdings beginnt die Leistung nachzulassen (Gardner & Cummings, 1988; Janssen, 2000; Scott, 1996; Van Yperen & Snijders, 2005). Einen entscheidenden Einfluss spielt die Passung zwischen den veränderten Anforderungen, die an eine Führungskraft gestellt werden (Xie & Johns, 1995), ihren Persönlichkeitsfaktoren sowie der Unternehmenskultur. Wenn ein Manager über die grundsätzlichen Fähigkeiten und persönlichen Ressourcen verfügt, die veränderten Anforderungen zu bewältigen, kann dies beispielsweise durch eine positive, unterstützende Unternehmenskultur gefördert werden. In einer solchen Kultur würde man die Führungskraft beispielsweise durch gezielte Qualifizierungs- und Weiterbildungsmaßnahmen bei der Übernahme ihrer neuen Rolle unterstützen und ihr ausreichend Zeit gewähren, sich in diese einzufinden. Dies würde auch bedeuten, dass man Managern zugesteht, Fehler zu machen, um aus diesen lernen und sich weiterentwickeln zu können. Wenn ein Manager nicht über die erforderlichen persönlichen Fähigkeiten verfügt, oder die Unternehmenskultur nicht ausreichend Zeit oder Unterstützung gewährt, führt dies in aller Regel zu einer Überforderung.

In ihren neuen Funktionen trafen alle befragten Manager auf Widerstände. Dies war bei vier Befragten die mangelnde Akzeptanz durch ihre Mitarbeiter, die beispielsweise der Meinung waren, selbst für die Führungsposition geeignet zu sein. Darüber hinaus waren die beiden befragten Frauen auch im Kollegenkreis wenig anerkannt und verfügten auf gleicher Ebene über wenig Unterstützung. Zudem traten bei drei der Befragten auch Schwierigkeiten mit dem eigenen Vorgesetzten auf. Dies waren Meinungsverschiedenheiten entweder über fachlich-inhaltliche Themen, über die Priorisierung von Aufgaben, aber auch über strategische Entscheidungen. Es gelang den Interviewten nicht, die Konflikte konstruktiv zu lösen und zu klären.

In dieser schwierigen und konfliktären Situation erlebten darüber hinaus alle Befragten noch eine oder mehrere Kränkungen. Diese resultierten aus dem Gefühl, bei wichtigen Entscheidungen übergangen worden zu sein oder dem Eindruck, dass ihre Meinung bei diesen Entscheidungen nicht ausreichend gewürdigt wurde. Alternativ entstand bei drei der Befragten auch der Eindruck, dass ihre Leistung generell nicht genügend anerkannt und wertgeschätzt würde und das Unternehmen nicht wisse, was es an ihnen hätte.

Alle Befragten der Stichprobe gerieten anschließend in eine Krise („Ich habe mal in einem Gespräch mit meinem Chef die weiße Flagge gehisst. Er hat mich gar nicht verstanden. Er wollte es auch nicht hören, weil er selbst mit der Situation überfordert gewesen wäre.", Zitat). Caplan (1964) definiert eine Krise als eine akute Überforderung des Verhaltensrepertoires durch innere oder äußere Einflüsse. Sie tritt meist plötzlich auf (Ciompi, 1993) und kann unterschiedliche Symptome wie Anspannung, Unsicherheit, Irritation, Aggressivität oder psychosomatische Beschwerden auslösen (Möller & Prantl, 2006). In den sozialwissenschaftlichen Theorien wird eine Krise als ein Prozess verstanden: durch eine Noxe wird eine Destabilisierung des Systems ausgelöst, die mit den vorhandenen Bewältigungsstrategien nicht reguliert werden kann und so zu einer Bedrohung des personalen oder organisationalen Systems führt (Petzold, 1993).

In Verbindung mit Derailments geht eine Krise häufig auch damit einher, dass die Leistung der Führungskräfte nicht mehr ausreichend ist, vermehrt Fehler auftreten, oder das Arbeitspensum nicht mehr bewältigt wird. Dies war bei allen Befragten dieser Stichprobe der Fall.

Ein Vorläufer der Dekompensation und Krise ist meistens eine Überforderung der betroffenen Führungskräfte, welche auf unterschiedlichen Ebenen auftreten kann: der kognitiven Ebene, der Ebene der sozialen Wahrnehmung und der Ebene der adäquaten Erfassung des Selbst (Bäcker, 2010). Je höher die beruflichen Anforderungen sind, die eine Führungskraft erlebt, desto mehr tritt die strategische Rationalität in den Hintergrund. Die Informationsverarbeitungskapazität ist überlastet, sodass Hinweise nicht mehr korrekt verarbeitet und somit Situationen falsch bewertet werden. Dieses Phänomen bezeichnet man als „bounded rationality" (Cyert & March, 1963). Betroffene Führungskräfte sind nicht mehr in der Lage, Abhängigkeiten oder Interdependenzen zu erfassen und können nicht die erforderliche Abstraktionsleistung erbringen, um distale Zusammenhänge zu verstehen. Um einer solchen kognitiven Überforderung zu begegnen, können entweder Informationen ausgeblendet und vereinfachende Denkschemata angewendet werden, oder Komplexität kann aktiv bekämpft werden, indem sich die Führungskraft weigert, sich mit Strategien und Visionen zu befassen. Wenn die Betroffenen das Problem bereits erkannt haben, neigen sie oft zu hoher Detailorientierung und Kontrollverhalten, in dem Versuch wieder Herr der Lage zu werden.

Eine Überforderung kann aber auch auf der Ebene der sozialen Wahrnehmung auftreten, wenn es nicht mehr gelingt, aus sozialen Interaktionen die richtigen Schlussfolgerungen zu ziehen und andere Menschen korrekt einzuschätzen. Zum einen kann die Wirkung der eigenen Person falsch interpretiert werden, es können aber ebenfalls Motivationslagen in Teams oder Unternehmenskulturen falsch eingeschätzt werden. Mögliche Kompensationsmechanismen reichen von sozialem Rückzug, über Bildung von Seilschaften und einem hohem Bedürfnis nach Anerkennung, bis hin zu völliger Distanzlosigkeit.

Die dritte Ebene der Überforderung ist die Ebene der adäquaten Erfassung des Selbst. Wenn in diesem Bereich eine Überforderung auftritt, neigen Führungskräfte dazu, kritisches Feedback zu ignorieren und ihre eigenen Grenzen zu übersehen. Dadurch entwickeln sich die Selbst- sowie die Fremdeinschätzung auseinander und auch die Selbstregulation wird erschwert. Betroffenen Personen versuchen diese Überforderung entweder durch eine emotionale Distanzierung oder durch extrem hohe Erwartungen an sich selbst zu verarbeiten. Oft weisen diese Führungskräfte auch eine hohe Kränkbarkeit auf und sind wenig kritikfähig.

Wie bereits erwähnt, fanden sich in den in dieser Untersuchung erhobenen Daten Unterschiede in den Verläufen und den Auswirkungen der Derailments. Wir unterscheiden daher zwei Arten von Managerversagen: externales und internales Derailment. In der Krise und insbesondere dem Umgang damit trennen sich auch die internal von den external entgleisenden Managern. Internale reagieren, wie oben beschrieben eher autoaggressiv, während externale fremdaggressives Verhalten zeigen.

Bei einem externalen Derailment ‚explodieren' die betroffenen Führungskräfte eher. Ihr Verhalten ähnelt dem von Ashforth (1994) beschriebenen ‚kleinen Tyrannen'. Typische Symptome sind demnach aggressives und destruktives Verhalten, wenn beispielsweise Mitarbeiter eingeschüchtert werden, Manager herrisch auftreten und sich cholerisch Verhalten. Ein Beispiel für ein externales, also ein nach außen gerichtetes, Derailment ist Herr B. Er hat die Gründe seines Scheiterns external attribuiert und dementsprechend seine Wut und seine Frustration auf die Organisation ausgerichtet. In diesem Fall zeigt sich, auch nachdem einige Zeit nach der akuten Entgleisung vergangen ist, wenig Einsicht und Bereitschaft zur Selbstreflexion, sondern der Grund des Scheiterns wird allein in organisationalen Rahmenbedingungen sowie den Handlungen anderer gesehen. Dies könnte eine erste Indikation dafür sein, dass bei external entgleisten Managern die Wahrscheinlichkeit, dass sie das Derailment erfolgreich überwinden, indem sie beispielsweise das eigene Verhalten kritisch hinterfragen, eher gering ist. Bei einer solchen Form des Scheiterns kann man auch davon ausgehen, dass die Führungskräfte eher entlassen werden, da sie ihre Position nicht freiwillig räumen, da sie keinerlei Schuld oder Fehler bei sich persönlich sehen. Ebenso könnte man annehmen, dass diese Form des Derailments eher bei Führungskräften auftritt, die über narzisstische Persönlichkeitszüge verfügen, was ihnen eine konstruktive Verarbeitung des Scheiterns noch erschweren würde, da sie beispielsweise keinen Rückschritt in eine Spezialistenposition in Kauf nehmen, da dies eine Kränkung ihres Selbstkonzepts darstellen würde.

Bei einem internalen Derailment ‚implodieren' die betroffenen Führungskräfte eher. Solche Manager neigen bei einem Derailment zu einem in erster Linie selbstschädigenden Verhalten, von Depression, Burnout über Angststörungen bis hin zu Suizid. Sie attribuieren ihr Scheitern internal und richten ihre Wut, Enttäuschung und ihre Frustration dementsprechend gegen sich selbst. Der Hauptgrund warum diese Manager entgleisen liegt in ihrem zu stark ausgeprägten Leistungsmotiv und überhöhten Ansprüchen an die eigene Leistung. Diese Führungskräfte überfordern sich und ggf.

auch ihre Umwelt permanent, bis sie dieses Niveau selbst nicht mehr erfüllen können und Erschöpfungssymptome bis hin zum Burnout zeigen. Von den hier befragten Führungskräften zeigten vier Symptome eines internales Derailments, was ein Indiz für ein häufigeres Auftreten ist. Hier spielt aber sicherlich auch eine Rolle, dass das Überschreiten der persönlichen Belastungsgrenzen für viele Manager immer noch zum guten Ton gehört, während beispielsweise die Schikane von Mitarbeitern deutlich früher geahndet wird. Jedoch zeigte sich auch, dass es internal entgleisten Führungskräften besser gelingt, das eigene Verhalten zu reflektieren und alternative Lebensmodell wie beispielsweise eine selbstständige Tätigkeit zu entwickeln.

5 Diskussion

In diesem Kapitel sollen die oben beschriebenen Ergebnisse der vorliegenden Studie in den theoretischen Kontext eingebettet und ihre Bedeutsamkeit eingeschätzt sowie die verwendeten Methoden kritisch gewürdigt werden. Darüber hinaus werden erste Ideen beschrieben, welche Implikationen sich aus den Befunden für die Praxis in Unternehmen ableiten lassen.

5.1 Stärken und Limitationen der vorliegenden Untersuchung

In dieser Studie kamen wissenschaftlich validierte Instrumente und anerkannte Methoden zum Einsatz. Für die eingesetzten Fragebögen existieren ausführliche Testmanuale und ihre psychometrischen Gütekriterien entsprechen den gängigen wissenschaftlichen Standards. Auch das eingesetzte episodische Interview ist in der qualitativen Forschung bei vergleichbaren Fragestellungen regelmäßig zum Einsatz gekommen. Die Kombination aus qualitativen sowie quantitativen Methoden besitzt den Vorteil, sich einem Gegenstandsbereich aus unterschiedlichen Perspektiven zu nähern und Daten unterschiedlicher Qualität erheben zu können.

Die Interviews sowie die Auswertung der Daten wurden durch die Verfasserin der Arbeit durchgeführt, was insbesondere in der Durchführung den Vorteil bietet, eine Vergleichbarkeit des Interviewstils zu gewährleisten, gleichzeitig aber das Risiko einer systematischen Verfälschung bietet. Hinsichtlich der Auswertung der Daten wäre es wünschenswert gewesen, wenn diese von mehreren Personen vorgenommen worden wäre, um eine Interrater-Reliabilität zu bestimmen und die Ergebnisqualität zu erhöhen bzw. die Interpretationen sowie Schlussfolgerungen zu stärken. Um dieser Einschränkung zumindest in Ansätzen zu begegnen, wurden markante Textpassagen der einzelnen Interviews in Ratergruppen mit wechselnder Zusammensetzung diskutiert.

Eine Besonderheit der hier durchgeführten Studie ist, dass entgleiste Führungskräfte selbst interviewt wurden. Nach dem Kenntnisstand der Verfasserin ist dies die bislang erste Studie dieser Art. Diese Methode ist eine wichtige Ergänzung zu den bisherigen Untersuchungen und hat gegenüber der sonst meist üblichen Befragung von Mitarbeitern der Personalabteilung den Vorteil, dass Informationen aus erster Hand erhalten werden können. Wenn Außenstehende nach ihrer Wahrnehmung befragt werden, ist diese häufig durch eigene Einstellungen und Haltungen geprägt. Ein Interview der Betroffenen ermöglicht retrospektiv eine Beschreibung der Selbstwahrnehmung und Innenperspektive. Insbesondere bei einem internalen Derailment, wo Betroffene große Anstrengung investieren, um nach außen einen guten Eindruck aufrecht zu erhalten, ist es durch die reine Außenperspektive schwierig, frühzeitige Warnsignale zu erarbeiten. Methodisch ideal wäre es, beide Varianten zu kombinieren, um zu einer möglichst umfangreichen Datensammlung zu gelangen. Aus Datenschutz- und Vertraulichkeitsgründen war dies in der vorliegenden Studie leider nicht möglich.

Eine deutliche Limitation der vorliegenden Untersuchung besteht in der geringen Größe der untersuchten Stichprobe. Trotz immensen Aufwands waren nicht mehr gescheiterte Führungskräfte bereit, an der Studie teilzunehmen und sich für ein Interview zur Verfügung zu stellen. Die Ergebnisse sind daher in erster Linie Einzelfallstudien und die abgeleiteten Erkenntnisse zunächst als Indikationen und Hinweise zu verstehen. Es wäre erforderlich sie durch weitere Untersuchungen mit einer größeren Stichprobe zu überprüfen sowie zu validieren.

5.2 Einordung der Ergebnisse

Bislang lagen für den deutschen Sprachraum in erster Linie theoretische Abhandlungen und populärwissenschaftliche Artikel vor, die sich mit dem Scheitern von Managern befassen. Die Mehrheit der wissenschaftlichen, empirischen Untersuchungen stammt aus dem anglo-amerikanischen Sprachraum. Mit dieser Untersuchung ist es gelungen, das subjektive Erleben eines Derailments von Führungskräften erstmals zu beleuchten. Da in bisherigen Untersuchungen Berichte des Scheiterns aus zweiter Hand verwendet wurden, war es bislang nicht möglich, die inneren Prozesse, Gedanken und Emotionen im Verlauf einer Entgleisung zu erfassen. Darüber hinaus konnten erste Ideen zum Verlauf eines Derailments gewonnen werden, welche jedoch weiterer Überprüfung bedürfen.

Viele Risikofaktoren für das Versagen von Managern, die in der Literatur genannt werden (Westermann & Birkhan, 2012), fanden sich auch in dieser Studie. Besonders hervorzuheben sind hierbei die Anpassungsfähigkeit an Veränderungen, die einen zentralen Aspekt für den langfristigen Erfolg von Führungskräften in der heutigen Arbeitswelt darzustellen scheint. Dies korrespondiert mit einer hohen Offenheit, sich auf neuartige Strukturen, Arbeitsinhalte sowie Personen einzustellen, aber auch mit den erforderlichen kognitiven Fähigkeiten sowie sozialer Sensitivität, um in kurzer Zeit neue Systeme und Gefüge durchdringen zu können. Die emotionale Kränkbarkeit von Führungskräften scheint ebenfalls ein wichtiger Risikofaktor für ihr Scheitern zu sein, wenn Betroffene das Gefühl haben, dass ihre Leistungen oder sie selbst als Person nicht ausreichend Anerkennung und Wertschätzung erfahren.

In der Interaktion mit anderen ist es für Führungskräfte erfolgsgefährdend, wenn es ihnen nicht gelingt, Konflikte konstruktiv zu lösen und Widerstände innerhalb der Organisation zu überwinden, um so letztendlich die Umsetzung ihrer Ideen sicherzustellen. Dies kann zum Einen durch geschickte Rhetorik, aber noch mehr durch gute soziale Fertigkeiten erreicht werden, indem Manager andere über die Sachebene hinaus für sich gewinnen und überzeugen können.

Ein weiterer entscheidender auslösender Faktor des Derailments bei der Stichprobe dieser Studie war ein zu ausgeprägter Ehrgeiz, korrespondierend mit einem zu hoch ausgeprägten Leistungsmotiv. Dies trifft allerdings nur auf die Führungskräfte zu, die ein internales Derailment erlebt haben. Wie in der Literatur beschrieben, neigen sie dazu, ihre persönlichen Belastungsgrenzen nicht zu respektieren und sehr hart sowie unnachgiebig mit sich selbst umzugehen (Spreier, Fontaine, & Malloy, 2010). Dies birgt die Gefahr, wenn sich nicht zügig Erfolge einstellen, immer härter und verbissener zu arbeiten, aber nicht mehr ausreichend nach anderen, kreativen Lösungen und Maßnahmen zu suchen, mit denen die Herausforderung eventuell effektiver und effizienter bewältigt werden könnte.

Neuartig und bisher in der Literatur nicht diskutiert, ist die Unterscheidung zwischen einem internalen sowie einem externalen Derailment. Diese beiden Formen unterscheiden sich nicht nur hinsichtlich der auslösenden Faktoren voneinander, sondern auch in ihren Auswirkungen auf die Organisation, die Mitarbeiter und die betroffene Führungskraft selbst. Dementsprechend sollte der Umgang mit den betroffenen Managern situationsadäquat und individuell angepasst erfolgen. Ein internales Derailment ist dabei mehr als ein Burnout oder ein Erschöpfungssyndrom. Dies kann zwar ein Teil der Symptome sein, die Konsequenzen, die ein internales Derailment auf die Betroffenen Führungskräfte hat, sind in der Regel jedoch noch deutlich gravierender. Mit dem Versagen von Managern geht häufig zumindest mittelfristig die Bedrohung der wirtschaftlichen Existenz einher, da per definitionem entgleiste Führungskräfte entmachtet oder entlassen werden.

Man kann konstatieren, dass die HDS ein lohnenswertes Instrument ist, um Risikofaktoren für ein internales Derailment zu screenen. In dieser recht kleinen Stichprobe zeigten sich für alle internal entgleisten Führungskräfte auffällige Werte in mehreren HDS-Skalen. Es ist bislang jedoch kein einheitliches Profil erkennbar, welches auf erhöhte Risikofaktoren für ein internales Derailment schließen ließe. Trotz ihrer Anlehnung an das DSM-IV, ist es in dem hier vorliegenden Fall nicht gelungen, Risikofaktoren für ein externales Derailment zu identifizieren. Diese Ergebnisse kann man zum jetzigen Zeitpunkt noch nicht generalisieren, sie sollten in der weiteren Forschung allerdings Beachtung finden. Gegebenenfalls könnte es erforderlich sein, das Instrument um Skalen zu erweitern, die für die Vorhersage externaler Derailments geeignet erscheinen. Es wäre jedoch zu erwarten gewesen, dass alle Teilnehmer dieser Studie, da sie als Führungskräfte gescheitert sind, hohe Werte in der HDS aufweisen. Dies war allerdings nicht durchgängig der Fall, insbesondere bei einem externalen Derailment war kein Faktor als hohes Risiko eingestuft. Dies kann nun einerseits bedeuten, dass es bei diesen Fällen andere Ursachen für das Scheitern der Führungskraft gab, oder, dass die HDS als Vorhersageinstrument für ein Derailment noch nicht ausgereift ist. Diesbezüglich wäre weitere, idealerweise längsschnittliche Forschung erforderlich.

Die IPO-16 erscheint zur Vorhersage eines Derailments nur bedingt geeignet, da sich nur bei zwei der fünf Teilnehmer ein erhöhter Wert fand, der laut Manual auf das Vorliegen einer strukturellen Persönlichkeitsbeeinträchtigung schließen lässt. Somit differenziert das Instrument anhand der Daten dieser Untersuchung nicht ausreichend zwischen gescheiterten und erfolgreichen Führungskräfte und zudem nicht zwischen internalen sowie externalen Entgleisungen. Das heißt nicht, dass die

Persönlichkeitsstruktur von Führungskräften keine Bedeutung für ein mögliches Derailment hat. Es ist jedoch erforderlich, die Persönlichkeitseigenschaften eines Managers differenzierter zu erfassen, als dies mit einem Screening-Instrument wie der IPO-16 möglich ist, um aus den Ergebnissen sinnvolle Schlussfolgerungen hinsichtlich eines Risikos für eine Entgleisung ableiten zu können.

Für zukünftige Forschung und die Praxis scheint es diesbezüglich ratsamer, den Einsatz anderer Persönlichkeitsfragebögen zu erproben. Eine Möglichkeit wäre der auf den Big Five (Costa & McCrae, 1992) basierende NEO-PI-R, welcher eine ökonomische und differenzierte Messung grundlegender Persönlichkeitsfaktoren erlaubt (Costa & McCrae, 1992). Es empfiehlt sich jedoch, Persönlichkeitsfragebögen nicht isoliert zu verwenden, sondern mit weiteren psychologischen Testverfahren wie Intelligenztests oder Instrumenten zur Erfassung der Motivstruktur zu kombinieren, um möglichst umfassende diagnostische Informationen zu erhalten, welche erforderlich sind, um ein komplexes Phänomen wie Derailment durchdringen zu können.

Anhand der Stichprobe dieser Studie könnte eventuell der Eindruck entstehen, dass internale Derailments häufiger auftreten, als externale. Aus Sicht der Verfasserin trifft dies allerdings nicht unbedingt zu. Zum Einen kann aufgrund der Ansprache potenzieller Teilnehmer eine Verzerrung auftreten: Wahrscheinlich haben sich eher Führungskräfte für ein Interview zur Verfügung gestellt, welche sich selbst als ‚gescheitert' einschätzen und dementsprechend vermutlich ein internales Derailment erlebt haben. Zum Anderen ist in manchen Unternehmenskulturen ein eher aggressives und dominantes Führungsverhalten eher akzeptiert und wird somit eventuell nicht als Derailmentsymptom verstanden und entsprechend sanktioniert.

5.3 Implikationen für die Praxis

Aufgrund der Ergebnisse der vorliegenden Untersuchung, sollten Organisationen bei der Einstellung von (potenziellen) Führungskräften Wert auf eine gründliche Diagnostik legen, die über die rein fachlichen Qualifikationen deutlich hinaus geht.

Diese Diagnostik kann beispielsweise im Rahmen von Assessment-Centern oder Management-Audits erfolgen. Einige der in der Literatur diskutierten Risikofaktoren für das Versagen von Managern, wie beispielsweise ihre kognitiven Fähigkeiten oder Persönlichkeitsfaktoren lassen sich durch Testverfahren sowie Fragebögen valide und ökonomisch erfassen. Der Einsatz solcher Verfahren erfordert zwar geschulte Mitarbeiter zur Durchführung und Interpretation der Ergebnisse, jedoch ist das Kosten-Nutzen Verhältnis in Summe immer noch positiv, wenn man die potenziellen Kosten eines Derailments bedenkt. Eine größere Herausforderung ist es, insbesondere bei erfolgreichen und erfahrenen Führungskräften Akzeptanz für den Einsatz von Testverfahren zu generieren. Dies kann nur durch eine transparente Gestaltung des Prozesses sowie ein ausführliches Feedback erfolgen.

Die Motivstruktur einer Person zu erfassen ist anspruchsvoller, da durch klassische Selbstauskunftsfragebögen nur vordergründige Einstellungen und das Selbstkonzept der befragten Personen erfasst werden (Brunstein, 2002), welche insbesondere in Bewerbungssituationen stark durch sozial erwünschte Antworttendenzen verfälscht sein können. Durch Motivationsfragebögen wird letztendlich das Bild erfasst, welches sich die Person selbst über ihre Ziele und Motive macht (Reinberg & Vollmeyer, 2011). Die impliziten Motive können jedoch unter anderem durch projektive Verfahren wie thematische Apperzeptionstests valide erfasst werden. Implizite Motive beruhen auf frühen Lernerfahrungen und Präferenzen, wie sich ein Individuum mit bestimmten Anreizen auseinandersetzt. Diese Präferenzen sind jedoch nicht sprachlich repräsentiert und können demnach nicht über Fragebögen erfasst werden. Implizite und explizite Motive einer Person stimmen nicht notwendigerweise überein, weshalb eine getrennte Messung erforderlich ist. Während motivationale Selbstauskünfte in der organisationalen Praxis durchaus gängig und akzeptiert sind, kommen projektive Verfahren kaum zum Einsatz. Für die Einschätzung des Risikos einer Führungskraft zu scheitern, ist es unerlässlich, insbesondere die impliziten Motive zu erfassen, da diese das Handeln unbewusst beeinflussen und nicht durch Selbstreflexion und Kommunikation transportabel sind (Brunstein, 2002). Geeignete Instrumente sind in den letzten Jahren beispielsweise im Rahmen der impliziten Motivforschung entwickelt worden (Greenwald, McGhee, & Schwartz, 1998).

Um soziale Fertigkeiten, den individuellen Führungsstil, Konfliktbewältigungsstrategien und die Selbstreflexionsfähigkeit einer Führungskraft zu erfassen, genügen Fragebögen und Testverfahren in aller Regel nicht. Es gibt zwar Ansätze, soziale Fertigkeiten beispielsweise durch emotionale Intelligenz zu operationalisieren, welche durch den Mayer-Salovey-Caruso Emotional Intelligence Test (MSCEIT) (Mayer, Salovey, & Caruso, 2002) erfasst werden kann. Studien zeigen, dass insbesondere die komplexeste Komponente der emotionalen Intelligenz, die Fähigkeit zur Emotionsregulation, einen positiven Einfluss auf die berufliche Leistung von Arbeitnehmern hat (Haag, 2010); dieses Konstrukt wird jedoch der Komplexität menschlicher Interaktion in Organisationen nicht ausreichend gerecht.

Neben den Fähigkeiten und Eigenschaften einer Person ist darüber hinaus die Passung einerseits zu den Anforderungen der Tätigkeit, andererseits aber auch zur Unternehmenskultur und dem in der Organisation ‚akzeptiertem' Verhalten erforderlich. Die Theory of Work Adjustment postuliert (Dawis & Lofquist, 1984), dass von der Passung zwischen Person und Organisation entscheidende Erfolgsvariablen wie Verweildauer in der Position, Arbeitszufriedenheit und Leistung der Arbeitnehmer abhängen (Bretz Jr & Judge, 1994). In einem inhabergeführten produzierenden Unternehmen mag beispielsweise ein völlig anderes Führungsverhalten akzeptabel sein, als dies in einem internationalen Dienstleistungskonzern der Fall ist.

Nach dem heutigen Stand der wirtschaftspsychologischen Forschung werden komplexe Fähigkeiten von Führungskräften am besten über multimethodale und multimodale Assessment-Center erfasst (Thornton III, Gaugler, Rosenthal, & Bentson, 2007). In diesen Assessment-Centern bewerten geschulte Beobachter idealerweise nach dem trimodalen Ansatz von Schuler (1996) anhand von im Vorfeld definierten Anforderungskriterien die Leistung der Teilnehmer. Die Übungssituationen sollten der Realität der angestrebten Position möglichst nahe kommen, um eine valide Vorhersage über die Eignung einer Person treffen zu können. Insbesondere für höhere Managementebenen bieten sich Einzel-Assessments an, um ausreichend differenzierte Aussagen zu Stärken und Entwicklungsfeldern der Führungskraft treffen zu können. Auch für Personen, die bislang keine Führungsverantwortung inne haben, kann im Hinblick auf das Potenzial für eine bestimmte Position oder eine Gruppe von Positionen eine Aussage getroffen werden.

Neben den individuellen Fähigkeiten und Kenntnissen eines Bewerbers sollte bei der Eignungsdiagnostik auch die kulturelle Passung zum Unternehmen sowie zur jeweiligen Position beleuchtet werden. Dies ist beispielsweise durch eine Diskussion von Unternehmenswerten oder beispielsweise Führungsleitlinien möglich. Es zeigte sich, dass eine ‚realistic job preview', also ein wahrheitsbasiertes Schildern der Aufgaben und potenzieller Schwierigkeiten in der angestrebten Position, mit einer längeren Verweildauer von Arbeitnehmern einhergeht (Haden, 2012).

Diese Diagnostik bei der Einstellung eines (potenziellen) Managers sollte jedoch nicht der Schlusspunkt sein, sondern der Anfang einer kontinuierlichen Begleitung und Personalentwicklung. Das Unternehmen muss sicherstellen, dass die Führungskraft die identifizierten Entwicklungsfelder bearbeitet und sollte den Fortschritt in regelmäßigen Abständen nachhalten. Jedoch gibt es auch nicht trainierbare Fähigkeiten wie beispielsweise die Intelligenz oder schwer veränderbare Einstellungen, wie die Motivstruktur von Menschen. Diesbezüglich sollten Unternehmen schon bei der Einstellung von Mitarbeitern besonders sensibel sein und bestimmte Mindestanforderungen nicht unterschreiten.

Es zeigte sich, dass eine gute Fähigkeit zur Selbstreflexion ein wichtiger Erfolgsfaktor für Führungskräfte ist. Diese ermöglicht es ihnen, ihr Selbstbild sowie das Fremdbild gezielt abzugleichen und in Einklang zu bringen. Für Unternehmen kann es nützlich sein, die Selbstreflexionsfähigkeit ihrer Führungskräfte gezielt zu trainieren und diese regelmäßig zu einer Auseinandersetzung mit der eigenen Person aufzufordern. Eine Maßnahme kann beispielsweise ein regelmäßiges, ggf. anonymes Mitarbeiterfeedback sein.

Sollte sich im Laufe der Zeit herausstellen, dass eine Führungskraft sich nicht so weiterentwickelt, wie dies erforderlich ist, obwohl ihr die benötigte Unterstützung beispielsweise in Form von Trainings oder Coachings gewährt wurde, ist es auch Aufgabe des Unternehmens, Konsequenzen zu ziehen und diesen Manager zumindest nicht weiter zu befördern und wenn erforderlich, rechtzeitig seiner Funktion zu entheben, bevor er Derailment-Symptome zeigt.

Wie gut Führungskräfte auf Entwicklungsmaßnahmen und Trainings ansprechen, ist auch eine Frage der Persönlichkeit (Harms, Spain, & Hannah, 2011). Hier sind die Personalabteilungen gefragt, in Zusammenarbeit mit der jeweiligen Führungskraft individuell passende Maßnahmen zu definieren. Insbesondere, wenn sich schon erste Derailment-Symptome zeigen, ist ein intensives Einzel-Coaching sinnvoll, um gezielt und intensiv an den relevanten Faktoren arbeiten zu können.

Auch wenn der Führungskraft als Person sicherlich eine entscheidende Bedeutung zukommt, um Derailments zu vermeiden, sollte darüber nicht in Vergessenheit geraten, dass das organisationale Umfeld ein wichtiger Faktor sein kann. Einerseits ist dies eine Frage der Interaktion zwischen der Führungskraft und den situativen Faktoren, wenn beispielsweise in stark hierarchisch geprägten Organisationsstrukturen ein autoritärer und patriarchalischer Führungsstil gelebt und geduldet wird. Andererseits kann eine dysfunktionale Organisationskultur, wie in Kapitel 2.2.3.2 charakterisiert, die Zahl von Managern, die versagen, überdurchschnittlich erhöhen und eine ‚Kultur des Scheiterns‘ entstehen, beispielsweise, wenn weitreichende Veränderungen innerhalb zu kurzer Zyklen vorgenommen werden.

5.4 Weitere Forschungsfragen

Für eine weitergehende Erforschung des Scheiterns von Führungskräften wäre zunächst eine einheitliche und eindeutige Definition von Derailment erforderlich, welche von der scientific community akzeptiert wird. Aus Sicht der Verfasserin ist es sinnvoll, Derailment als eine extreme Form des Misserfolges von Führungskräften zu betrachten, welche im Verlust des Arbeitsplatzes, der Führungsverantwortung oder zumindest temporär der psychischen Gesundheit mündet. Ein Derailment wird dabei explizit nicht durch fachliche Inkompetenz verursacht und würde beispielsweise betriebsbedingte Kündigungen ebenfalls nicht umfassen.

Ein Derailment ist ein komplexes Gebilde aus einer Vielzahl von Risikofaktoren und möglichen Konsequenzen. Daher wird weitere Forschung benötigt, um diese Phänomene in ihrer Gesamtheit zu verstehen und den Verlauf einer Entgleisung weiter zu konkretisieren. In weiteren Forschungsprojekten sollte die

Vielzahl an Risikofaktoren für eine Entgleisung eingegrenzt werden, wenn Derailment als eigenständiges psychologisches Konstrukt Bestand haben soll, um eine möglichst einheitliche und eindeutige Definition zu ermöglichen.

In folgenden Arbeiten sollte insbesondere die Innenperspektive der Betroffenen mit der äußeren Wahrnehmung zum Beispiel von Vorgesetzen, Kollegen oder Mitarbeitern der Personalabteilung in Abgleich gebracht werden. Idealerweise würde dies in einer Längsschnittstudie erfolgen, in der sich Führungskräfte am Beginn ihrer beruflichen Laufbahn einer umfangreichen psychologischen Diagnostik zur Erfassung ihrer Persönlichkeit, ihrer Motivstruktur, ihrer Veränderungsfähigkeit, ihrer sozialen Fertigkeiten, ihrer Intelligenz sowie ihrer Konfliktfähigkeit unterziehen würden. In mehreren folgenden Messzeitpunkten wäre es wünschenswert, einerseits den Erfolg der Teilnehmer durch objektive Kriterien wie Einkommen oder Anzahl geführter Mitarbeiter, aber auch weiche Aspekte wie beispielsweise die berufliche Zufriedenheit zu erheben. Es wäre notwendig für eine umfassende Untersuchung, diese Selbsteinschätzungsdaten noch mit Fremdeinschätzungen zu kombinieren. So könnte man beispielsweise die Leistung der Teilnehmer durch den direkten Vorgesetzten einschätzen lassen oder die geführten Mitarbeiter hinsichtlich des Führungsstils des Teilnehmers befragen. Durch eine regelmäßige Begleitung der Stichprobe, wäre es möglich, herauszufinden, welche Manager hierarchisch aufsteigen und ‚Karriere machen‘, aber auch welche Personen scheitern. Durch das umfangreiche Datenmaterial könnte man bei einer ausreichend großen Stichprobe die schrittweisen Verläufe der Derailments rekonstruieren. Hierbei wäre es zudem wichtig, die entgleisten Führungskräfte zu interviewen, um ausreichend Zugang zur Innenperspektive zu erhalten. Optimal wäre es, weiterhin ebenfalls Fremdbeurteilungen von Vorgesetzen und Mitarbeitern einzuholen, um einen Abgleich vornehmen zu können. Mögliche auslösende Faktoren sowohl innerhalb der Person aber auch potenzielle Risiken in der Unternehmensstruktur und –kultur könnten ebenso identifiziert werden.

Da ein solches Szenario zwar optimal, jedoch gleichwohl wenig realistisch erscheint, wären aus Sicht der Verfasserin zwei Richtungen für weitere Forschung sinnvoll. Zum Einen sollten die Hinweise dieser Arbeit hinsichtlich eines möglichen Verlaufs von Entgleisungen sowie die Unterscheidung zwischen internalem und externalem Derailment durch eine vergleichbare Untersuchung an einer größeren

Personenzahl überprüft werden. Zum Anderen erscheint die Zahl potenzieller Risikofaktoren für ein Derailment derzeit noch sehr vielfältig, was einerseits die Komplexität des Phänomens abbildet, dieses jedoch auch schwer definierbar macht. Diesbezüglich wäre es wünschenswert, hinsichtlich der beschriebenen Risikofaktoren Unterschiede zwischen gescheiterten und erfolgreichen Führungskräften herauszuarbeiten.

5.5 Fazit

Vor dem Hintergrund der Ergebnisse dieser Untersuchung kann man konstatieren, dass Derailment ein Phänomen ist, welches sowohl für die wirtschaftspsychologische Forschung als auch für die Praxis aktuell von Relevanz ist. Dennoch sind Entgleisungen durch bestehende psychologische Konstrukte erklärbar und nach dem jetzigen Stand der Forschung ist es nicht erforderlich, Derailment als ein neues Konstrukt zu behandeln, sondern eher als eine spezifische Kombination von Ausprägungen bekannter theoretischer Modelle.

Es sollte letztendlich das Ziel sein, über ein genaueres Verständnis der auslösenden Faktoren, Führungskräfte bereits im Vorfeld möglichst passgenau auszuwählen und mit präventiven Maßnahmen zu begleiten. Von Unternehmen braucht es aber auch den Mut, genau hinzuschauen und ggf. einzuschreiten, wenn beispielsweise ein über lange Jahre hinweg geförderter Potenzialträger Symptome der Überforderung zeigt. Hier gilt es, schnell zu intervenieren, um die Organisation, die Mitarbeiter aber auch die Führungskraft selbst, vor den gravierenden Folgen eines Derailments zu schützen.

Literaturverzeichnis

Aasland, M., Skogstad, A., Notelaers, G., Nielsen, M. B., & Einarsen, S. (2010). The Prevalence of Destructive Leadership Behaviour. *British Journal of Management, 21*, S. 438-452.

Adler, A. (1927). *Menschenkenntnis*. Leipzig: S. Hirzel.

Antonovsky, A. (1993). The structure and properties of the sense of coherence scale. *Social Science & Medicine, 6*, S. 725-733.

Antonovsky, A. (1997). *Salutogenese. Zur Entmystifizierung der Gesundheit*. Tübingen: dgvt.

Argyris, C. (1991). Teaching smart people how to learn. *Harvard business review, 69*(3), S. 4-12.

Asendorpf, J. B., & Neyer, F. J. (2007). *Psychologie der Persönlichkeit*. Berlin: Springer.

Ashforth, B. (1994). Petty Tyranny in Organizations. *Human Relations, 47*(7), S. 755-787.

Association, A. P. (2000). *Diagnostic and statistical manual of mental disorders* (4th ed., text rev. Ausg.). Washington, DC.

Auth, A., Preiser, S., & Buttkewitz, S. (2003). Lebensenttäuschungen durch Nicht-Ereignisse - eine Chance zur persönlichen Entwicklung? *Report Psychologie, 28*, S. 584-593.

Babiak, P. (1995). When Psychopaths go to Work: A Case Study of an Industrial Psychopath. *Applied Psychology: An International Review, 44*, S. 171-188.

Bäcker, R. (2010). Management Risiken - Überlegungen zum "Derailment" von Führungskräften. *Organisationsberatung, Supervision, Coaching, 17*, S. 387-404.

Bandura, A. (1997). *Self-efficacy: The exercise of control*. New York: Freeman.

Barbuto, J. E., & Burbach, M. E. (2006). The Emotional Intelligence of Transformational Leaders: A Field Study of Elected Officials. *The Journal of Social Psychology, 146*(1), S. 51-64.

Bass, B. M. (1985). *Leadership and performance beyond expectations*. New York.

Baumeister, R. F., Bratslavsky, E., Finkenauer, C., & Vohs, K. E. (2001). Bad is stronger than good. *Review of General Psychology, 5*(4), S. 323-370.

Beauducel, A., Brocke, B., & Leue, A. (2006). Energetical bases of extraversion: Effort, arousal, EEG, and performance. *International Journal of Psychophysiology, 85*, S. 232-236.

Bentz, V. J. (1985). A view from the top: A thirty year perspective of research devoted to the discovery, description and predition of executive behavior. *Paper Presented at the 93rd Annual Convention of the American Psychological Association*. Los Angeles.

Berkel, K. (2009). Konflikte in und zwischen Gruppen. In L. von Rosenstiel, R. Regnet, & M. Domsch (Hrsg.), *Führung von Mitarbeitern* (S. 344-359). Stuttgart: Schäffer-Poschel.

Böning, U., & Kegel, C. (2013). Psychometrische Persönlichkeitsdiagnostik. In H. Möller, & S. Kotte (Hrsg.), *Diagnostik im Coaching: Grundlagen, Analyseebenen, Praxisbeispiele* (S. 81-100). Berlin: Springer.

Bono, J. E., & Judge, T. A. (2004). Personality and transformational and transactional leadership. *Journal of Applied Psychology, 89*, S. 901-910.

Bretz Jr, R. D., & Judge, T. A. (1994). Person–organization fit and the theory of work adjustment: Implications for satisfaction, tenure, and career success. *Journal of Vocational behavior, 44*(1), S. 32-54.

Brief, A. P., & Motowidlo, S. J. (1986). Prosocial Organizational Behaviors. *Academy of Management Review, 11*, S. 710-725.

Brunstein, J. C. (2002). Implizite Motive und motivationale Selbstbilder: zwei Prädiktoren mit unterschiedlichen Gültigkeitsbereichen. In J. Stiensmeier-Pelster, & F. Rheinberg (Hrsg.), *Diagnostik von Motivation und Selbstkonzept.* Göttingen: Hogrefe.

Buckingham, M., & Clifton, D. O. (2007). *Entdecken Sie Ihre Stärken jetzt!: das Gallup-Prinzip für individuelle Entwicklung und erfolgreiche Führung.* Frankfurt: Campus.

Burke, R. (2006). Why leaders fail: exploring the darkside. *International Journal of Manpower, 27*(1), S. 91-100.

Campbell, D. T., & Fiske, D. W. (1959). Convergent and discriminant validation by the multitrait-multimethod matrix. *Psychological Bulletin, 56,* S. 81-105.

Caplan, G. (1964). *Principles of preventive psychiatry.* New York: Basic Books.

Cavazotte, F., Moreno, V., & Hickmann, M. (2012). Effects of leader intelligence, personality and emotional intelligence on transformational leadership and managerial performance. *The Leadership Quarterly, 23*(3), S. 443-455.

Ciompi, L. (1993). Krisentheorie heute - eine Übersicht. In U. Schnyder, & J. D. Sauvant (Eds.), *Krisenintervention in der Psychiatrie* (pp. 13-26). Bern: Hans Huber.

Costa, P. T., & McCrae, R. R. (1992). Four ways five factors are basic. *Personality and individual differences, 13*(6), S. 653-665.

Costa, P. T., & McCrae, R. R. (1992). *Revised NEO Personality Inventory (NEO PI-R) and NEO Five Factor Inventory. Professional Manual.* Odessa, FL: Psychological Assessment Resources.

Côté, S., & Miners, C. T. (2006). Emotional Intelligence, Cognitive Intelligence and Job Performance. *Administrative Science Quarterly, 51,* S. 1-28.

Curphy, G. J. (2008). *www.leadershipkeynote.net.* Abgerufen am 25. 07 2011 von http://www.leadershipkeynote.net/index.htm

Cyert, R. M., & March, J. G. (1963). *A behavioral theory to the firm.* Englewood Cliffs, NJ: Prentice-Hall.

Darwin, C. (1971). *The Descent of Man, and Selection in Relation to Sex (Bd. 1).* London: John Murray.

Dawis, R. V., & Lofquist, L. H. (1984). *A psychological theory of work adjustment: An individual-differences model and its applications.* Minneapolis, MN: University of Minnesota Press.

De Vries, M. F., & Miller, D. (1986). Personality, culture, and organization. *Academy of Management Review, 11*(2), S. 266-279.

Doppler, K. (2011). *Der Change Manager - Sich selbst und andere verändern.* Frankfurt: Campus Verlag.

Doppler, K., & Voigt, B. (2012). *Feel the change!* Frankfurt am Main: Campus.

Dörner, D. (2011). *Die Logik des Misslingens* (9. Auflage Ausg.). Reinbek: Rowohl Verlag.

Dotlitch, D. L., & Cairo, P. (2003). *Why CEOs Fail: The 11 behaviors that can derail your climb to the top and how to manage them.* San Francisco, CA: Jossey-Bass.

Einarsen, S., Aasland, M. S., & Skogstad, A. (2007). Destructive leadership behaviour: A definition and conceptual model. *The Leadership Quarterly*, S. 207-216.

Erez, A., & Judge, T. A. (2001). Relationship of core self-evaluations to goal setting, motivation, and performance. *Journal of Applied Psychology, 86*, S. 1270-1279.

Ferris, G. R., Treadway, D. C., Kolodynski, R. W., Hochwarter, W. A., Kacmar, C., Douglas, C., & Frink, D. D. (2005). Development and validiation of the Political Skill Inventory. *Journal of Management, 31*, S. 126-152.

Ferris, G. R., Witt, L. A., & Hochwarter, W. A. (2001). Interaction of Social Skill and General Mental Ability on Job Performance and Salary. *Journal of Applied Psychology, 86*, S. 1075-1082.

Finkelstein, S. M. (2003). *Why smart executives fail: And what you can learn from their mistakes.* New York: Portfolio.

Fleishman, E. A. (1953). Leadership climate, human relations and supervisory behavior. *Journal of Applied Psychology, 6*, S. 202 – 222.

Fleishman, E. A., & Harris, E. F. (1962). Patterns of leadership behavior related to employee grievances and turnover. *Personnel Psychology, 15*(1), S. 43-56.

Flick, U. (1996). *Psychologie des technisierten Alltags - Soziale Konstruktion und Repräsentation technischen Wandels in verschiedenen kulturellen Kontexten.* Opladen: Westdeutscher Verlag.

Flick, U. (2007). *Qualitative Sozialforschung - Eine Einführung.* Reinbek: Rowohlt Taschenbuch Verlag.

Flick, U. (2010). Gütekriterien qualitativer Forschung. In G. Mey, & K. Mruck (Hrsg.), *Handbuch Qualitative Forschung in der Psychologie* (S. 395-407). Wiesbaden: VS Verlag für Sozialwissenschaften.

Furnham, A. (2007). Personality disorders and derailment at work: the paradoxical positive influence of pathology in the workplace. In J. Langan-Fox, C. L. Cooper, & R. J. Klimoski (Hrsg.), *Research Companion to the dysfunctional Workplace. Management Challenges and Symptoms.* Northhampton, Massachusetts: Edward Elger Publishing Inc. .

Furnham, A., & Taylor, J. (2004). *The dark side of behavior at work: Understanding and avoiding employees leaving, thiefing and deceiving.* Basingstoke: Palgrave MacMillan.

Gabarro, J. J. (1987). *The dynamics of taking charge.* Harvard Business Press.

Gardner, D. G., & Cummings, L. L. (1988). Activation theory and job design: Review and reconzeptualization. *Research in Organizational Behavior, 10*, S. 81-122.

Glasl, F. (2010). *Konfliktmanagement.* Bern: Haupt.

Gough, H. G. (1956). *California Psychological Inventory.* Palo Alto, CA: Consulting Psychologist Press.

Greenglass, E. R., Burke, R. J., & Fiksenbaum, L. (2001). Workload and burnout in nurses. *Journal of Community & Applied Social Psychology, 11*(3), S. 211-215.

Greenwald, A. G., McGhee, D. E., & Schwartz, J. L. (1998). Measuring individual differences in implicit cognition: The implicit association test. *Journal of Personality and Social Psychology, 74*, S. 1464-1480.

Greif, S. (2008). *Coaching und ergebnisorientierte Selbstreflexion.* Göttingen: Hogrefe.

Haag, R. C. (2010). *Emotionale Intelligenz und berufliche Leistung.* Bonn: Rheinische Friedrich-Wilhelms-Universität.

Haden, S. S. (2012). Realistic Job Previews and Performance. *Journal of Management Research, 12*(3), S. 163-178.

Hambrick, D. C., Finkelstein, S., & Mooney, A. C. (2005). Executive Job Demands: New Insights für Explaining Strategic Decisions and Leader Behaviors. *Academy of Management Review, 30*(3), S. 472-491.

Harms, P. D., & Credé, M. (2010). Emotional Intelligence and Transformational and Transactional Leadership: A Meta-Analysis. *Journal of Leadership & Organizational Studies, 17*(1), S. 5-17.

Harms, P. D., Spain, S. M., & Hannah, S. T. (2011). Leader development and the dark side of personality. *The Leadership Quarterly, 22*, S. 495-509.

Heifetz, R., & Laurie, M. (1997). The work of leadership. *Harvard Business Review, 75*, S. 124-134.

Hiller, N. J., & Hambrick, D. C. (2005). Conzeptualizing executive hybris: The role of (hyper-)core self evaluations in strategic decision-making. *Strategic Management Journal, 26*, S. 297-319.

Hochwarter, W. A., Witt, L. A., Treadway, D. C., & Ferris, G. R. (2006). The Interaction of Social Skill and Organizational Support on Job Performance. *Journal of Applied Psychology, 91*, S. 482-489.

Hogan, J., Hogan, R., & Kaiser, R. B. (2010). Management derailment. In A. P. Association (Hrsg.), *APA handbook of industrial and organizational psychology* (1 Ausg., Bd. 3). Washington, D.C.: APA.

Hogan, R. (1982). A socioanalytic theory of personality. In M. E. Page (Hrsg.), *1982 Nebraska Symposium on Motivation* (S. 55-89). Lincoln, Nebraska: University of Nebraska Press.

Hogan, R. (2007). *Personality and the fate of organizations.* Mahwah, New Jersey: Lawrence Erlbaum Associates Publishers.

Hogan, R., & Hogan, J. (1997). *Hogan Development Survey Manual.* Tulsa, Oklahoma: Hogan Assessment Systems.

Hogan, R., & Hogan, J. (2001). Assessing Leadership: A View from the Dark Side. *International Journal of Selection and Assessment, 9*(1), S. 40-51.

Hogan, R., & Kaiser, R. (2005). What we know about leadership. *Review of General Psychology, 9*, S. 169-180.

Hogan, R., & Shelton, D. (1998). A Socioanalytic Perspective on Job Performance. *Human Performance, 11*, S. 129-144.

Hogan, R., & Warrenfeltz, R. (2003). Educating the modern manager. *Academy of Management Learning, 2*, S. 74-84.

Hu, Q., & Schaufeli, W. B. (2011). Job insecurity and remuneration in Chinese family-owned business workers. *Career Development International, 16*(1), S. 6-19.

Jaeggi, E., Faas, A., & Mruck, K. (1998). *Denkverbote gibt es nicht! Vorschlag zur interpretative Auswertung kommunikativ gewonnener Daten.* Technischen Universität Berlin, Abteilung Psychologiy im Institut für Sozialwissenschaften.

Janssen, O. (2000). Job demands, perceptions of effort-reward fairness and innovative work behaviour. *Journal of Occuptational and Organizational Psychology, 73*, S. 287-302.

Janssen, O. (2001). Fairness perceptions as a moderator in the curvilinear relationships between job demands, and job satisfaction and job performance. *Academy of Management Journal, 44*, S. 1039-1050.

Judge, T. A., & Bono, J. E. (2001). Relations of core self-evaluation traits - self-esteem, generalized self-efficacy, locus of control and emotional stability - with job satisfaction and job performance: A meta-analysis. *Journal of Applied Psychology, 86*, S. 80-92.

Judge, T. A., & LePine, J. A. (2007). The bright and dark sides of personality: Implications for personnel selection in individual and team contexts. In J. Langan-Fox, C. Cooper, & R. Klimoski (Hrsg.), *Research companion to the dysfunctional workplace: Management challenges and symptoms* (S. 332-355). Cheltenham, UK: Edward Elgar Publishing.

Judge, T. A., Bono, J. E., Erez, A., Locke, E. A., & Thoresen, C. J. (2002). The scientific merit of valid measures of general concepts: personality research and core self-avaulations. In J. M. Brett, & F. Drasgow (Hrsg.), *The Psychology of Work: Theoretically Based Empirical Research* (S. 55-77). Mahwah, NY: Erlbaum.

Judge, T. A., Bono, J. E., Ilies, R., & Gerhardt, M. W. (2002). Personality and leadership: A qualitativ and quantitative review. *Journal of Applied Psychology, 87*, pp. 765-780.

Judge, T. A., Colbert, A. E., & Ilies, R. (2004). Intelligence and leadership: A quantitative review and test of theoretical propositions. *Journal of Applied Psychology, 89*, S. 542-552.

Judge, T. A., Erez, A., & Bono, J. E. (1998). The power of being positive: the relationship between positive self-concept and job performance. *Human Performance, 11*, S. 167-187.

Judge, T. A., Locke, E. A., Durham, C. C., & Kluger, A. N. (1998). Dispositional effects on job and life satisfaction: the role of core self evaluations. *Journal of Applied Psychology, 83*, S. 17-34.

Judge, T. A., Locke, L. A., & Durham, C. C. (1997). The dispositional cause of job satisfaction: A core evaluations approach. *Research in Organizational Behavior, 19*, S. 151-188.

Judge, T. A., Piccolo, R. F., & Ilies, R. (2004). The forgotten ones? A re-examniation of consideration, initiating structure and leadership effectiveness. *Journal of Applied Psychology, 89,* S. 36-51.

Judge, T. A., Piccolo, R., & Kosalka, T. (2009). The bright and dark sides of leader traits: A review an theoretical extension of the trait paradigm. *Leadership Quarterly, 20,* S. 855-875.

Kaiser, R. B., & Hogan, R. (2007). The dark side of discretion: Leader personality and organizational decline. In R. Hoojiberg, J. Hunt, J. Antonakis, & K. Boal (Hrsg.), *Being there even when you are not: Leading through strategy, systems and structures. monographs in leadership and management* (S. 177-197). London: Elsevier Science.

Kellermann, B. (2004). *Bad leadership: What it is, how it happens, why it matters.* Boston, MA: Harvard Business School Press.

Kelloway, E. K., Turner, N., Barling, J., & Loughlin, C. (2012). Transformational leadership and employee psychological well-being: The mediating role of employee trust in leadership. *Work & Stress, 26*(1), S. 39-55.

Kernberg, O. F. (1984). *Severe personality disorders: Psychotherapeutig strategies.* New Haven: Yale University Press.

Kernberg, O. F. (1996). Ein psychoanalytisches Modell der Klassifizierung von Persönlichkeitsstörungen. *Psychotherapeut,* S. 288-296.

Kernberg, O. F. (1996). *Narzisstische Persönlichkeitsstörung.* New York: Schattauer.

Kernberg, O. F., & Caligor, E. (2005). A psychoanalytical theory of personality disorders. In M. F. Lenzenweger, & J. F. Clarkin (Hrsg.), *Major theories of personality disorder* (2. Ausg., S. 114-156). New York: Guilford Press.

Kets de Vries, M. F. (2009). *Führer, Narren und Hochstapler - Die Psychologie der Führung.* Stuttgart: Schäffer-Poeschel Verlag für Wirtschaft.

Kets de Vries, M. F., & Miller, D. (1984). *The neurotic organization: Diagnosting and changing counterproductive styles of management.* San Francisco: Jossey-Bass.

Kets de Vries, M., & Engellau, E. (2010). A clinical apporach to the dynamics of leadership and executive transformation. In N. Nohria, & R. Khurana (Hrsg.), *Handbookf of leadership theory and praxis* (S. 183-222). Boston: Harvard Business Press.

Kipnis, D. (1976). *The powerholdes.* Chicago: University of Chicago Press.

Klaussner, S. (2011). Abusive Supervision und die Konsequenzen für die Coaching Praxis. *Organisationsberatung Supervision Coaching, 18.*

Klaussner, S. (2014). Engulfed in the abyss: The emergence of abusive supervision as an escalating process of supervisor-subordinate interaction. *human relationa, 67*(3), S. 311-322.

Kotter, J. P. (1982). *The general managers.* New York: Free Press.

Kotter, J. P., & Heskett, J. L. (1992). *Corporate Culture and Performance.* New York: Free Press.

Kovach, B. (1986). The derailment of fast-track managers. *Organizational Dynamics, 15*(2), S. 41-48.

Kramer, R. J. (2008). Have we learned anything about leadership development? *Conference Board Review, 45*, S. 26-30.

Landmann, U., Kloock, B., König, D., & Berg, A. (2007). Sport und Salutogenese - körperliche Aktivität als Gesundheitsfaktor. *blickpunkt der mann. Wissenschaftliches Journal für Männergesundheit, 5*(4), S. 10-15.

Lenzenweger, M. F., Clarkin, J. F., Kernberg, O. F., & Foelsch, P. (2001). The Inventory of Personality Organization: Psychometric properties, factorial composition, an criterion relations with affect, aggressive discontrol, psychosis proneness, and self-domains in a nonclinical sample. *Psychological Assessment, 13*, S. 577-591.

Leslie, J. B., & Van Velsor, E. (1996). *A Look at Derailment Today: North America and Europe.* Greensboro, NC: Center for Creative Leadership.

Lindsey, E. H., Holmes, V., & McCall, M. V. (1987). *Key events in executives' lives. Report #32.* Greensboro: Center for Creative Leadership.

Lomardo, M. W., & Eichinger, R. W. (1989). *Preventing derailment - What to do before it's too late.* Greensboro, North Carolina: Center for Creative Leadership.

Lombardo, M. M., Rudermann, M. N., & McCauley, C. (1988). Explanations of success and derailment in upper-level management positions. *Journal of Business and Psychology, 2,* S. 199-216.

Lombardo, M., & McCauley, C. (1988). *The dynamics of management derailment.* NC: Center of creative leadership.

Lopes, P. N., Brackett, M. A., Nezlek, J. B., Schutz, A., Sellin, I., & Salovey, P. (2004). Emotional Intelligence and social interaction. *Personality and Social Psychology, 30,* S. 1018-1034.

Mayer, J. D., Roberts, R. D., & Barsade, S. G. (2008). Human Abilities: Emotional Intelligence. *Annual Review of Psychology, 59,* S. 507-536.

Mayer, J. D., Salovey, P., & Caruso, D. R. (2002). *Mayer-Salovey-Caruso Emotional Intelligence Test (MSCEIT).* Toronto: MHS.

McCall, M. W., & Lombardo, M. M. (1983). *Off the track: Why and how successful executives get derailed.* Greensboro, NC: Center for Creative Leadership.

McCartney, W. W., & Campbell, C. R. (2006). Leadership, management and derailment: A model of individual success and failure. *Leadership & Organizational Development Journal, 27*(3), S. 190-202.

McClelland, D. C. (1961). *The achieving society.* Princeton, NJ: Van Nostrand.

McClelland, D. C., & Burnham, D. H. (1976). Power is the great motivator. *Harvard Business Review,* S. 737-743.

Mead, G. H. (1934). *Mind, Self & Society.* Chicago, Illinois: University of Chicago Press.

Michel, A., & Gonzalez-Morales, M. G. (2013). 4 Reactions to organizational change: an integrated model of health predictors, intervening variables, and outcomes. In S. Oreg, A. Michel, & R. Todnem (Hrsg.), *The Psychology of Organizational Change: Viewing Change from the Employee's Perspective* (S. 65-91). Cambridge: Cambridge University Press.

Mintzberg, H. (1973). *The nature of managerial work.* New York: Harper & Row.

Möller, H., & Prantl, N. (2006). Beratung und Coaching in Unternehmenskrisen. In C. Steinebach (Ed.), *Handbuch psychologische Beratung* (pp. 412-428). Stuttgart: Klett-Cotta.

Möller, H., & Volkmer, U. (2005). Das Karriereplateau. Herausforderungen für Unternehmen, Mitarbeiter/innen und Berater/innen. *Organisationsberatung, Supervision, Coaching, 1*, S. 5-20.

Morrison, A. M., White, R. P., & Van Velsor, E. (1987). *Breaking the Glass Ceiling.* Reading, MA: Addison-Wesley.

Nerdinger, F. W. (2003). Neue Organisationsformen und der psychologische Kontrakt: Folgen für eigenverantwortliches Handeln. In S. Koch, J. Kaschube, & R. Fisch (Eds.), *Eigenverantwortung im Betrieb - Aspekte einer ambivalanten Thematik* (pp. 167-177). Göttingen: Hogrefe.

Nink, M. (2014). *ENGAGEMENT INDEX DEUTSCHLAND 2013.* Gallup.

Oreg, S. (2003). Resistance to Change: Developing an Individual Differences Measure. *Journal of Applied Psychology, 88*(4), S. 680-693.

O'Reilly, C., Chatmann, J., & Caldwell, D. F. (1991). People and organizational culture: a profile comparison approach in assessing person-organization fit. *Academy of Management Journal, 31*, S. 487-507.

Paulhus, D., & Williams, K. (2002). The dark triad of personality. *Journal of Research in Personality*(36), S. 556-563.

Perrez, M., & Baumann, U. (2011). *Klinische Psychologie–Psychotherapie.* Bern: Verlag Hans Huber.

Petzold, H. (1993). Krisen der Helfer - Überforderung, zeitextendierte Belastung und Burnout. In U. Schnyder, & J. D. Sauvant (Eds.), *Krisenintervention in der Psychiatrie* (pp. 161 - 175). Bern: Huber.

Popitz, H. (1992). *Phänomene der Macht.* Tübingen: Mohr Siebeck.

Probst, G., & Raisch, S. (2004). Die Logik des Niedergangs. *Harvard Business Manager,* S. 37-45.

Reinberg, F., & Vollmeyer, R. (2011). *Movation* (8. Auflage Ausg.). Stuttgart: Kohlhammer.

Resick, C. J., Whitman, D. S., Weingarden, S. M., & Hiller, N. J. (2009). The Bright-Side and the Dark-Side of CEO Personality: Examining Core Self Evaluations, Narcissm, Transformational Leadership, and Strategic Influence. *Journal of Applied Psychology, 94*(6), S. 1365-1381.

Robinson, S. L., & Bennett, R. J. (1995). A typology of deviant workplace behaviors: A multidimensional scaling study. *Academy of management journal, 38*(2), S. 555-572.

Röhr, H. P. (2009). *Narzißmus. Das innere Gefängnis.* München.

Rosenthal, S. A., & Pittinsky, T. L. (2006). Narcissistic leadership. *The Leadership Quarterly, 17,* S. 617-633.

Rotter, J. B. (1966). Generalized expextancies for internale versus external contrl of reinforcement. *Psychological Monographs, 33*(1), S. 300-303.

Rudolf, G. (2002). Struktur als psychodynamisches Konzept der Persönlichkeit. In G. Rudolf, T. Grande, & P. Henningsen (Hrsg.), *Die Struktur der Persönlichkeit. Vom theoretischen Verständnis zur therapeutischen Anwendung des psychodynamischen Strukturkonzepts* (S. 2-48). Stuttgart: Schattauer.

Rutter, M. (1987). Psychosocial resilience and protective mechanisms. *American Journal of Orthopsychiatry,* S. 316-331.

Schmidt, F. L., & Hunter, J. E. (2000). Select on intelligence. In E. A. Locke (Hrsg.), *Handbook of principles of prganizational behavior* (S. 3-14). Oxford: Blackwell.

Schreier, M., & Odag, Ö. (2010). Mixed Methods. In G. Mey, & K. Mruck (Hrsg.), *Handbuch Qualitative Forschung in der Psychologie* (S. 263-277). Wiesbaden: VS Verlag für Sozialwissenschaften.

Schreyögg, A. (2009). Abusive Supervision in Work Organizations - als Ursache für Workstress und Burnout. *OSC - Organisationsberatung, Supervision, Coaching*, S. 375-384.

Schuler, H. (1996). *Psychologische Personalauswahl*. Göttingen: Verlag für angewandte Psychologie.

Schütte, M., & Köper, B. (2013). Veränderung der Arbeit. *Bundesgesundheitsblatt-Gesundheitsforschung-Gesundheitsschutz, 56*(3), S. 422-429.

Schütze, F. (1983). Biographieforschung und narratives Interview. *Neue Praxis, 3*, S. 283-293.

Scott, W. R. (1996). The mandate is still being honored: In defense of Weber's disciples. *Administrative Science Quarterly, 41*, S. 163-171.

Shackleton, V. (1995). Leaders who derail. In V. Shakleton (Hrsg.), *Business leadership*. London: Thompson.

Sonnentag, S., & Frese, M. (2003). *Stress in organizations. Handbook of Psychology*. John Wiley & Sons, Inc.

Spreier, S., Fontaine, M., & Malloy, R. (2010). Leadership run amok. The destructive potential of overachievers. *Harvard Business Review*, S. 73-82.

Tepper, B. J. (2000). Consequences of abusive supervision. *Academy of Management Journal, 43*(2), S. 178-190.

Tepper, B. J. (2007). Abusive supervision in work organizations: Review, Synthesis, and research agenda. *Journal of Management, 6*, S. 261-289.

Tepper, B. J., Duffy, M. K., Henley, C. A., & Lambert, L. S. (2006). Procedural injustice, victim precipitation, and abusive supervision. *Personell Psychology*, S. 101-123.

The National Institute for Occupational Safety and Health. (1999). *Stress at work.* Washington, DC: DHHS (NIOSH).

Thornton III, G. C., Gaugler, B. B., Rosenthal, D. B., & Bentson, C. (2007). Die prädiktive Validität des Assessment Centers. In H. Schuler (Hrsg.), *Assessment Center zur Potenzialanalyse.* (S. 171-191). Bern: Hogrefe Verlag.

Tries, J., & Reinhardt, R. (2008). *Konflikt-und Verhandlungsmanagement. Konflikte konstruktiv nutzen.* Heidelberg: Springer.

Van Yperen, N. W., & Snijders, T. A. (2005). A multi-level analysis for the demands-control model: Is stress at work determined by factors at the group or individual level? *Journal of Occupational Health Psychology, 5*, S. 182-190.

von Rosenstiel, L., & Wegge, J. (2004). Führung. In H. Schuler (Ed.), *Organisationspsychologie 2 - Gruppe und Organisation. Enzyklopädie der Psychologie, Bd. D/III/4* (pp. 494-558). Göttingen: Hogrefe.

Voß, G. G. (1998). Die Entgrenzung von Arbeit und Arbeitskraft. *Mitteilungen aus der Arbeitsmarkt- und Berufsforschung, 31*(3), S. 473-487.

Wallston, K. A. (2001). Conceptualization and operationalization of perceived control. In A. Baum, T. A. Revenson, & J. E. Singer (Eds.), *Handbook of health psychology* (pp. 49-58). Mahwah: Lawrence Erlbaum Associates.

Wang, G., Oh, I. S., Courtright, S. H., & Colbert, A. E. (2011). Transformational leadership and performance across criteria and levels: A meta-analytic review of 25 years of research. *Group & Organization Management, 36*(2), S. 223-270.

Waszak, C., & Sines, M. (2003). Mixed methods in psychological research. In A. Tashakkori, & C. Teddlie (Hrsg.), *Handbook of mixed methods in social and behavioural research* (S. 557-576). Thousand Oaks, California: Sage.

Westermann, F. (2012). Derailment und Managerversagen - Turning a blind eye to disaster? - Neue Wege innovativer Management-Diagnostik als Antwort auf Phänomene der Führungskrise. In S. Armutat, & A. Seisreiner (Hrsg.), *Differentielles Management* (S. 189-209). Wiesbaden: Springer Fachmedien.

Westermann, F., & Birkhan, G. (2012). Managerversagen und Derailment. In W. Sarges (Hrsg.), *Management-Diagnostik* (S. 969-978). Göttingen: Hogrefe.

World Health Organization. (1994). *Internationale Klassifikation psychischer Störungen: ICD-10.*

Wüllenweber, E. (2001). Krise, Intervention, Krisenintervention: Schlüsselbegriffe der psychosozialen VersorgungH. In E. Wüllenweber, & G. Theunissen (Eds.), *Handbuch der Krisenintervention. Hilfe für Menschen mit geistiger Behinderung. Theorie, Praxis, Vernetzung* (pp. 11-27). Stuttgart: Kohlhammer.

Xie, J. L., & Johns, G. (1995). Job scope and stress. Can job scope be too high? *Academy of Management Journal, 38*, S. 1288-1309.

Yahaya, N., Mohammad Taib, M. A., Ismail, J., Shariff, Z., Yahaya, A., Boon, Y., & Hashim, S. (2011). Relationship between leadership personality types and source of power and leadership styles among managers. *African Journal of Business Management, 5*(22).

Zhang, Y., LePine, J., Buckman, B., & Wei, F. (2013). It's not fair... or is it? The role of justice and leadership in explaining work stressor-job performance relationships. *Academy of Management Journal*, S. amj.2011.1110.

Zimmermann, J., Benecke, C., Hörz, S., Rentrop, M., Peham, D., Bock, A., . . . Dammann, G. (2013). Validierung einer deutschsprachigen 16-Item-Version des Inventars der Persönlichkeitsorganisation (IPO-16). *Diagnostica, 1*(3), S. 3-16.